本书受教育部人文社会科学研究项目基金资助（项目编号：17YJA820036）。

徐静莉 王 坤 著

婚恋财产纠纷
法律实务研究

HUNLIAN CAICHAN JIUFEN

FALÜ SHIWU YANJIU

中国政法大学出版社

2019·北京

图书在版编目（ＣＩＰ）数据

婚恋财产纠纷法律实务研究/徐静莉，王坤著. —北京:中国政法大学出版社,2019.5
ISBN 978-7-5620-8953-7

Ⅰ.①婚…　Ⅱ.①徐…②王…　Ⅲ.①家庭财产－财产权益纠纷－研究－中国
Ⅳ.①D923.904

中国版本图书馆 CIP 数据核字(2019)第 064938 号

出　版　者	中国政法大学出版社
地　　　址	北京市海淀区西土城路 25 号
邮寄地址	北京 100088 信箱 8034 分箱　邮编 100088
网　　　址	http://www.cuplpress.com (网络实名：中国政法大学出版社)
电　　　话	010-58908586(编辑部) 58908334(邮购部)
编辑邮箱	zhengfadch@126.com
承　　印	固安华明印业有限公司
开　　本	720mm×960mm　　1/16
印　　张	13.5
字　　数	220 千字
版　　次	2019 年 5 月第 1 版
印　　次	2019 年 5 月第 1 次印刷
定　　价	46.00 元

CONTENTS ————————— 目 录 ◼

第一章
恋爱、同居期间财产纠纷的法律实务

我国法律对婚约问题未作明确规定，既未明文禁止，也未明确规定其法律效力。通常认为，根据"婚姻自由"原则和《婚姻法》"禁止借婚姻索取财物"的规定，可以得出"婚约不受法律保护"的结论。但鉴于婚约是社会上普遍存在的习俗，随着社会的发展，婚约的内涵日益丰富，在实践中与婚约有关的财产和社会纠纷绝非"婚约不受法律保护"这一简单命题所能概括。在现实生活中，伴随着婚约的订立，一般情况下还会有财产的转移和人身关系方面的纠纷。财产纠纷的标的主要是指婚约的当事人会向对方赠送一定的财物，俗称"彩礼"。因婚约的解除而产生的财产纠纷多数情况下就是对婚约订立时和订婚之后，当事人单方赠送的财物或者互赠的财物的归属发生的争议。除恋爱期间的财产赠与纠纷外，还有双方同居期间积累的财产分割纠纷，以及因人身关系的认定问题引发的财产纠纷，只有认真研究恋爱、同居期间的财产馈赠、财产积累的法律性质及双方人身关系的界定，才能正确有效地处理这些纠纷。

第一节　恋爱期间的财物赠与及借贷纠纷的实务处理

恋爱是每个人都会经历的美好时光，在恋爱期间，男女双方除了情感交流外，相互之间的财物往来也比较频繁。由于恋爱期间对恋人的信任，给付财物时不明确性质，借贷不打欠条的现象时有发生，一旦分手就可能酿成财产返还纠纷。关于恋爱期间财物给付、馈赠的性质到底是什么？是无偿赠与还是附条件赠与？这里，我们从实践中总结出一些常见的原则和方法，给恋爱期间的恋人们提个醒儿，恋爱伴随感情的冲动，同时也需要理智的清醒。

一、恋爱期间财物赠与纠纷的处理

现在的年轻人在恋爱过程中的日常开销越来越大，随着恋爱期的延长，恋爱的成本也必将越来越高。如果双方最终没有结合，那么恋爱期间的花销要不要返还？这是大家关心的一个问题。事实上，恋爱期间的财物赠与是很正常的社会现象，并不是所有的赠与在结婚不能时都必须返还。对于这些花销最终应如何处理？定性不同，结果也不同。

（一）有关赠与的相关法律规定

1. 婚姻法及其司法解释关于赠与的规定

（1）《最高人民法院关于人民法院审理离婚案件处理财产分割问题的若干具体意见》（法发〔1993〕32号，以下简称《财产若干意见》），该意见第18条、第19条规定：婚前一方借款购置的房屋等财物已转化为夫妻共同财产的，为购置财物借款所负债务，视为夫妻共同债务。造成对方生活困难的，可酌情返还。对取得财物的性质是索取还是赠与难以认定的，可按赠与处理。

（2）《婚姻法》第3条规定，"禁止借婚姻索取财物"。

（3）2017年2月20日修订的《最高人民法院关于适用〈中华人民共和国婚姻法〉若干问题的解释（二）》〔以下简称《婚姻法司法解释（二）》〕第10条规定："当事人请求返还按照习俗给付的彩礼的，如果查明属于以下情形，人民法院应当予以支持：（一）双方未办理结婚登记手续的；（二）双方办理结婚登记手续但确未共同生活的；（三）婚前给付并导致给付人生活困难的。适用前款第（二）、（三）项的规定，应当以双方离婚为条件。"此条款的规定，标志着人民法院正式以司法解释的形式对属于彩礼性质的财产赠与纠纷问题如何处理作出了明确规定。

2. 合同法关于赠与的法律规定

（1）《合同法》第190条规定："赠与可以附义务。赠与附义务的，受赠人应当按照约定履行义务。"

（2）《合同法》第192条规定："受赠人有下列情形之一的，赠与人可以撤销赠与：（一）严重侵害赠与人或者赠与人的近亲属；（二）对赠与人有扶养义务而不履行；（三）不履行赠与合同约定的义务。赠与人的撤销权，自知道或者应当知道撤销原因之日起一年内行使。"

3. 民法总则的相关规定

（1）《民法总则》第 133 条规定："民事法律行为是民事主体通过意思表示设立、变更、终止民事法律关系的行为。"

（2）《民法总则》第 158 条规定："民事法律行为可以附条件，但是按照其性质不得附条件的除外。附生效条件的民事法律行为，自条件成就时生效。附解除条件的民事法律行为，自条件成就时失效。"

（二）恋爱期间财物赠与法律性质的把握

我国法律对婚约问题未作明确规定，既未明文禁止，也未明确规定其法律效力，但婚约的解除涉及财物返还纠纷时，必须诉诸法律才可以解决。那么司法实践中应该如何理解恋爱期间这种财物赠与行为的法律性质呢？

（1）因订婚而赠送的财物，是为证明婚约成立并以将来应成立的婚姻为前提而敦厚其因亲属关系所发生的相互间的以情谊为目的的一种赠与。这种赠与行为不是单纯地以无偿转移财产为目的，这种赠与是附解除条件的赠与行为。附解除条件的赠与行为指的是已经发生法律效力的赠与行为，在当事人约定的条件不成就时仍保持其原有的效力（赠与行为合法有效存在），当条件成就时，其效力便消灭，解除当事人之间的权利义务关系（赠与行为失去法律效力）。赠送财物的行为是男女双方订立婚约后，在预想到将来会结婚的基础上所为的赠与，以婚约的解除为解除条件。在婚约继续存在或者得到履行——即男女双方正式结婚的情况下，赠与行为合法、有效，财物归受赠人所有，赠与人不能索回；如果婚约解除，男女双方不能结婚，该赠与行为所附条件成就，赠与行为丧失法律效力，当事人之间的权利义务关系解除。《民法总则》第 158 条规定："民事法律行为可以附条件，但是按照其性质不得附条件的除外。附生效条件的民事法律行为，自条件成就时生效。附解除条件的民事法律行为，自条件成就时失效。"所以赠与财物应当恢复到订立婚约前的状态，即赠与财物应当返还给赠与人。[1]

（2）赠送财物的行为作为一种附条件的赠与，不同于民法上规定的附义务赠与。在附义务赠与的情况下，受赠人应当按照法律规定履行所附义务，根据这种理解，接受财物的一方应当履行婚约，与对方结婚，这显然是错

---

〔1〕 刘乃毓、扈秀康："婚约解除订婚期间赠与的财物应否返还"，载 http://www.chinacourt.org/article/detail/2004/06/id/120127.shtml，2015 年 12 月 21 日访问。

误的。

（3）婚约解除后，赠送的财物的归属问题可以依照民法上的不当得利制度处理。所谓不当得利是指："没有合法根据使他人受损害而自己获得利益的行为。由于不当得利没有合法根据，所以不受法律保护，不当得利人应将所获得的不当利益返还给受损害的人。这种不当利益返还的权利义务关系就是不当得利之债。"赠送财物的行为是在男女双方订立婚约的基础上，基于对双方当事人将来能够结婚的预期而为的赠与。发生赠与的原因是婚约的存在，随着婚约的解除，赠与财物的原因归于消灭，受赠人在婚约解除后丧失了继续占有财物的法律上的原因。由于婚约解除后，财物继续由受赠人占有的法律根据消失，根据民法的公平原则，应当将财产恢复到订立婚约前的状态。所以，受赠人应当将财物返还给赠与人，如果受赠人继续占有赠与物，即构成不当得利。按照法律的规定，赠与人有权要求受赠人返还受赠的财产，受赠人负有返还自己基于婚约而获得的不当得利的义务。[1]

（三）关于财物的具体返还要注意不同情形区别对待

恋爱期间的赠与是很正常的社会现象，不是所有的赠与在结婚不能时都必须返还。在实践中，恋爱期间赠与财物应否返还，大致可以分为以下四种情况：

（1）对于男女双方在恋爱或婚约期间互送的普通衣物及日常生活用品，不返还不足以造成对方生活困难的，可不予返还。

（2）对于此期间赠送的节日礼品或为举行订婚仪式而办的宴席消费，可不予返还。

（3）对于基于习俗，一方给付对方的作为订婚标志的钱款和物品，通常称为"彩礼"或附结婚条件的赠与应当返还。即使不是基于习俗，恋爱一方送与另一方的大宗财物和大额金钱，一般应予返还。因为大宗财物或金钱基于恋爱关系或婚约关系而存在，以与之结婚为前提，一旦这个关系不存在，丧失前提，另一方取得财物就失去基础，再占有此项财物则属于不当得利，应当返还。如果原物不在，或收取方无力返还，应折价补偿或不予返还。

（4）对于以财物为诱饵，玩弄异性和他人感情，道德败坏的，即使送与对方较大数额的财物，从道德角度来讲，对方可以选择不返还。

---

〔1〕 参见 http://www.110.com/ziliao/article-332669.html，2018 年 5 月 3 日访问。

（四）司法实务分析

1. 恋爱期间赠送的大宗财物，属于附婚约条件的赠与，恋爱关系破裂，财物要返还

比如下面的案例：杜某（女，23 岁）于 2012 年 8 月到某市财政局工作，并与同在该单位工作的张某（男，25 岁）相识，于当年 12 月建立了恋爱关系。杜某与张某在春节期间举行了订婚仪式。订婚时，张某的父母给予杜某现金 3000 元，祖传的绿玉手镯一副。张某为杜某购买了订婚戒指和名贵服装 3 套，价值人民币 4380 元。订婚后，在双方的交往中，杜某发现张某脾气暴躁，并有赌博的恶习，遂提出解除婚约。张某同意解除婚约，但要求杜某归还订婚期间赠与的财物。杜某认为，上述财物是张某及其父母无偿赠与的，张某无权索回。张某多次索要未果，向人民法院提起诉讼。本案的焦点问题是：杜某需不需要返还上述财物？

从法理角度分析：在案件处理中形成两种不同的意见：一种意见认为，订婚后，男女双方或者一方自愿赠送财物并且已经将财物实际交付给对方的，应当按照《最高人民法院关于贯彻执行〈中华人民共和国民法通则〉若干问题的意见（试行）》第 128 条的规定处理，视该赠送财物的行为为无偿赠与。赠与行为具有法律效力，所赠与的财物归受赠人所有。在婚约解除后，赠与方要求返还的，不予支持。另一种意见认为，婚约在我国不受法律保护，当事人订立婚约后可以自行解除，不需经对方当事人同意。但男女双方订立婚约后单方赠送或者相互赠送的财物不同于一般的赠与，而是赠与中一种比较特殊的形式——附条件赠与。婚约解除后，男女双方不能结婚，赠与行为所附解除条件成立，赠与的法律效力解除，赠送的财物应当返还。依照笔者前面所列的法律规定及理解可以看出，上述第一种意见将赠送财物的行为认定为无偿赠与，主张赠与行为具有法律效力，所赠与的财物归受赠人所有。在婚约解除后，赠与方要求返还的，不予支持。这种观点没有考虑到当事人基于婚约所为的赠与行为的特殊性，实质上侵害了赠与人的合法权利；受赠人基于婚约取得受赠财产，在婚约解除后继续占有受赠财产，没有法律上的根据，构成不当得利。判令受赠人在婚约解除后继续占有受赠物，将不当得利的违法事实合法化，有悖于民法上的公平原则。《婚姻法司法解释（二）》第 10 条对当事人请求返还按照习俗给付彩礼的问题作出了明确规定。具体规定如下："当事人请求返还按照习俗给付的彩礼的，如果查明属于以下情形，

人民法院应当予以支持：（一）双方未办理结婚登记手续的；（二）双方办理结婚登记手续但确未共同生活的；（三）婚前给付并导致给付人生活困难的。适用前款第（二）、（三）项的规定，应当以双方离婚为条件。"在本案中，张某在与杜某订立婚约后赠送给杜某的现金、首饰、衣物等财物，是基于婚约的订立而为的赠与，这种赠与是一种附条件的赠与，它一方面是为了证实男女双方婚约的成立，另一方面也是为了将来正式建立婚姻关系。一旦婚约解除，当事人所期待的法律关系未能发生，男女双方不能结婚，该赠与所附的解除条件成立，赠与人赠送财物的目的不能达到，受赠人继续占有财物没有法律根据。按照民法上不当得利的规定，张某有权要求杜某返还受赠的财物，杜某负有返还基于婚约而取得的不当得利的义务。

2. 恋爱期间赠送的财物是否要返还，关键看双方赠与财物时有没有明显的以婚约为条件或者以婚约为目的

广州市法院判决的一个案例可以说明这一情况。晓磊与阿蓉（均为化名）经亲友介绍相识，在2015年3月初确立了恋爱关系。当月30日，晓磊即买了一枚钻戒当场送给阿蓉。清明节前，晓磊打算带阿蓉回老家扫墓，阿蓉提出按照其家乡的习俗，未下聘订婚前，不能随便跟着晓磊回家扫墓，需要晓磊支付300万元的聘礼。于是，晓磊向阿蓉转账300万元后，阿蓉跟随其回乡祭祖。4月18日，双方在广州举办了订婚宴席。订婚后，两人同居了大半年时间，因性格不合经常发生争吵，并于2015年11月分手。晓磊向白云区法院起诉称，现双方已无法履行婚约，要求被告返还钻戒及礼金3 108 880元，阿蓉拒绝退还。法院认为300万元数额巨大且在订婚前给与，应认定为彩礼，扣除双方同居花费判令女方返回280万元，双方对此均没上诉。此后，男方又起诉，要求女方归还恋爱期间男方给与的114.8万元。据查，晓磊一共向阿蓉转账26次，从上千元到数万元不等，最大的一笔转账为25万元，多次转账5.2万元。晓磊通过银行转账的方式向阿蓉转账114.8万元的事实，有银行账户交易明细予以证实。庭审时，晓磊为证实阿蓉以各种理由向其要钱，出示双方部分微信聊天记录，阿蓉称"那就要发52000""你说88888""现在你不发88888""我就不会原谅你"。阿蓉对上述微信聊天的内容真实性确认，但其认为晓磊转账是为了挽回她的感情。而晓磊则称他给阿蓉转账是为了与阿蓉缔结婚姻，双方分手后其为了挽回阿蓉感情才给阿蓉转款。本案争议的焦点问题是：阿蓉是否应返还上述款项？理由是什么？

从法理角度分析：因订婚而赠送的财物，是为证明婚约成立并以将来应成立的婚姻为前提而敦厚其因亲属关系所发生的相互间的以情谊为目的的一种赠与。这种赠与行为不是单纯地以无偿转移财产为目的的，这种赠与是附解除条件的赠与行为。那么，判断本案中，男方赠送女方114.8万元的财物女方要不要返还，关键要看这一赠与是否附婚约条件。从案情情况看，男方陆续赠送女方114.8万元的过程中，男女双方并未建立稳定的恋爱关系，而是属于男方在追求女方的过程中所为的赠与，也即赠送财物时，双方之间还未建立婚约，所以这样的赠与显然不能认定为以保持婚约为条件，应该属于无偿赠与，财物已经交付给女方，赠与已经完成。现在男方以恋爱不成要求返还不符合赠与撤销的法定条件，所以得不到法院的支持。一审法院审理认为：就本案而言，双方当事人系恋爱关系，男女双方在恋爱期间为增进彼此感情互赠财物本属人之常情，但双方交往不到一年，晓磊赠与阿蓉财物高达114.8万元，明显不合常理。从社会普遍认知来看，也不符合恋人之间日常消费水平。结合晓磊、阿蓉于2015年4月18日订婚的事实以及转账金额"52000""8888.88""88888.88"数字的寓意，可表明晓磊大量给付阿蓉财物，是为了缔结婚姻，也即其行为是附条件的赠与。附条件的赠与只有在所附条件成就时生效，如果双方因任何一方拒绝未能登记结婚，即赠与所附条件没有成就，赠与则不发生法律效力。现晓磊期待的结婚目的并未实现，阿蓉占有赠与财物的行为则属不当得利。所以判决阿蓉返还114.8万元。二审法院审理认为，双方的争议焦点在于上述款项属于恋爱中的一般赠与还是以结婚为条件的附条件赠与，阿蓉是否应向晓磊返还上述款项。法院认为，晓磊并未举出充分证据证明上述款项的赠与以结婚为条件，应属于一般赠与，阿蓉无须向晓磊返还。理由如下：上述款项为近一年内不定期不定额的转账，数额有大有小。无论是通过银行转账还是微信给付的款项，未有证据显示晓磊明确说明所转款项以双方未来缔结婚姻为条件。此外，双方分手后，晓磊仍有向阿蓉转账。从晓磊多笔转账金额数字"52000""8888.88"等寓意表明，晓磊转账应属为联络感情和表达爱意，挽回阿蓉心意，并不能反映系以结婚为条件而转账。二审判决认为：上述款项属于一般赠与，阿蓉无须返还。[1]

---

[1] 参见 https：//www.thepaper.cn/newsDetail_ forward_ 1762397，2017年11月22日访问。

3. 已婚人士在"恋爱"期间赠送另一方财物，不能认定为"附婚约条件的赠与"

珠海市 62 岁的陈先生是一名已退休的大学教授，30 岁的杨女士曾在一家美容院担任按摩师，现为该美容院的合伙经营人。2015 年 7 月，陈先生提起诉讼，称其于 2011 年到保健中心按摩时与杨女士相识。自 2014 年 5 月开始，杨女士在明知陈先生为有妇之夫的情况下，仍与其建立起不正当的恋爱关系，并承诺在陈先生离婚后会与其结婚。陈先生称，在双方交往过程中，杨女士向其索要了名牌手表、苹果手机、名贵化妆品、名牌衣物、酒水等贵重物品。2015 年 5 月，杨女士以性格不合为由断绝了与陈先生的联系，陈先生认为杨女士的行为给其造成了重大经济损失和精神伤害，且其送给杨女士的财物是以杨女士承诺会与其结婚为条件的，现赠与条件已不存在，故陈先生起诉到法院，要求杨女士返还手表、手机、化妆品等贵重物品及房租、不锈钢门费用、旅游往返车票及参观门票、手机充值费用、被褥等共计人民币 45 738 元。杨女士在庭审期间辩称，她与陈先生并无不正当恋爱关系。2013 年，她在保健中心做按摩师工作时，陈先生的妻子张女士是保健中心的常客，张女士介绍陈先生过来按摩，两人相识。2014 年，由于与朋友合伙开美容院需要资金，杨女士向陈先生借款 50 000 元，该款项目前已偿还完毕。杨女士称，自己为感谢陈先生的仗义相助而送其一张 5000 元的美容卡，但随后陈先生经常借消费的名义到美容院骚扰杨女士，无奈之下，杨女士只得将美容院暂时关闭。同时，杨女士声明，除了收到过陈先生通过案外人许某的账户自愿转给她的 4500 元及陈先生通过支付宝为其充值的手机话费外，从没有收过陈先生的任何其他财物。庭审中，双方各执一词，互不相让。双方争议的焦点问题是：陈先生的赠与行为能否定性为附婚约条件的赠与？该赠与行为是否可撤销？杨女士得到财物的行为是否构成不当得利？

从法理角度分析：陈先生赠送杨女士财物的行为不能定性为附婚约条件的赠与。原因是附婚约条件的赠与主要是指，没有婚姻关系的双方之间，为证明婚约成立并以将来应成立的婚姻为前提而敦厚其因亲属关系所发生的相互间的以情谊为目的的一种赠与。这种赠与行为不是单纯地以无偿转移财产为目的，这种赠与是附解除条件的赠与行为。而本案中的陈先生在与杨女士交往时，本来已经存在婚姻，在婚姻没有解除的情况下，就与婚外异性交往是一种违反夫妻忠实义务的行为，不符合公序良俗。所以其赠与不能认定为以婚约为条件，所以陈先生主张撤销赠与也不符合赠与撤销的法定条件。法院经审理认为，陈先生不能直接证明杨女士取得过相关财产利益，亦不能证明陈先生的消费性支出与杨女士之间存在因果关系，且杨女士亦否认收到过陈先生的任何财物，对此陈先生应当承担举证不能的不利后果。而通过案外人转账给杨女士的4500元及陈先生为杨女士充值的手机话费，陈先生在庭审中承认是杨女士向其索要后自愿赠与的，赠与条件为杨女士承诺在陈先生离婚后与之结婚，但是陈先生并未对该赠与条件进行举证，且陈先生所述的赠与条件违背社会公序良俗，既不属于法定的可撤销赠与的情形，亦不符合不当得利的构成要件，故对陈先生要求杨女士返还上述财物的主张，法院不予支持。最终，法院依法作出判决，驳回了陈先生的全部诉讼请求，原被告均无上诉。

（五）问题讨论：如何避免恋爱期间的财物赠与纠纷？

通过以上分析说明，男女在恋爱期间由于人身关系的不确定，往往导致分手时赠与财物的返还纠纷，那么如何避免这样的财产纠纷呢？

（1）恋爱期间赠与大额财物不妨约定在先。男女在恋爱同居期间，难免有互赠礼物及大额财产的支出情形，但不可让感情冲昏了头脑。在大额经济支出的时候，一定要"丑话说在前面"，赠与财物时明确是以将来结婚为前提。

（2）保存和固定证据。恋爱期间，一方赠与大额钱款给对方要保留必要的证据。比如财产协议、财产公证或者支付凭证、购物发票等。

（3）婚外出轨赠送"小三"财物，很难定性为"附婚约条件的赠与"，不能按不当得利要求返还。

二、恋爱期间借贷纠纷的实务分析

恋爱期间相互借款，在恋人之间虽然常见，但绝大部分出借人都不好意思开口要恋人打借条，觉得这样做是对双方感情的不忠贞，或担心对方怀疑自己太看重钱。这些思想最终酿成恋爱不成的财产借贷纠纷，致使出借人的权益很难受到保护。如果有借条，是小额的则追回的可能性较大，但是若金额巨大，如只有一张借条，那么案件本身会因对方的一些抗辩而变得错综复杂。如果没有借条，只有付款凭证，如银行汇款、存款凭证，那打借款纠纷的案子会因没有借条而变得复杂。因此，对于恋人的借款，尽可能做到"亲兄弟明算账"，让对方出具借条是最起码的要求，而对于金额较大的，除出具借条外，还应通过银行汇款留作证据。

（一）没有借条，不能确定借贷关系存在

小李（男）和小张（女）同为深圳户口，2011年5月份经朋友介绍认识，很快两人便热恋了。2012年8月份，小李购买了一辆价值30万元的MINI小车给小张，车辆登记在小张名下。2013年4月8日，小张一脸愁容，小李问其何事，小张声称其舅舅因为做生意资金有点困难，向小张借款人民币10万元，小张手头没那么多钱，但是舅舅开口又不知如何应对。面对这种情况，小李考虑女朋友小张如此为难，就向小张说自己手上有10万元"闲"钱，可以先给小张的舅舅周转，等其舅舅资金问题解决后再还小李也不迟。于是小张很开心地跟其舅舅拿了银行账号，小李在银行柜台转款人民币10万元到小张舅舅账户上。几个月后，双方因故闹分手，小李向小张索要其借给小张舅舅张某的10万元，小张说这不关她的事，让他直接去找张某要钱。张某却说是小李愿意汇钱给自己的，其汇钱给自己的行为是赠与不是借贷，故也不愿意还这10万元钱。本案的焦点问题是：该纠纷应当如何解决？从法理角度分析：本案中，因为小李是从其名下直接打款给小张的舅舅张某的，因此，如果打官司，小李是不能起诉小张的，而应该直接起诉张某。但是，由于小李与张某之间只有汇款的单据，没有借条，因此，到底事实上他们是借款关系还是赠与关系，或者是不当得利关系，都可能会是法院查案的难点。事实上，只有汇款单据而没有欠条，法院也不好直接判定小李与张某之间存在债权债务关系，还需要有其他相关证据佐证借款关系成立。在这种情况下，小李即使有汇款单，但想顺利打赢这场官司也并不容易。可见，恋爱期间的金钱给付，还是得当心些！[1]

（二）只有银行凭证，对方不承认借贷，法院难支持

2008年2月，小薛和张强（均为化名）通过网络认识，很快发展为恋人关系，约定同年11月18日前结婚。张强在2008年4月至2009年3月期间，总共6次从自己的银行账户中把钱取出来，存到女友小薛的银行账户上。每次少则数千元，多则超过万元，6次总共有5万余元。张强说这些钱都是小薛当时向他借的。最初他们都沉浸在爱情的甜蜜中，但随着时间一长，彼此了

---

〔1〕 参见贾明军主编：《婚姻家庭纠纷案件律师业务》，法律出版社2008年版，第18页。

解更深，双方在性格上存在较大差异，缺点也暴露得越来越多，经常吵吵闹闹，小薛于是提出了分手。张强说分手可以，但小薛应该返回借她的5万元。小薛拒绝。两人在2009年下半年正式分手后，张强把小薛告上法庭，要求归还5万多元借款。为了证明自己把钱借给了小薛，张强向法庭出具了6份银行存款回单、4份存款凭条，他表示，这部分证据证明他向小薛的银行账户中存入了5万多元。同时，张强出示了自己银行账户的6份取款凭条，该证据表明，他存入小薛账户中的钱，是他从自己账户中分次取出来的。小薛却否认借款的说法，她承认自己收到过这些钱，但她告诉法庭，这不是借款，而是他们当时正处于热恋期，张强为了表示对她的忠贞，送给她的，属于赠与。既然是赠与的财产，张强就没有要回来的理由。案例引发的问题是：张强能否要回他这5万元？理由是什么？从法理角度分析：对于这5万元，张强说是借贷，小薛说是赠与。是否有借条作为证明借款的直接证据是本案认定的关键，但张强却表示没有。如果按照张强的说法，既然是民间借贷纠纷，最直接的证据应当是借条、收条。本案中，张强没有证明借款的直接证据，而只能证明在小薛的银行账户中存款的行为，这仅能显示张强自愿存款的意思，而不能证明这些钱属于二人之间的借款。所以对于这笔钱的性质，难以认定为借款，小薛不负返还义务。最后法院判决：因为张强没有提供借款的直接证据，所以不能认定二人之间存在借贷关系。法院最后驳回了张强的诉讼请求。

（三）问题思考：从以上分析看，如何避免恋爱期间的财物借贷纠纷？

（1）必须要求对方出具相应的借条。

（2）钱款最好通过银行转账，并在附言中注明转款用途，并保留相应的转账凭证。

第二节　非婚同居期间人身关系引发的财产纠纷的实务处理

一、同居中人身关系的认定及处理

（一）非婚同居的界定

同居以前多指两性在婚姻家庭中的共同生活状态，并且主要是指合法的共同生活状态。同居的这种含义与以前我国社会中男女两性婚姻家庭生活的单一性、稳定性高度相关并保持一致。在当时的语境下，非婚姻家庭生活方式的同居状态并不是用非婚同居这个纯粹描述客观现象的事实概念来界定的，而是用鲜明的法律概念"非法同居"来指称。时代的发展使同居的含义发生了裂变，随着非婚同居人数在数量上逐渐增多及去非法化的演变，同居不再专用于婚姻家庭领域。有人称21世纪是新同居时代。在这个时代，同居成了一个符号，也成了越来越多的人的一种生活方式，而且在许多情况下与婚姻无关。如果我们将当代各种同居现象纳入观察的视野，将发现存在以下同居类型：一般性的同居可以分为具有亲属关系的家庭成员之间的同居和不具有亲属关系的非家庭成员之间的同居。不具有亲属关系的非家庭成员之间的同居可以分为：不存在爱和性的关系，仅共同生活于某一房产中的同居，包括合租等产生的同居。在因爱和性产生的同居中可以分为：同性之间的同居和异姓之间的同居，还可分为有配偶者之间的同居和无配偶者之间的同居。我们看到同居的含义因生活关系的错综复杂而让人眼花缭乱，这种泛化的发展趋势反映了现实生活中人们生活方式的多元性。

但对笔者而言，将同居纳入如此宽的视域下会使研究失去针对性，而且不同类别之间的同居所产生的问题并不具有太多的相关性。故笔者不采用广义的同居含义。本书所指的非婚同居主要指存在于没有配偶的异姓之间，以性和爱为纽带，但并非婚姻的一种长期稳定的生活共同体。也有人把它叫作亚婚姻或准婚姻，它是一种事实状态。[1]

（二）非婚同居的构成要件

（1）在主体上，当事人为没有配偶的男女双方。如果一方缔结过婚姻，则另一方与其同居将构成姘居，是非法同居，而不是我们所讨论的非婚同居。非婚同居的重点就在于双方均无同居的障碍，即均为自由的人，均未缔结婚姻关系，包括未婚者、离婚者或者丧偶者。它不包括有配偶者与他人同居、同性恋者同居。强调没有配偶的目的在于将非婚同居与重婚及有配偶者与他人同居等婚外同居区别开来。

（2）主观上，双方自愿建立像夫妻一样的生活共同体，但并不具备构成合法婚姻的形式要件。首先，合意是非婚同居关系成立的主观要件。合意代表双方共同生活均出自各方的自由意志，这就要求双方均具备表达这种自由

---

[1] 杨立新：《家事法》，法律出版社2013年版，第108页。

意志的民事行为能力,即双方均应为完全民事行为能力人,且双方作出决定之时均不存在任何的欺诈、胁迫。其次,同居双方有相互照顾、共同生活的意思表示。非婚同居的双方应该像夫妻一样共同生活,建立以性生活、平常必要的共同的经济生活等为主要内容的共同体,但是,没有履行结婚登记手续,不构成婚姻关系。

(3)同居行为必须是公开的。同居双方是否以夫妻名义相称不影响非婚同居行为的认定,只要同居行为是公开的,不是刻意隐藏的,就能成为非婚同居行为的构成要件。此处的公开性也并不是指需要特殊的仪式或者称谓以昭示其同居关系,而仅指的是双方均未刻意隐瞒其同居的事实。但一般来说,当事人的亲人或朋友、邻居应该知晓其同居关系。

(4)同居行为应当持续一定期间。之所以需要非婚同居行为持续一定的时间,是因为这种结合只有持续存在,才能证明其具有一定的稳定性。所谓稳定的共同生活,应该是同居双方持续的共同生活,并非是临时地、短暂地发生性关系,如与一夜情、多夜情和通奸等行为区别开来。在法律规制非婚同居行为的国家,都要求当事人的行为持续一定的期间才能适用非婚同居规则,而且这一期间不能有明显的间断。如美国的某些州规定的是3个月以上,丹麦等规定须3年以上。结合我国国情,笔者认为,非婚同居的持续期间应以2年为宜。

(三)非婚同居人身关系认定的法律规定

对因非婚同居引发的问题处理的依据主要是:

(1)《最高人民法院关于适用〈中华人民共和国婚姻法〉若干问题的解释(一)》以下简称[《婚姻法司法解释(一)》]第5条规定:"未按婚姻法第八条规定办理结婚登记而以夫妻名义共同生活的男女,起诉到人民法院要求离婚的,应当区别对待:(一)1994年2月1日民政部《婚姻登记管理条例》公布实施以前,男女双方已经符合结婚实质要件的,按事实婚姻处理;(二)1994年2月1日民政部《婚姻登记管理条例》公布实施以后,男女双方符合结婚实质要件的,人民法院应当告知其在案件受理前补办结婚登记;未补办结婚登记的,按解除同居关系处理。"

(2)《婚姻法司法解释(一)》第6条规定:"未按婚姻法第八条规定办理结婚登记而以夫妻名义共同生活的男女,一方死亡,另一方以配偶身份主张享有继承权的,按照本解释第五条的原则处理。"

（3）《婚姻法司法解释（二）》第 1 条规定："当事人起诉请求解除同居关系的，人民法院不予受理。但当事人请求解除的同居关系，属于婚姻法第三条、第三十二条、第四十六条规定的'有配偶者与他人同居'的，人民法院应当受理并依法予以解除。当事人因同居期间财产分割或者子女抚养纠纷提起诉讼的，人民法院应当受理。"

（4）1989 年 12 月 13 日颁布的《最高人民法院关于人民法院审理未办结婚登记而以夫妻名义同居生活案件的若干意见》（以下简称《同居若干意见》）第 8 条规定："人民法院审理非法同居关系的案件，如涉及非婚生子女抚养和财产分割问题，应一并予以解决。具体分割财产时，应照顾妇女、儿童的利益，考虑财产的实际情况和双方的过错程度，妥善分割。"

（5）《同居若干意见》第 13 条规定："同居生活期间一方死亡，另一方要求继承死者遗产，如认定事实婚姻关系的，可以配偶身份按继承法的有关规定处理；如认定非法同居关系，而又符合继承法第十四条规定的，可根据相互扶助的具体情况处理。"

二、非婚同居人身关系的认定引发的财产纠纷实务处理

（一）同居多年男友暴亡，不能算事实婚姻，不能享有遗产继承权

李女士与王先生均是离异，经朋友介绍相识，互相感觉不错，于是没办理结婚登记手续，李女士就搬进王先生的平房里居住。王先生与他的兄妹不和，所以王先生、李女士二人与王先生的兄妹很少往来。从 2000 年开始两人在一起一住就是十多年，出双入对，对外一直以夫妻相称，周围街坊邻居也都以为他们是合法夫妻。2010 年 10 月 20 日晚，王先生突发心脏病，送到医院后没有抢救过来。王先生没能留下任何书面文件就撒手而去。在把王先生的丧事处理完毕后，李女士回到住所时，门锁已被换掉，自己的个人衣物被装在几只箱子里放在了门外，箱子里放了一张纸条，大意是王先生的兄妹通知李女士：他们收回了王先生的房屋，让李女士限期搬离。李女士随即报警，公安部门答复她：维持房屋的现状，李女士与王先生的兄妹之间的矛盾通过法律途径解决。本案争议的焦点问题是：李女士与王先生之间到底是什么关系？李女士能否继承王先生的遗产？

从法理角度分析：本案中，李女士能否继承王先生的遗产，主要看二人之间的关系是否符合事实婚姻的定性。事实婚姻是相对于法定婚姻而言的，

是指没有配偶的男女未进行结婚登记，便以夫妻名义同居生活，群众也认为是夫妻关系的两性结合。事实婚姻应当具备以下条件：①事实婚姻的男女双方均无配偶，有配偶则构成事实重婚；②事实婚姻的男女双方都具有终身共同生活的目的；③事实婚姻的男女双方对外以夫妻名义共同生活，具备公开的夫妻身份；④事实婚姻违反了婚姻法和有关的法律、法规的规定，未履行结婚登记手续；⑤双方的同居关系必须发生在 1994 年 2 月 1 日之前。根据《婚姻法司法解释（一）》第 5 条规定："未按婚姻法第八条规定办理结婚登记而以夫妻名义共同生活的男女，起诉到人民法院要求离婚的，应当区别对待：（一）1994 年 2 月 1 日民政部《婚姻登记管理条例》公布实施以前，男女双方已经符合结婚实质要件的，按事实婚姻处理。（二）1994 年 2 月 1 日民政部《婚姻登记管理条例》公布实施以后，男女双方符合结婚实质要件的，人民法院应当告知其在案件受理前补办结婚登记；未补办结婚登记的，按解除同居关系处理。"按照这一司法解释，人民法院在审理未办理结婚登记而以夫妻名义同居生活的案件时，对认定事实婚姻的问题规定了明确的标准和处理办法。《婚姻法司法解释（一）》考虑到事实婚姻关系形成的原因和具体情况的复杂性，为保护妇女儿童的合法权益和婚姻家庭关系的稳定，从实际出发，在一定时期内有限度地承认事实婚姻关系，然后逐步过渡到不承认。根据《婚姻法司法解释（一）》的规定看，本案中李女士与王先生正式同居是在 2000 年，所以并不符合《婚姻法司法解释（一）》第 5 条的规定。所以两人的关系只能定性为非婚同居关系，而非事实婚姻中的夫妻关系。故李女士无权继承王先生的遗产。

（二）非婚同居期间女方多次流产，造成健康受损，请求男方给与赔偿，法院一般不支持

女孩灵灵，大学毕业后在一家 IT 公司上班，认识了同事刘刚（化名），刘刚有一套自己的软件模块，并研发市场型的模具设计程序。刘刚和她认识不久，就确立了恋爱关系。从那以后，两人开始公开地在公司打情骂俏。老板觉得这样不当，就委婉地劝他们有一个离开。刘刚和她商量，说想自己干，刘刚接下来租了一个公寓楼，吃住和工作都在那里，灵灵也就直接搬到刘刚的公寓一起同居。每当忙的时候，灵灵经常一夜一夜地加班，为公司工作编制程序，员工们也习惯叫她"老板娘"。"老板娘"几乎都把所有的精力都用在了公司发展上。公司从一个月销售额十多万元的规模，发展成一个年销售

额近千万元的企业。公司稳定后，灵灵想在公司做一个适当的位置。刘刚说：你够辛苦了，何必上班呢？需要钱你就自己拿。同居3年里，灵灵有过4次流产的经历，第五次知道自己怀孕的时候，她特别想结婚，刘刚却说，我现在这么忙，哪里有时间准备婚礼？再说我也不想要孩子，着急结什么婚？怀孕了就早点去堕胎。灵灵说服不了他，只有自己郁闷。隔几天，灵灵又一次提及结婚，刘刚又是那套逻辑，她就觉得心里不愉快，在刘刚要求同房的时候，没有顺从他。刘刚一生气就在夜里出去了，从那以后经常夜里不回家。灵灵忍着不说，自己想做点什么，就到公司里干点什么，没想到月底没有人给她支付一文钱。灵灵因此找刘刚理论，刘刚对她说：你算什么？是我公司的员工吗？你和我签署合同了吗？更可气的是让保安把她拉出了公司办公室。他们住的房子是租的，刘刚从那以后就再没有回来过。灵灵说：我为了公司的发展，一夜夜地陪着客户喝酒。现在家没了，工作没了，怀的孩子也不知该不该留下？不留意味着她的生育能力也没了，留下又有什么意义？下个月住在哪里都不知道。气愤之极的灵灵说，我要告他！这个案例引发的关键问题是：如果灵灵再次选择了流产，由此终身失去生育能力，那么灵灵能不能请求刘刚赔偿身体健康损失费和精神损失费？灵灵的主张能不能得到法院的支持？

从法理角度分析：本案中灵灵和刘刚未婚同居，虽有违公序良俗，但并未违反法律禁止性规定。而对于非婚同居的男女而言，发生性行为系双方自愿，即便造成了损害后果，但由于男方并不具备侵权的主客观要件，故对损害结果，男方不应承担相应的赔偿责任。《民法通则》第132条指出："当事人对造成损害都没有过错的，可以根据实际情况，由当事人分担民事责任。"同时，根据《最高人民法院民一庭涉及婚姻案件处理分析民事审判实务问答》阐释："问：女方以同居期间多次怀孕人流等原因影响身体为理由要求男方赔偿，法院应否支持？答：以上情形属于同居造成后果，无合法婚姻为前提，故以上请求无法律依据，人民法院不予支持。"由此可以看出，对于同居关系造成的身体受损害的后果，因为不具备合法婚姻保障，所以法院是不支持的。因为同居中身体受到损害的，一般总是女方，所以还是奉劝各位女性朋友，一定要懂得保护自己，否则即使受到伤害，没有法律的保护，也只能落个身心俱疲的下场。

而针对未婚怀孕流产而产生的费用，到底应该由谁承担？我国《婚姻法》

和《民法通则》《民法总则》都没有明确的规定。实践中，有些地方法院从侵权的角度考虑，认为未婚男方与女方发生性关系，是一种过错行为，但又考虑到性关系发生系出于双方自愿，所以女方本人也要承担部分责任，所以对于流产产生的费用一般判决男女双方各承担一半。也有一些法院认为这种问题属于道德问题，往往会不予受理此类案件。还有的法院把女方流产所产生的费用，视为双方共同债务处理，判决男女双方共同承担。

（三）同居结束，女方索要"青春损失费"，法院不支持

刘先生43岁，邓女士45岁。双方从2009年4月开始同居生活，因为各种原因没有办理结婚的登记手续。五年后，双方发生了矛盾，原本脆弱的同居关系维持不下去了，在2014年3月，双方解除了同居关系。邓女士心里越想越生气，难道自己这五年就白白和他过了吗？于是2014年4月12日，邓女士再次找到刘先生，以要青春损失费、精神损失费、肉体损失费和感情损失费为名要求刘先生予以补偿。无奈之下，刘先生于同日写下了"今欠邓女士十万元整，十日还清"的欠条。邓女士本以为欠条在手，就没有后顾之忧了，也算出了心中的一口恶气。没想到刘先生一纸诉状把邓女士告上了法庭，要求确认邓女士手中所持有的10万元欠条无效。本案的焦点问题是：邓女士能否凭刘先生写的欠条获得青春损失赔偿？

从法理角度分析：在因恋爱分手的事件中，双方的同居关系是一种自愿行为，在男女平等的前提下，女方若以青春损失为理由索要赔偿是不合理的。而且"青春损失费"并不是法律上的概念，也不能与精神损失赔偿费相提并论，如果一方愿意给予另外一方经济上补偿以达到分手目的，法律并不禁止，这属于一种赠与行为，以金钱的交付为准。如果双方签署协议，一方让另一方赔偿青春损失费，进而解除恋爱关系的，或者用欠条形式立下字据的，事后一方反悔不给付，也是可以的。即使"受伤"一方诉讼到法院要求履行协议，法院也不会支持。因为青春损失费的约定不仅有违"公序良俗"的原则（公共秩序和善良风俗的合称），也于法无据，所以约定无效。法院在查明上述事实后，认为欠条是证明债权债务关系合法成立的有效凭据的，可以支持。本案中，刘先生出具的欠条所记载的内容表明其与邓女士解除同居关系后，邓女士要求刘先生给付青春、精神、肉体及感情损失费，该要求缺乏法律依据，邓女士亦未提供证据证实双方存在其他事实上的债权债务关系，故该欠条不具有合法性。最后判决确认刘先生为邓女士出具的日期为2014年4月12

日的欠条无效。

（四）非婚同居中，如果事前自愿约定由男方给与赔偿的，法院会支持

在"甜蜜的承诺——同居怀孕流产中的约定赔偿纠纷"一案中，女方要求男方按约定承担赔偿责任获支持。2012年夏天，同学四年的小安和乐乐终于熬到大学毕业了，对相恋已经三年的情侣来说，同居在一起也是顺理成章的事情。小安在一家外资企业负责部分产品的采购工作，乐乐则进了家民营企业从事产品售后服务，薪水虽然不及小安的一半，但工作却比经常出差的小安舒服多了。小安是个顾家的男孩子，每月一发薪水就如数上缴给乐乐，而乐乐则像个家庭小主妇一样，将租来的小屋收拾得干干净净，每天从早点到夜宵，安排得花样百出，让小安吃得津津有味，每个月略有结余的时候，乐乐都小心翼翼地存起来准备付婚房首付款，自己甚至舍不得去买新衣服和化妆品。就在乐乐一门心思为将来的小家打算的时候，2013年8月15日，她无意中在小安忘记带走的笔记本电脑上，发现了小安和一个女同事出差在外拍的许多亲密照片。晚上在乐乐的追问下，小安老实地回答说，他的确很喜欢那个女同事，却又不想伤害乐乐，已经矛盾很久了。乐乐无法承受小安的背叛，伤心地主动提出了分手。谁料几天之后，乐乐感觉身体不舒服，到医院一检查才知道是怀孕了，家在外地的乐乐无人商量，急得只好把真相告诉了小安。小安因为第二天下午定了机票要赶去外地参加产品订货会，就于当晚回来给乐乐写了一份承诺书，内容为："因我的原因致使乐乐怀孕流产，如有不良后果由我承担。对她本人造成的身心伤害，我愿以一年的工资作为经济补偿，并对她流产手术后的恢复阶段给予照顾（包括做可口的饭菜，保证其心情愉悦等各种事宜），未尽事宜观后效解决。"第二天，也就是2013年8月20日上午，小安陪同乐乐到医院进行了流产手术，观察一会后把乐乐送回家中，下午就赶往机场。谁料，小安的女同事一路上听小安说了乐乐流产、小安承诺照顾的事情，顿时醋意大发，立刻把小安管得紧紧的，出差回来后也不许小安去照顾乐乐。乐乐见小安如此绝情，一纸诉状将小安告到法院，要小安承担精神赔偿费10万元。本案的焦点问题是：男方的承诺有效吗？乐乐的请求能获得法院的支持吗？

从法理角度分析：随着社会观念的更新，单身男女同居已不再是社会不能接受的现象，但因同居性行为引发的纠纷也随之而来。本案就是一个普遍性的案例。同居关系的法律后果与合法有效的婚姻关系不同，同居的男女双

方无法律所规定的夫妻间的扶养扶助等权利和义务。女方在同居期间发生怀孕人流等损害后果，因无合法的婚姻为前提，其赔偿请求往往因缺乏法律依据，而得不到人民法院的支持。现实生活中，女方通常比照民法中的侵权原则要求男方作出赔偿。人民法院通常会根据女方受损害的程度，判决不予支持或按照公平原则判决男方适当进行补偿。本案的不同在于，男方对女方作出了承诺，女方接受了该承诺，可以视为双方已对可能出现的或者已经出现的损害达成了赔偿的约定，该约定是当事人自愿作出，且不违反法律禁止性规定，该承诺书在法律上是有效的，对男方具有约束力。法庭审理中，乐乐提交了医院的医疗票据及医疗手册，证明其因流产导致患上重度抑郁症及轻度焦虑症，并有可能将来不能受孕。小安称承诺书是在乐乐的逼迫下书写的，并称乐乐的所有医疗费是自己支付的，但当时因急着赶飞机并没有保管票据，而是将医疗票据等一起给了乐乐。同时小安还提供了租房协议及支付了2013年全年的租金收据、工资折复印件，证明其工资卡一直在乐乐处，两人同居期间以及乐乐流产手术后的房屋租金已经由自己支付，而之前及之后的日常开销也一直从他的银行卡里支付。法院认为，小安与乐乐系自由恋爱并同居。在此过程中，乐乐怀孕后流产，身心受到一定伤害，且小安对其出具承诺书，承诺因其原因导致乐乐怀孕流产，其支付一年工资作为补偿金。从人与人之间平等友爱、团结互助，确实保护妇女权益角度出发，小安理应承担乐乐由此受到伤害的相应责任。现乐乐起诉要求小安赔偿一年的工资作为补偿金，理由正当，法院予以支持。其主张的如未来不能生育，小安要承担赔偿责任，因尚未发生且并无权威部门鉴定结论，如将来实际发生，可待发生后，另行起诉。小安所称承诺书是在被逼迫下书写以及其支付乐乐就诊所发生的一切医疗费，均未提供证据，法院不予采信。故法院判令被告小安给付乐乐补偿金及医疗费共计6万元，驳回了乐乐的其他诉讼请求。[1]

（五）非婚同居中，男方隐瞒婚姻，致女友流产，应该承担赔偿责任

丁玉（化名）和李某在某相亲网站相识，李某在网上的信息是单身，在两人一年的交往中，李某始终称自己离异。丁玉以结婚的前提和李某同居，并且为其怀孕、流产。当丁玉发现李某并未离异后，精神受创，将其起诉至法院，要求李某向她出具书面致歉信，并赔偿医疗费、精神损害抚慰金等30

---

〔1〕 参见 http://sh.sina.com.cn/news/s/2012-07-01/1410956.html，2017年12月6日访问。

余万元。法院审理认为，根据丁玉提交的聊天记录、照片、流产病历等证据，可以形成证据链，证明李某主动结识丁玉，且多次邀约促成双方同居生活。李某通过自我承诺及亲友协同的方式，恶意长期隐瞒其已婚事实，原告得知实情后精神上备受打击。因此，法院对于原告所述事实予以采信。法院认为，李某的行为明显有悖于社会公德及公序良俗，亦有失诚实信用及道德准则，应当认定具有主观过错。李某的行为侵害了丁玉人格权下的性权利，应当承担侵权责任。主审法官认为，"被告行为过错，直接误导原告对其性权利进行的处分"。法院判决李某赔偿丁玉精神损害抚慰金15万元，并向其书面赔礼道歉，道歉内容需经法院审核。如逾期不履行，法院将在有关报刊上刊登判决书主要内容，刊登费用由李某承担。本案主审法官介绍，我国民法里，未明确提出"性权利"的概念。但在国外一些立法中都明确提出公民有"贞操权"。主审法官认为，这起案件的判决结果意义在于，"性行为在社会逐渐宽容的情况下，不法欺骗的性行为，法律不容"。这是国内首例性权利案受害者获赔15万元的判例。[1]

三、女性如何在非婚同居中保护自己？

笔者在从事律师实务中，接待过很多非婚同居中女性咨询的案例，但笔者遗憾地看到一些女性因为多次人流造成身体受到严重损害，有的甚至再也无法生育，而同居男方一走了之，她们要求赔偿却因证据不足得不到法律支持。

在此，笔者提醒广大的青年女性，在同居前一定要慎重，因为生理上的特殊性，同居关系一旦结束，受伤害更多的还是女性。如果意外怀孕，要尽可能将婚事提到日程上来。若要中止妊娠，也要采取安全的方式。身体如因此有损伤，同居男友如愿意为此负责或作出一定补偿，要尽可能形成书面文字，对于自己因损害所支付的有关费用，如医疗费、手术费、营养费等，也要留存必要的票据和凭证，这在将来分手产生纠纷时可以作为要求赔偿的直接证据。

---

[1] 参见 http://www.sohu.com/a/109057745_463449，2018年5月3日访问。

第三节 非婚同居期间的财产纠纷的实务处理

对于非婚同居关系，法律既不支持，也未禁止。近年来，随着非婚同居关系的普遍化，涉及解除同居关系以及分割财产的纠纷也越来越多，情况也日趋复杂化。在很多情况下，同居关系与婚姻关系非常接近，除了没有领结婚证，其他生活情形几乎和婚姻没有区别。然而在起诉同居财产分割的情况下，同居关系的处理与婚姻关系有着本质的区别。经过结婚登记的夫妻在婚姻关系存续期间，一方或双方的收入所得，除《婚姻法》第18条列举的财产以外，均为夫妻共同财产。离婚的时候一般可以按照一人一半的原则分割。但同居关系期间的财产归属一般是以财产取得方式确定产权的，只有双方基于共同的法律事实取得的财产，才属于双方共有。同居关系中财产的分割不能适用夫妻财产制度。要解决好同居期间财产的分割，首先需要理清非婚同居期间财产关系的性质，才能作出妥善处理。

一、非婚同居财产关系的性质及法律依据

（一）非婚同居财产关系的性质

（1）同居生活期间的财产关系按一般共有关系处理。同居关系是男女双方基于结婚的目的或其他目的，共同居住生活在一起，形成的长期而稳定的关系。男女双方尽管已经同居生活，但是最终却没有登记结婚，同居关系没有转化成为夫妻关系。同居财产关系以男女双方同居生活为基础，男女双方开始同居生活，直至结束同居关系，期间取得的财产，属于同居期间的财产。同居生活的男女双方，因不存在婚姻关系，同居生活期间的财产关系不适用夫妻财产制度，应依据《同居若干意见》第10条"同居生活期间双方共同所得的收入和购置的财产，按一般共有财产处理"的规定，按照一般共有关系处理。

（2）同居期间个人所得的财产属于个人所有。《婚姻法》第18条规定，一方的婚前财产属于个人所有。处于同居关系的男女双方登记结婚后即建立夫妻关系，婚前财产虽然存在于同居期间，但仍属于个人所有。个人基于一定的法律事实所取得的财产属于个人所有，不因同居关系而发生财产属性的改变。同居期间一方的工资收入，一方生产经营的收入，不依赖于同居关系

而取得，自然属于个人所有。

（3）同居期间共同所得的收入或购置的财产属于双方共同所有。同居期间，双方基于一定的法律事实共同所得的收入，比如双方共同投资所得，共同经营所得，共同劳动所得等，都属于双方共同所有。双方共同购置的财产也属于双方共同所有。双方基于共同的购买合意，共同出资购买的房屋，属于双方共同所有。双方共同接受赠与所得的财产，属于双方共同所有。用共同财产投资经营所得或另行购置的财产，属于双方共同所有。

（4）同居关系期间的债权、债务处理。《同居若干意见》第 11 条规定，"解除排法同居关系时，同居期间为共同生产、生活而形成的债权、债务，可按共同债权、债务处理"。

（5）同居关系解除时的财产处理方式。《婚姻法司法解释（二）》第 1 条规定，当事人起诉请求解除同居关系的，人民法院不予受理。但当事人请求解除的同居关系，属于婚姻法规定的"有配偶者与他人同居"的，人民法院应当受理并依法予以解除。当事人因同居期间财产分割或者子女抚养纠纷提起诉讼的，人民法院应当受理。可见，男女双方解除同居关系，人民法院不管，只能自行解除，但如果男女双方因同居关系的解除涉及财产分割纠纷，要求法院处理的，人民法院应当受理。

（二）非婚同居财产纠纷处理的法律依据

非婚同居期间的财产关系既不同于夫妻财产关系，也不能认定为一般的合伙关系。目前处理非婚同居财产关系的法律依据主要是：

（1）《同居若干意见》第 8 条规定："人民法院审理非法同居关系的案件，如涉及非婚生子女抚养和财产分割问题，应一并予以解决。具体分割财产时，应照顾妇女、儿童的利益，考虑财产的实际情况和双方的过错程度，妥善分割。"

（2）《同居若干意见》第 10 条规定："解除非法同居关系时，同居生活期间双方共同所得的收入和购置的财产，按一般共有财产处理，同居生活前，一方自愿赠送给对方的财物可比照赠与关系处理；一方向另一方索取的财物，可参照最高人民法院（84）法办字第 112 号《关于贯彻执行民事政策法律若干问题的意见》第（18）条规定的精神处理。"按照该意见，同居期间的财产处理遵循按照共同共有（一般共有）财产来对待，分割时照顾无过错方的原则。

（3）《同居若干意见》第 11 条规定："解除非法同居关系时，同居期间为共同生产、生活而形成的债权、债务，可按共同债权、债务处理。"

（4）《同居若干意见》第 12 条规定："解除非法同居关系时，一方在共同生活期间患有严重疾病未治愈的，分割财产时，应予适当照顾，或者由另一方给予一次性的经济帮助。"

（5）《最高人民法院关于贯彻执行民事政策法律若干问题的意见》第 18 条规定："借婚姻关系索取的财物，离婚时，如结婚时间不长，或者因索要财物造成对方生活困难的，可酌情返还。"

（三）对非婚同居财产关系法律规定的理解

《同居若干意见》第 10 条规定，"解除非法同居关系时，同居生活期间双方共同所得的收入和购置的财产，按一般共有财产处理……"按照该意见，同居期间的财产按照一般共有财产来对待，而不是共同共有。但司法解释确立的"一般共有"制在实践中存在理解上的分歧。因为在我国民法理论中，共有只有按份共有和共同共有两种共有方式，而没有一般共有的概念。最高人民法院也没有明确"一般共有"是属于哪种共有。实践中，有人认为一般共有应理解为"按份共有"，但这样的理解容易造成不公平的结果，且没有可操作性。[1]也有一些学者认为一般共有应理解为"共同共有"，但这样的理解，法律依据也不足。[2]其实，根据以上司法解释本意结合同居关系的特点，笔者认为在同居关系的财产认定上，能证明为个人财产的，按个人财产处理；不能证明为个人财产的按共同财产处理。用一句通俗的话来说，对于同居期间的财产，属于谁的谁拿走，只有既不能确定为属于男方的财产，也不能确定为属于女方的财产，这些财产才能认定为共有财产，按照共有财产处理。

二、非婚同居财产纠纷的司法实务处理分析

（一）同居购买婚房不能按夫妻财产分割

于某（男）与李某（女）彼此相爱，并于 2008 年以夫妻名义同居，不久产一子，2009 年于某出资 20 万元购买了一辆小汽车，并和李某共同出资购买

---

〔1〕　杨立新：《共有权理论与适用》，法律出版社 2007 年版，第 315 页。
〔2〕　张学军："事实婚姻的效力"，载《法学研究》2002 年第 1 期。

了价值 200 万元的房子，其中于某出资 150 万元人民币，李某出资 50 万元。双方本选定 2010 年 9 月 9 日登记结婚。然而由于一些生活琐事，双方矛盾开始激化，于某待在家里的时间越来越少，甚至不回家。虽然两人关系大不如前，但李某还是一心想和于某成婚。不料转眼到了 2010 年 7 月底，当李某正准备着张罗结婚事宜时，于某却提出要与另一女子席某登记结婚，并称该女子已有身孕，随后两人结束恋爱关系。结束三年同居，情侣翻脸。于某要求"离婚"并同意孩子归李某抚养，李某同意"离婚"，也同意抚养小孩，但在财产分割上双方产生争议，李某认为双方是夫妻关系，应当按照婚姻法的规定一人一半。于某则认为自己花掉的钱买的东西应当归自己所有。案件争议的焦点问题是：①于某与李某的关系属于什么性质？②他们生活期间的财产应如何分割？

从法理角度分析：第一，于某与李某在法律上属于什么关系呢？双方于 2008 年开始同居，一直到分手，始终没有办理结婚登记手续，而且同居开始的时间在认定为事实婚姻的时间（1994 年 2 月 1 日以前）之后。所以双方只能是非婚同居关系。第二，同居期间的财产如何分割的问题。涉及同居财产分割和夫妻财产分割的区别，法律规定：夫妻财产系法定共有，离婚时一般平均分割，除非有反证；而同居财产是谁的就是谁的，除非有反证才能分割。法院审判中，也重点关注此类争议财产到底是属于谁的？如属于同居双方"共同购置"或者"共同创造"，那么各自所占的比例是多少？所有这些问题的解决必须有相应的证据。本案中，双方共同出资购买了住房，男方出资 150 万元，女方出资 50 万元。那么男女双方就应该按照出资比例分享房子的所有权，即按照 3:1 的比例分割房产。对于于某出资 20 万元购买的小车，属于于某的个人财产。法院审理后认为，①于某与李某没有领取结婚证；②他们二人同居的时间是 2008 年。根据我国《婚姻法》第 8 条及《婚姻法司法解释（一）》第 5 条的规定，1994 年 2 月 1 日之后男女双方未办理结婚登记而以夫妻名义同居的，不补办登记的按照同居关系处理。所以于某和李某是同居关系而非事实婚姻关系即不存在婚姻关系。关于同居期间的财产如何分割的问题，法院认为，依据《同居若干意见》第 10 条规定："解除非法同居关系时，同居生活期间双方共同所得的收入和购置的财产，按一般共有财产处理。同居生活前，一方自愿赠送给对方的财物可比照赠与关系处理……"一般共同财产即属于谁的财产谁拿走。本案中于某与李某在同居期间的收入和购置的财产，二人之间没有份额的约定应当按照出资额确定份额。于某出资 20 万元购买车辆，李某没有出资，所以车子应当属于于某个人所有；于某出资 150 万元购买房产，李某出资 50 万元购买房产，所以二人的份额比例是 3∶1。

（二）同居关系破裂，涉及财产处理的原则是"属于谁的财产谁拿走"

以同居为名，请求分割对方财产的，法院不支持。35 岁的刘剑（化名）是重庆市城郊一农村居民，排行最小，一直好吃懒做，因此没成家。但因俊朗的外表和"天才"级的口才，围绕在刘剑身边的女子不断。2008 年一偶然机会，刘剑认识了比自己大 9 岁的已婚富婆林平（化名）。林平和丈夫早在 2007 年就已离婚，但其前夫对她经济上仍很"支持"。林平多愁善感，刘剑与她相识不到两个月就同居了。2011 年，林平花钱以自己名义，买了一套价值 15 万元的房屋和一辆价值 30 万元的帕萨特轿车。次年，林平又投资 30 万元购置设备开了家公司，刘剑专当她的司机。2012 年底，林平和刘剑闹分手。刘剑称："分手可以，财产分一半。"多次协商不成，刘剑竟将林平告上法庭讨要财产。本案争议的焦点问题是：刘剑能否分割林平的一半财产？

从法理角度分析：双方于 2008 年开始同居，一直到 2012 年分手，始终没有办理结婚登记手续，而且同居开始的时间超过了认定为事实婚姻的法律有效期。所以双方只能是非婚同居关系。非婚同居期间，刘剑并没有和林平一起经营所得的共同财产，所有财产都属于林平个人的财产。既然双方属于同居关系，依据《同居若干意见》第 10 条规定："解除非法同居关系时，同居生活期间双方共同所得的收入和购置的财产，按一般共有财产处理。同居生活前，一方自愿赠送给对方的财物可比照赠与关系处理……"依据这一规定，对于同居期间的财产，一般处理原则是属于谁的财产谁拿走，只有既不能确定为男方的财产，也不能确定为属于女方的财产，这些财产才能认定为共有财产，按照共有财产处理。双方同居期间根本没有共有财产，所有财产属于林平个人所有，由林平个人拿走即可，刘剑自然没有权利分割林平的财产。一审法院认为，两人同居期间共同经营公司，应对其共同购置的财产收益进行分割，判决刘剑得到了"帕萨特小汽车"和近 40 万元的存款。林平不服一审判决提起上诉。二审法院认为，房子和车子都是林平自己掏钱买的，不是同居关系中的共同财产。同时，男方只是女方公司的司机，无证据证明其出资并参与了公司经营，最后判决刘剑"净身出户"。

（三）同居期间，对同居财产归属有约定的，遵从约定

王某与孙某于 2007 年相识后，在没有办理结婚登记的情况之下便开始同居生活。在同居期间，双方于 2012 年 12 月取得房屋所有权，并登记于孙某名下，为买此房王某出资 62 000 元，孙某出资 4100 元。双方在购房后签订协议约定：双方生活在一起要互相信任、互相关照，如一方死亡或提出分手，该套房屋即归对方所有。现王某以双方感情不和为由，起诉至法院要求解除同居关系并分割共同财产。本案争议的焦点问题是：①王某要求解除同居关系的诉讼请求应不应该受理？②房屋所有权归属协议是否有效？

从法理角度分析：双方属于非婚同居关系。按照《婚姻法司法解释（二）》第 1 条规定，当事人起诉请求解除同居关系的，人民法院不予受理。但当事人请求解除的同居关系，属于婚姻法规定的"有配偶者与他人同居"的，人民法院应当受理并依法予以解除。当事人因同居期间财产分割或者子女抚养纠纷提起诉讼的，人民法院应当受理。对于同居关系，法律既不支持，也未禁止。可见，男女双方解除同居关系，人民法院不管，只能自行解除。那么同居期间双方通过自愿签订协议的方式对同居期间的房产归属做了约定，该约定是当事人自愿作出，且不违反法律禁止性规定，该承诺书在法律上是有效的，对双方具有约束力。所以房产应该按照约定归孙某所有。一审法院对于王某要求解除同居关系的诉讼请求不予受理，但对其要求分割房屋的诉讼请求进行了审理，认定王某与孙某之间签订的协议有效，并以王某首先提出分手为由，将该房屋判归孙某所有。王某不服并提出上诉，认为争议房屋应为双方按份共有，并要求孙某返还其出资款 62 000 元。二审法院经审理认为，自然人之间合法、有效的协议依法受法律保护。本案原、被告同居生活的行为，虽然不为我国法律所提倡，但亦不为我国法律禁止，原、被告双方在同居期间为购房出资所签订的协议，系双方当事人真实意思表示，不违反我国相关法律的规定，也没有违反社会公序良俗，因此该协议是合法有效的，双方当事人均应依法履行协议。依协议约定，该房屋理应全部归孙某所有，故王某的诉讼请求于法无据，不予支持。最终，法院判决驳回上诉，维持原判。

（四）如何避免同居期间的财产纠纷？

通过以上三个案例的分析说明，同居关系是一种非常脆弱的两性关系，同居关系一旦破裂，势必涉及财产方面的纠纷。那么如何避免这样的纠纷呢？

第一，对于个人财产和同居财产的界限一定要划清。第二，对同居关系

的破裂要有预见，双方要通过签订协议的方式约定财产归属，以此保护弱势方的权利。第三，男女在同居期间，涉及大额财产的支出情形的，一定要保留相应的凭证。第四，同居关系不受法律保护，婚姻才是爱情的法律保障。

第二章

婚前财产纠纷的法律实务

第一节 彩礼、嫁妆纠纷的实务处理

一、彩礼纠纷处理的法律依据及处理原则

（一）彩礼的定义

目前我国对彩礼没有明确的定义。彩礼，是中国旧时的婚礼程序之一，又称财礼、聘礼、聘财等。我国自古以来婚姻的缔结，就有男方在婚姻约定初步达成时向女方赠送聘金、聘礼的习俗，这种聘金、聘礼俗称"彩礼"。周代是礼仪的集大成时代，彼时逐渐形成了一套完整的婚姻礼仪。《仪礼》中有详细规定，整套仪式合为"六礼"，西周时确立并为历朝所沿袭的"六礼"婚姻制度，是"彩礼"习俗的来源。"六礼"即：纳采、问名、纳吉、纳征、请期、亲迎。[1]六礼中的"纳征"就是为了证明婚约的成立，由男方家正式向女方家送交聘财的程序，相当于现在所讲的"彩礼"。这种婚姻习俗直到中华民国都有延续。但1934年4月8日中央苏区颁行的《中华苏维埃共和国婚姻法》中，已有了废除聘金、聘礼及嫁妆的规定。新中国成立后，我国1950年、1980年的《婚姻法》和2001年修改后的《婚姻法》，均未对婚约和聘礼作出规定，且都规定了禁止买卖婚姻和禁止借婚姻索取财物的内容。但目前我国很多地方仍存在把订婚作为结婚的前置程序的习俗，在农村尤盛。伴随着经济的发展和生活水平的提高，订婚的彩礼也在不断提高，小到金银首饰，大到上万元、几十万元的现金、汽车、住房等。一旦双方最终不能缔结婚姻，则彩礼的处置问题往往引发纠纷，诉诸法院的案件也逐渐增多。

---

〔1〕 张晋藩主编：《中国法制史》，高等教育出版社2011年版，第35页。

（二）彩礼分割与返还的法律依据

（1）《财产若干意见》第18条、第19条规定，婚前一方借款购置的房屋等财物已转化为夫妻共同财产的，为购置财物所负债务，视为夫妻共同债务。造成对方生活困难的，可酌情返还。对取得财物的性质是索取还是赠与难以认定的，可按赠与处理。

（2）《婚姻法司法解释（二）》第10条规定："当事人请求返还按照习俗给付的彩礼的，如果查明属于以下情形，人民法院应当予以支持：（一）双方未办理结婚登记手续的；（二）双方办理结婚登记手续但确未共同生活的；（三）婚前给付并导致给付人生活困难的。适用前款第（二）、（三）项的规定，应当以双方离婚为条件。"

（3）《婚姻法》第3条规定，禁止借婚姻索取财物。

（三）彩礼法律规定的理解及处理彩礼纠纷应坚持的原则

彩礼在普通理解中，尤指婚恋中男方给女方的聘礼或礼金。"彩礼"的表述并非是一个专业的法律术语，人民法院在受理有关彩礼纠纷的案件时一般都将其认定为婚约财产纠纷。目前婚前给付彩礼的现象在我国已经形成了一种约定俗成的习惯，在广大的农村及城市大量存在，且有愈演愈烈、相互攀比的趋势。给付和收受彩礼的时间、给付的数额等内容都是在当地习惯支配下发生的，大部分情况下，既非男方主动自愿赠与，又非女方强迫索取。给付彩礼一般是以婚约为前提的，没有婚约，即使发生财产给付关系，也不能认定为彩礼。此外，这种基于婚约所发生的财产流转关系，其法律效力同样应当依附于婚约的效力。彩礼给付后，婚约有效，或依约结婚、共同生活，不存在彩礼的返还问题；婚约失效，或婚后短时间内离婚，其彩礼的取得就失去合理性和合法性。法律对彩礼返还作出了限制性规定，除依照最高人民法院的司法解释外，同时还要遵循以下原则：

（1）遵循当地风俗习惯原则。婚约问题现行法律并没有加以规范，司法实践中都是依据当地风俗习惯进行。婚约的成立、存续期间的财物来往以及解除等事项都是按照当地的风俗习惯而来，那么双方为此发生的纠纷处理，当然撇不开风俗习惯在其中的作用。有些婚约当事人即使不愿意履行婚约，也害怕受到公众道德上的谴责，因而会依据当地习俗，积极弥补因自己解除婚约而给对方带来的损失，如给付彩礼一方主动放弃或减少要求返还的彩礼数额。其实这种习俗在法律上就可以作为"具有习惯法效力的规范"，在解决婚约彩礼纠纷案件的司法实践中，涉及彩礼返还问题时，应当充分遵循当地风俗习惯，在彩礼的认定、彩礼的范围、彩礼是否返还以及彩礼返还的比例等方面，也都应当遵循当地的风俗习惯。当地没有返还彩礼的习俗，一方起诉要求给付彩礼的，不予支持。

（2）照顾无过错方原则。该项原则是我国婚姻家庭法在处理婚姻家庭案件时应当适用的一项基本原则。它不仅体现在是否准予离婚、共同财产分割及损害赔偿等方面，而且在处理婚约彩礼纠纷时也应该适用照顾无过错方原则，这不仅符合婚姻家庭法的基本宗旨和民众的道德判断，同时，也有利于婚恋诚信伦理的建立。

（3）公平原则。公平原则与诚信原则一样，是与道德规范联系非常紧密的一项原则。在解决此类纠纷的过程中，应当用双方之间的利益权衡来判断是否公平，这样才能体现人民法院和法官的裁判符合公平正义的价值目标，也更能为诉讼各方所接受，最后也有助于顺利解决纠纷，做到案结事了。[1]

二、彩礼纠纷处理的实践把握

（一）适用《婚姻法司法解释（二）》第 10 条关于彩礼的处理原则时应注意的问题

（1）注意把握司法解释解决此类案件所坚持的基本原则。司法解释在决定彩礼是否返还时，是以当事人是否缔结婚姻关系为主要判断依据的。给付彩礼后未缔结婚姻关系的，原则上要返还；如果已经结婚的，原则上不予返还（一些特殊情形除外）；按照习俗举办了结婚仪式但没有领取结婚证书的，解除同居时彩礼原则上不予返还。

（2）结婚前给付彩礼的，必须以离婚为前提，法院才能支持当事人的返还请求。如果给付彩礼之后，在婚姻关系存续期间，给付人要求返还给付的，不予支持，因为此时夫妻尚作为一个共同体，对夫妻共同财产应遵循夫妻法定财产共有原则。如果当事人在提起离婚诉讼的同时提出该项请求，法院准许离婚的，可根据情况作出是否支持返还彩礼的请求；判决不准离婚的，不

---

[1] 陈爽："法院处理关于涉及彩礼案件的原则"，载 http://blog.sina.com.cn/s/blog_ 5fb9328c0102ux5c.html，2015 年 12 月 21 日访问。

能支持当事人返还彩礼的请求。

（3）处理案件必须考虑当地是否确实存在婚前给付彩礼的习俗。一般来说，彩礼问题主要大量存在于我国广大的农村和经济相对不发达地区，人们迎亲嫁娶，多是按民风、民俗形成的惯例。如果当地没有此种风俗存在，就谈不上给付彩礼的问题。对于不能认定为彩礼的、属于男女交往间所为的给付财物纠纷，应当如何处理要视具体情况及性质，由法院依法作出处理。

（4）要考虑彩礼给付时的主观意愿。彩礼的给付问题，现实中都是非自愿的。一般来讲，彩礼的给付往往迫于当地行情及女方家的要求或社会压力而不得不给。如果是完全自愿给付且无任何附加条件的属于一般赠与行为，如果没有特殊规定，通常不予支持返还彩礼的请求。

（5）给付彩礼后，虽然办理了结婚登记手续，但双方没有真正一起共同生活的，对于当事人的合法权益要给予保护。双方登记结婚后，如果一直没有共同生活，也就没有夫妻之间相互扶助、共同生活的经历，实质意义上真正的共同生活还没有开始。

（6）对于彩礼的给付、接受主体要作宽泛理解。实践中，给付彩礼并不单纯是男女双方之间的事情，更多的时候涉及两个家庭之间的往来。所以对于彩礼的给付人与接受人要作广义的理解。不能仅仅局限于准备缔结婚姻关系的男女双方本人，还应包括各自的亲属。现实生活中，彩礼往往是给付给了女方的娘家，真正用于男女结婚的很少。许多时候，彩礼是全家用共同财产给付的，甚至是全家共同举债所为。考虑到这些具体的情况，如果将给付人的主体和收受人的主体都作限制性解释的话，不利于这类纠纷的妥善解决。

（7）明确彩礼的范围：第一，对于男女双方在恋爱或婚约期间，双方平时逢年过节等的人情往来，应认定为属于正常的交际往来，此期间双方互相赠送的一般礼物，不属于彩礼的范畴。如互送的普通的衣物及日常生活用品，不返还不足以造成对方生活困难的，可不予返还。第二，对于基于习俗，一方给付对方的钱款和物品，作为订婚的标志，通常称为彩礼或附结婚条件的赠与，应当返还。即使不是基于习俗，恋爱一方送与另一方的大宗财物（名贵手表、摩托车、金项链、汽车、房子等）和一定数额的金钱，一般应予返还。[1]第三，对于以财物为诱饵玩弄异性和他人感情，道德败坏的，即使送与对方较大数额的财物，从道德角度来讲，对方也可以选择不返还。第四，对于以订婚为名诈骗钱财的，不论哪一方提出解除婚约，都应将所骗的财物全部返回给受害方。第五，对于举办订婚仪式花费的钱财，不得要求赔偿。

（8）婚前给付，导致给付人生活困难的，虽已结婚，也应该返还。此处的"生活困难"是指给付彩礼的一方婚前举债给付，婚后无经济来源偿还债务的，或者是婚前用家庭财产给付，婚后无固定经济来源，依靠自己的力量无法维持最基本的生活水平的。确定"生活困难"需根据给付彩礼的数额、给付人经济来源、当地生活水平等因素综合考虑，目前城镇居民可参照其收入是否低于最低生活保障标准确定。司法解释的本意强调的是绝对困难。[2]

（9）关于彩礼返还请求的诉讼时效适用3年的规定。诉讼时效的起算，根据《民法总则》规定，权利受到侵害从当事人知道或者应当知道之日起开始。因此，此类纠纷的起算，有以下几种情形：如果双方没有缔结婚姻关系的，给付人应当及时履行自己的权利，向对方主张自己的权利。对方拒不返还的，诉讼时效开始起算；如果双方登记结婚的，自其解除婚姻关系之日起，给付人就应当知道自己的权利受到侵害，诉讼时效开始计算。

（二）在彩礼返还案件中，不予返还的情形

法律和最高人民法院的司法解释对于彩礼返还的案件，并没有出具专门的司法解释。部分中级人民法院在当地的司法实践中，总结出相关的经验，以指导意见的形式发布。总结如下：

（1）不符合最高人民法院《婚姻法司法解释（二）》第10条规定情形："……（一）双方未办理结婚登记手续的；（二）双方办理结婚登记手续但确未共同生活的；（三）婚前给付并导致给付人生活困难的。适用前款第（二）、（三）项的规定，应当以双方离婚为条件。"如果不离婚请求返还彩礼

---

[1] 男女双方在订立婚约的过程中，其中一方或其家庭成员按照当地风俗习惯，给付对方数额较大的财物，应当认定为《婚姻法司法解释（二）》第10条所规定的"按照习俗给付的彩礼"。数额较大的财物一般指500元以上的现金或价值500元以上的首饰、电器、通讯工具、交通工具、生产工具以及不动产等贵重物品。一方向对方所送的烟、酒、食品、衣物等易损耗的日常用品、请客花费以及赠送的价值较小的定情信物等，都不认定为彩礼。参见《河南省周口市中级人民法院关于审理涉及婚约彩礼纠纷案件的指导意见（试行）》第1条。

[2] 黄松有主编：《婚姻家庭司法解释实例释解》，人民法院出版社2006年版，第144~147页。

的，不予支持。

（2）男女双方未办理结婚登记手续而同居生活 2 年以上、生育子女或者所送彩礼确已用于共同生活，一方请求对方返还彩礼的，一般不予支持。这一情况又分为三种情形：

第一，男女双方未办理结婚登记手续而同居生活 2 年以上。对该种情况确定不予返还，主要理由：中国社会传统一贯以是否举行结婚仪式并共同生活视为男女是否结婚的标志。结婚仪式举行后，双方一起共同生活，婚约就自然地过渡到婚姻阶段，在一般大众眼里，给付彩礼的目的已经实现，大众也已经视其为已婚。所以根据习俗，彩礼一般就不再返还。[1]

第二，双方已经生育子女的。双方的"婚姻"生活中生育子女，意味着双方的婚姻关系更加牢固，这也成为一个名副其实的家庭。如果双方解除这种所谓的"婚姻"关系，将会给女方造成更大的伤害。因此，这种情况下彩礼不再返还。

第三，所接受的彩礼确已用于共同生活。首先要求证明"确已"用于共同生活，避免以此为借口拒绝返还彩礼。需注意的是，共同生活的界定，主要限制在家庭成员因生活、生产需要并实际支出，比如男女一方或双方患病花费、共同经营投资等。[2]

（3）若彩礼给付人在婚约、同居或婚姻关系存续期间实施暴力，导致婚约解除或离婚，对其要求返还彩礼的请求一般不予支持。[3]

（三）在彩礼返还案件中，减少返还数额的情形

（1）"因给付彩礼一方的原因导致婚约解除，返还彩礼的数额可根据其过错程度、双方的经济状况等因素，酌情减少，减少的数额一般确定为彩礼总额的10%至50%之间。"该条规定主要基于以下理由：首先，根据各地风俗习惯，婚约的解除如果是给付彩礼的男方提出的，彩礼就不予返还或者减少返还额。因为婚约具有人身依附性以及不得强制履行的特征，加之感情不能用财产来衡量。其次，其他很多国家都规定了，任意解除婚约，在一定情况下

〔1〕 "法院处理关于涉及彩礼案件的原则"，载 http://blog.sina.com.cn/s/blog_ 5fb9328c0102ux5c.html，2015 年 12 月 21 日访问。

〔2〕 参见《亳州市中级人民法院审理婚约彩礼纠纷案件若干问题的指导意见》及《河南省周口市中级人民法院关于审理涉及婚约彩礼纠纷案件的指导意见（试行）》。

〔3〕 参见《亳州市中级人民法院审理婚约彩礼纠纷案件若干问题的指导意见》第 12 条。

要承担财产方面的责任，比如美国、日本的法律等。最后，减少返还彩礼的数额时，规定了一个比例，该比例既照顾到法官根据实际情况行使自由裁量权，又对自由裁量权作了合理的限制。

（2）男女双方未办理结婚登记手续而共同生活 1 年以上 2 年以下，一方请求对方返还彩礼的，返还的数额不超过彩礼总额的 30%；共同生活 1 年以内 3 个月以上的，返还的数额不超过彩礼总额的 50%；共同生活不满 3 个月的，返还的数额不超过彩礼总额的 70%；因给付彩礼一方的原因导致同居关系解除的以及在共同生活期间女方怀孕或者流产的，可在前款的基础上再减少 5% 至 20%。之所以只规定了上限，是为了给与法官一定的自由裁量权，具体比例还是由法官根据案件的具体情况来酌定裁判。[1]

（四）彩礼纠纷司法实务处理

（1）恋爱关系确立，男方赠送的大额彩礼，女方悔婚要返还。媒体报道的下列案例说明了这一情形。因录制某卫视知名征婚节目而走红的 25 岁北京女子孙某莉，在节目中成功牵手一位王姓男子后，却被另一男子鄂某豪起诉悔婚索还"结婚彩礼"宝马车及液晶电视。原来，2010 年 9 月孙某莉和鄂某豪在录制节目时相识，随后很快确立了恋爱关系。2010 年 12 月份，鄂某豪将价值 30 万元的宝马车及 4000 元的液晶电视作为结婚彩礼送给孙某莉，并带女友回老家见了父母，也随女方见过女方的父母。之后女方却突然人间蒸发，从自己的生活中彻底消失了。"悔婚很突然，人一下子就不见了"，鄂某豪称。随后鄂某豪多次试图联系女方索要宝马车等，均一无所获。鄂某豪无奈，将孙某莉告上法庭要求讨回自己价值 30 万元的彩礼物品。案件的焦点问题是：此案中男方赠与女方的大额财物是否属于彩礼？女方悔婚应不应该返还彩礼？

从法理角度分析：婚约财产纠纷，一般都是因彩礼产生的纠纷。按照我国的民俗习惯，特别是在农村，男方给付彩礼，都是父母及亲属给付的，作为婚姻的当事人男方自己很少有能力拿出这笔彩礼；而接受彩礼也是婚姻当事人的女方及其家人。即使是女方自己接受了彩礼，用于购买结婚用品，受益的也是女方的家庭。实务中，婚约财产纠纷案件十分复杂，种类繁多。婚约是财产返还的条件：《婚姻法司法解释（二）》第 10 条规定："当事人请求

---

〔1〕 参见《河南省周口市中级人民法院关于审理涉及婚约彩礼纠纷案件的指导意见（试行）》第 6 条、第 7 条。

返还按照习俗给付的彩礼的，如果查明属于以下情形，人民法院应当予以支持：（一）双方未办理结婚登记手续的；（二）双方办理结婚登记手续但确未共同生活的；（三）婚前给付并导致给付人生活困难的。适用前款第（二）、（三）项的规定，应当以双方离婚为条件。"最高人民法院的这一司法解释，使得我国对婚约问题的处理有法可依。该司法解释规定的三种情形，在处理婚约财产纠纷案件时，只要符合其中之一，就可以判决接受方返还彩礼，而不能要求三种情形全部存在。对于返还的数额，在处理离婚纠纷案件中的彩礼返还时，人民法院可以根据当事人的诉讼请求并结合查证的彩礼数额予以判决。而婚约彩礼纠纷案件中，只要是属于法院查明的彩礼部分，即应全额返还。本案中，男女双方确立了恋爱关系后，拜见了双方父母，男方将重大财产给与女方，给与的前提是双方有缔结婚姻的意愿，说明这些财物具有彩礼的性质。现在女方悔婚，符合《婚姻法司法解释（二）》第10条中规定的第一种情形，所以彩礼应该全额返还。法院审理认为，相亲节目本身就是为男女双方寻求结婚对象而举办的。两人在参加该节目期间相识，并很快确立男女朋友关系，可表明双方交往之初具有缔结婚姻的意图。虽然孙某莉称自己未见过鄂某豪的父母，但根据鄂某豪提供的合影照片，可以认定孙某莉与鄂某豪父母见过面。在孙某莉和鄂某豪朋友的电话录音中，孙某莉也多次提及与鄂某豪结婚的情况。因此可确定双方曾表露出缔结婚姻的意愿。且孙某莉在确立恋爱关系后也表露过缔结婚姻的意愿。鄂某豪出资给孙某莉购车，不应属普通男女朋友交往赠送的一般性礼物。结合中国传统的习俗、现代社会的人情因素以及宝马车的价值等综合分析，法院认定该宝马车应具备彩礼性质，因宝马车已登记在孙某莉名下，考量到车辆价值及使用时间，法院酌情判处孙某莉返还鄂某豪大部分车款28万元。

（2）结婚后拒绝同居生活的，离婚时彩礼要返还。原告张飞（化名）与被告李莉（化名）经媒人霍某、宋某夫妻介绍于2014年2月14日相亲，经过一段时间的相处后，被告母亲常某玲要求原告送彩礼定亲，经双方协商后于2014年3月6日去女方家送彩礼，现金总共68 500元人民币，由原告母亲经由媒人霍某转交给被告方，礼品有：鸡、鱼、烟、酒、奶品礼盒、水果礼盒、糖果礼盒、1054元戒指一枚，共价值人民币4134元；2014年8月11日送金项链一条价值1280元；2014年9月8日送的节礼有鸡、羊、大豆油、奶品礼盒、水果礼盒、儿童饮品礼盒，总共价值2580元；2014年9月9日至

2014 年 12 月 19 日被告本人及其母亲以做生意交押金和还债为由分别从原告处借款 2000 元，总共 4000 元；2015 年 2 月 22 日原告到被告家送春节礼品，礼品有鸡、烟、酒、奶品礼盒、水果礼盒，共计人民币 1300 元。其他礼品、礼金若干元。以上礼品共计人民币 23 294 元，礼金 98 500 元。后因原告与被告早已达结婚年龄，在男方向女方多次提出结婚的请求下，女方勉强和男方办理了结婚登记，但婚后第二天就回了娘家，半年多不与男方共同生活。男方去找女方，女方李莉也一直躲着不见。后虽原告家及媒人多次去做工作，被告也不回家和男方生活。为此，原告现依法起诉女方，要求与女方离婚，并要求女方返还全部彩礼 120 000 元。被告李莉承认原告在本案中所主张的事实，但认为被告系原告明媒正娶的妻子，原、被告婚姻关系已经成立。被告同意与原告离婚，但不同意返还彩礼金 120 000 元。本案的焦点问题是：女方到底应不应该返还彩礼？

从法理角度分析：彩礼是男女双方订立婚约关系时，按照当地习俗，男方家庭送给女方或女方家庭的一定数额的聘礼或礼金。收受彩礼后，男女双方正式缔结婚约，一般不得反悔。男方，作为给付彩礼的一方，在给付彩礼的时候，抱有希望与女方缔结婚姻，组建家庭的目的。彩礼具有较强的目的性，承载了男方缔结婚姻和组建家庭的强烈愿望。女方作为收受彩礼的一方，在接受彩礼的时候，对于彩礼的性质是明知的，对于彩礼所承载的结婚的目的和组建家庭的意愿也是明知的，认可并同意男方结婚的请求，同时也抱有与男方结婚的目的和愿望，在此基础上收受彩礼并接纳男方及男方家庭，双方缔结婚约。彩礼所承载的缔结婚姻的目的和愿景，使彩礼区别于单纯的无偿赠与，是附条件的赠与。彩礼所附条件是解除条件，条件之一就是解除婚约。一旦彩礼所附条件变更，男女双方最终解除了婚约关系，没能实现结婚的目的，给付彩礼的愿望落空，接受彩礼的一方再占有彩礼便没有任何依据，女方应当返还所收的彩礼。女方收受彩礼后，双方没有解除婚约关系，并最终登记结婚，赠与所附解除条件不成就，彩礼的赠与行为继续保持原有的法律效力，女方合法占有彩礼。尽管登记结婚意味着法律上承认的婚姻关系已经确立，但是人们惯常思维认为真正意义上的婚姻应当是共同生活，结婚生子，组建家庭。只有在一起同居生活了，女方融入男方家庭生活中去，为男方家庭成员及其亲属认可夫妻的身份和关系，才是现实生活意义上的结婚。因此，如果仅仅是登记结婚，但是尚未同居共同生活的男女双方，未能实现彩礼所承载的组建家庭的目的和愿景，就符合《婚姻法司法解释（二）》第10条规定的彩礼应当返还的第二种情形，"（二）双方办理结婚登记手续但确未共同生活的"。本案中，虽然男女双方已经登记结婚，彩礼所承载的结婚目的也已经实现，但是从登记结婚开始，双方一直没有实质性的同居及共同生活，这符合以上规定的第二种情形，所以双方离婚，女方应该返还彩礼。人民法院审理认为：婚姻关系以夫妻感情为基础。原告张飞与被告李莉虽然办理了结婚登记手续，但确未共同生活，夫妻关系已名存实亡。现原告诉请与被告离婚，被告亦同意离婚，故对原告的离婚诉求，本院予以支持。原告诉请被告返还彩礼金的主张，符合法律规定，本院亦予以支持。依照法判决如下：①准予原告张飞与被告李莉离婚；②被告李莉于本判决书生效后10日内返还原告张飞彩礼共计98 500元。对于其他诉讼请求不予支持。

（3）因给付彩礼导致给付人生活困难的，虽然结婚，但离婚时彩礼要返还。齐君、韩英（均为化名）系同村村民，2013年经媒人介绍定下婚约，齐君给韩英送见面礼4000元，2014年送看家礼3000元，2015年2月办理结婚登记时齐君给付彩礼38 800元。两人登记结婚后不久即分居，分别于2015年7月和2015年8月各自外出打工，春节回家过年。2016年韩英外出打工期间与第三人发生恋情。齐君知道这一情况后于2017年6月向法院起诉，要求与韩英离婚，并要求韩英返还彩礼45 800元。另查明，齐君的母亲于2002年去世，父亲系聋哑残疾人，所有彩礼全部是齐君向亲戚借的。本案的焦点问题是：女方接受的男方家按习俗给付的彩礼是否应当返还？

从法理角度分析：彩礼是男女双方订立婚约关系时，按照当地习俗，男方家庭送给女方或女方家庭的一定数额的聘礼或礼金。收受彩礼后，男女双方正式缔结婚约，一般不得反悔。女方作为收受彩礼的一方，在接受彩礼的时候，对于彩礼的性质是明知的，对于彩礼所承载的结婚目的和组建家庭的意愿也是明知的，且认可并同意男方结婚的请求，同时也抱有与男方结婚的目的和愿望。在此基础上收受彩礼与男方办理了结婚登记手续，并开始同居生活的，一般男方不能要求女方返还彩礼。但《婚姻法司法解释（二）》在第10条中规定，"当事人请求返还按照习俗给付的彩礼的，如果查明属于以下情形，人民法院应当予以支持：（一）双方未办理结婚登记手续的；（二）双方办理结婚登记手续但确未共同生活的；（三）婚前给付并导致给付人生活困难的。适用前款第（二）、（三）项的规定，应当以双方离婚为条件。"但由于这一解释没有明确说明对生活困难应如何确定，导致审判人员由于认识的分歧，对同一案件的处理会出现不同的结果。笔者认为，要把"导致给付人生活困难"作为彩礼返还的条件，就要明确什么情形才叫作生活困难？

考察生活困难，首先要看因为给付彩礼是否使给付人的生活状况绝对地低于当地农村最低生活保障标准，而非较之以前的生活水平相对降低。2005年5月，江苏省高级人民法院在徐州市召开的婚姻家庭案件疑难问题法律适用研讨会上，与会大多数代表认为："给付彩礼的目的是为了缔结婚姻关系。男女双方在缔结婚姻关系之后，彩礼给付的目的已经实现，原则上收受方已经无须返还。如果以生活困难作为参考因素，所体现的是法律及审判实践对生活确有困难的当事人的帮助。结合最高人民法院的有关司法解释，从立法本意上说，《婚姻法司法解释（二）》第10条规定的'生活困难'，应属绝对困难，即以因彩礼给付导致给付人无法维持当地最基本的生活水平为前提。"一般而言，在审判实践中，通常以给付方是否处于农村最低生活保障水平以下来判断其绝对困难的情况。当然，离婚时彩礼的返还要以导致给付人生活相对困难为条件，但处理婚约财产纠纷案件时，还要考虑分析彩礼的给付数额是否超出当地一般家庭支付或偿还的承受能力。如果当地一般家庭为筹办婚姻事宜其彩礼费用均在3万元以上，那么，本案中男方支付的彩礼数额并未超过当地一般家庭支付或偿还的承受能力。除非按习俗或参照当地的平均支出，男方承担的彩礼数额超出了一般家庭的偿债能力，造成了给付人生活相对困难，就应予以返还。本案中，齐君家庭情况特殊，彩礼又全部是借款支出，显然因彩礼的给付造成了齐君家生活困难，所以女方应返还全部彩礼。法院判决：给付彩礼导致生活困难且结婚时间较短，离婚时对方应返还彩礼。法院认为，齐君与韩英系自主婚姻，双方在共同生活中，因女方出轨发生矛盾，致夫妻感情破裂，和好无望，齐君提出离婚，韩英同意离婚，齐君的离婚请求应予支持；因双方婚后共同生活不足半年，时间较短，齐君婚姻所给付的彩礼45 800元数额较大，给齐君的家庭生活造成了严重困难，韩英应予以适当返还38 800元。

（4）双方虽未结婚，但已经同居生子，彩礼无需返还。有这样一个案例，2010年，原告之子王某某与被告之女李某某（二人均为甘肃定西人）在北京打工期间相识，2011年1月开始双方未办理结婚登记便以夫妻名义同居生活。

2011 年 8 月 12 日李某某生一女孩王某。办理结婚仪式的过程中，被告于 2011 年 3 月、5 月先后两次收受原告彩礼共计 40 000 元，但一直没有办理结婚登记手续。2014 年 3 月原告之子与被告之女自行解除同居关系。后原告多次向被告索要彩礼无果。2015 年 3 月 20 日原告诉讼要求被告返还彩礼 40 000 元。本案的焦点问题是：女方到底应不应该返还男方家的彩礼？

从法理角度分析：彩礼所承载的缔结婚姻的目的和愿景，使彩礼区别于单纯的无偿赠与，是附条件的。彩礼所附条件是解除条件，条件之一就是解除婚约。一旦彩礼所附条件成就，男女双方最终解除了婚约关系，没能实现结婚的目的，给付彩礼的愿望落空，接受彩礼的一方再占有彩礼便没有任何依据，女方应当返还所收的彩礼。按照《婚姻法司法解释（二）》第 10 条规定："当事人请求返还按照习俗给付的彩礼的，如果查明属以下情形，人民法院应当予以支持：（一）双方未办理结婚登记手续的；（二）双方办理结婚登记手续但确未共同生活的；（三）婚前给付并导致给付人生活困难的。适用前款第（二）、（三）项的规定，应当以双方离婚为条件。"如果只看本条规定的字面意思，本案属双方未办理结婚登记手续的情形，应当返还彩礼。但本条规定的立法本意是双方是否建立了夫妻关系，共同生活。同时中国社会传统一贯也以是否举行结婚仪式并共同生活视为男女是否结婚的标志。结婚仪式举行后，双方一起共同生活，婚约就自然地过渡到婚姻阶段，在一般大众眼里，给付彩礼的目的已经实现，大众也视其为已婚。根据习俗，彩礼一般就不再返还。其次，双方的"婚姻"生活因生育子女，而使婚姻关系更加牢固，成了一个名副其实的家庭。如果双方解除这种所谓的"婚姻"关系，将会给女方造成更大的伤害。因此，应当确定这种情况下彩礼不再返还。本案在处理中，争议的焦点在于王某某与李某某未办理结婚登记，彩礼返还能否适用《婚姻法司法解释（二）》第 10 条法院应支持彩礼返还的规定。对此，本案在处理过程中存在两种观点。意见一：王某某与李某某未办理结婚登记，因而不能认定为夫妻关系，彩礼应予适当返还；意见二：王某某与李某某虽未办理结婚登记，但以夫妻名义生活 3 年多，且已生育子女，其夫妻关系被大家接受和认可，因此，彩礼不需返还，应驳回原告的诉讼请求。法院审理认为，本案中，王某某与李某某同居生活达 3 年以上，解除同居关系时孩子已接近 3 岁。另外，《定西市中级人民法院关于审理婚姻家庭案件返还彩礼问题的若干意见（试行）》第 5 条第 1 款第（4）项明确规定，夫妻关系存续或同居生活 3 年以上的彩礼不予返还。法庭采纳了第二种意见，判决驳回原告要求返还彩礼的诉讼请求。[1]

三、嫁妆纠纷的实务处理

（一）嫁妆的定义及法律性质

1. 嫁妆的定义

实践中一般认为嫁妆是指新娘带给婆家的钱财和物品的总和，这是由女方娘家支付的。送嫁妆的原因可能有二：一是为了女儿过得更好些，贴补家用，或以备应急；二是尽量给女儿争取在男方家的地位，嫁妆多可以显示女方家有经济实力（尽管普通老百姓家庭是东拼西凑的）。所以经常看到古代女人非常重视自己带到男方家的嫁妆：如手镯、玉器等。

2. 嫁妆的历史发展

在古代，送嫁妆是中外普遍的习俗。女儿出嫁，首先要准备嫁妆。陪嫁由女方自备，其种类可分为铺陈、摆设、日用等物品，因世俗视嫁妆多寡而论新娘身份高低，故而一般人家不得不倾其所有，大事铺排，以争体面。富户大族多有陪送田地、山林者。贫寒之家亦有由男方备办一部分陪嫁，事先悄悄送至女家，过礼之日再一同抬回男家的习俗。如汉代，鲍宣娶桓少君为妻，少君父因鲍宣清苦，"装送资贿甚盛"，鲍宣恐妻子因嫁妆丰厚而不尽妇道，不悦。[2]《宋刑统》"户婚律"（卑幼私用财）条规定："诸应分田宅者及财物，兄弟均分。妻家所得之财不在分限。兄弟亡者，子承父分，兄弟俱亡，则诸子均分。其未娶妻者别与聘财。姑姊妹在室者减男聘财之半。"[3]南宋司法判例《名公书判清明集》中出现的一些法律条文如："妻家所得之财，不在分限。""未嫁均给有定法，诸分财产，未娶者与聘财，姑姊妹在室及归宗者给嫁资。未及嫁者则别给财产，不得过嫁资之数。"[4]这些条文明确，在宋代的时候，女子出嫁必须要陪送嫁妆。到清代，陪嫁物品更是五花八门，嫁妆的多少因家庭贫富而有很大差异：贫家，"止银簪、耳环、戒指、衣裙寥寥数

---

〔1〕 参见 http://www.twxfy.gov.cn/faguanzhaji/369.html，2018 年 5 月 6 日访问。

〔2〕 毛立平："清代妇女嫁妆支配权的考察"，载《史学月刊》2006 年第 6 期。

〔3〕 （宋）窦仪等撰：《宋刑统·卷十二·卑幼私用财分异财产》，中华书局 1984 年版。

〔4〕 中国社会科学院历史研究所宋辽金元史研究室点校：《名公书判清明集·卷七·立继有据不为户绝》，中华书局 1987 年版，第 215 页。

件而已"；中等家庭除衣物首饰外，还要陪送"镜台、箱箧、被褥之类"的生活用具；富裕之家的嫁妆，从衣服、首饰、家具、器皿到土地、宅院、奴仆、金银，无所不包。无论嫁妆多少，都表达了对女儿的关爱和为女儿婚后生活奠定经济基础的含义。[1]不唯中国如此，国外也有这样的传统，如罗马法中有许多这样的阐述："女性要有完整的嫁资方能结婚是符合国家利益的。""没有婚姻也就不可能有嫁资。""哪里有婚姻的重荷，哪里就有嫁资。"保罗在《论萨宾》中指出，"嫁资（dos）的理由是永恒的：嫁资是根据其永远受丈夫支配的愿望而设置的。"[2]"因为女儿出嫁后脱离父系家族而永远受丈夫支配，所以父系家族要给予女儿一定的嫁妆：一是对女儿出嫁后与父系家族脱离关系的一种补偿，二是对结婚后男方因照顾女儿所增加的生活负担给予的一定补偿。"[3]

近代以来，虽然法律上不再有陪嫁的规定，但仍然有陪嫁之风。富贵之家一陪千金，穷困之家没有别的财产，哪怕一床被子也是必须陪嫁的。新中国成立以后，传统的重嫁妆的观念和习俗并没有发生多大变化，只是在 20 世纪 50、60 年代，物资供应极为紧张，条件较差，许多机关、事业单位都实行供给制，"彩礼""嫁妆"根本无从考虑，往往是两只单人床一并就成家了。即使在农村，多数青年男女也不刻意追求物质条件，有了最基本的生活用具就可以了。但 20 世纪 70 年代以后，随着物质生活水平的提高，陪嫁之风又广泛出现，由 70 年代的三转一响：自行车、手表、缝纫机、收音机到 80 年代的三金电器：金戒指、金项链、金耳环、家电，再到现在的票子、房子、车子，陪嫁之风仍然很盛行。由此引发的嫁妆纠纷也越来越多。如何处理嫁妆纠纷，我国现有的法律没有专门关于嫁妆的规定，实践中如何处理这样的问题值得研究。

3. 有关嫁妆的法律依据

目前我国对嫁妆，既没有明确的定义，也没有专门的规定。实践中关于嫁妆的分割返还的相关规定主要有三个：

（1）《财产若干意见》第 18 条、第 19 条规定，婚前一方借款购置的房屋

---

[1] 参见毛立平："清代妇女嫁妆支配权的考察"，载《史学月刊》2006 年第 6 期。

[2] ［意］桑德罗·斯奇巴尼选编：《民法大全选译·家庭》，费安玲译，中国政法大学出版社 1995 年版，第 50、55 页。

[3] 何越："从嫁妆制度的变化看古罗马社会妇女的经济地位"，载《安徽史学》2010 年第 4 期。

等财物已转化为夫妻共同财产的，为购置财物造成对方生活困难的，可酌情返还。借款所负债务，视为夫妻共同债务。对取得财物的性质是索取还是赠与难以认定的，可按赠与处理。

（2）2004年4月1日实施的《婚姻法司法解释（二）》第10条规定："当事人请求返还按照习俗给付的彩礼的，如果查明属于以下情形，人民法院应当予以支持：（一）双方未办理结婚登记手续的；（二）双方办理结婚登记手续但确未共同生活的；（三）婚前给付并导致给付人生活困难的。适用前款第（二）、（三）项的规定，应当以双方离婚为条件。"此条的规定，标志着人民法院正式以司法解释的形式对于彩礼纠纷问题如何处理作出了明确规定。

（3）《婚姻法》第3条规定，禁止借婚姻索取财物。

4. 嫁妆相关规定的理解

女方亲属陪送嫁妆的行为应认定为是赠与行为。在登记结婚前陪送的嫁妆应认定为是女方家人对女方的婚前个人赠与；登记结婚后陪送的嫁妆，女方家人未明确表示是对某方的个人赠与，则应认定为是对夫妻双方的共同赠与，该嫁妆应认定为是夫妻的共同财产。但夫妻对该嫁妆有特别约定的，则应当依约定来认定财产的归属。具体依据为：

（1）在登记结婚前陪送的嫁妆应认定为是女方家人对女方的婚前个人赠与，离婚时应该认定为女方个人财产。依据是《婚姻法》第18条的规定："有下列情形之一的，为夫妻一方的财产：（一）一方的婚前财产；（二）一方因身体受到伤害获得的医疗费、残疾人生活补助费等费用；（三）遗嘱或赠与合同中确定只归夫或妻一方的财产；（四）一方专用的生活用品；（五）其他应当归一方的财产。"

（2）登记结婚后陪送的嫁妆，一般认定为是夫妻双方的共同财产。但夫妻双方对该嫁妆有特别约定的，则应当依约定来认定财产的归属。法律根据是《婚姻法》第17条的规定："夫妻在婚姻关系存续期间所得的下列财产，归夫妻共同所有：（一）工资、奖金；（二）生产、经营的收益；（三）知识产权的收益；（四）继承或赠与所得的财产，但本法第十八条第三项规定的除外；（五）其他应当归共同所有的财产……"；《婚姻法》第19条第1、2款的规定，"夫妻可以约定婚姻关系存续期间所得的财产以及婚前财产归各自所有、共同所有或部分各自所有、部分共同所有。约定应当采用书面形式。没有约定或约定不明确的，适用本法第十七条、第十八条的规定。夫妻对婚姻关系存续期间所得的财产以及婚前财产的约定，对双方具有约束力"。

（二）司法实务分析

1. 婚前陪嫁，属于女方个人财产，男方不得分割

2008 年 8 月，李女经人介绍与钱男相识相恋。2008 年 11 月 18 日双方办理了结婚仪式，于 2008 年 12 月 28 日，双方补办了登记结婚手续。婚后无子女，无取得共同财产。因婚前双方了解不充分，并且双方性格差异较大，所以婚后经常争吵。2009 年 4 月 20 日，钱男向法院起诉要求离婚，在法院审理过程中，双方都同意离婚，但关于女方家于办理结婚仪式时陪送的嫁妆（价值大约为人民币 6 万元）如何处理的问题双方意见不一致，钱男认为该嫁妆是女方父母对李女和钱男的共同赠与，所以他可主张要求分割，但李女认为该嫁妆是其父母对她的个人赠与，所以应当认定为是她的个人财产。本案的焦点问题是：该嫁妆到底属于女方个人财产还是属于双方共同财产？

从法理角度分析：一般来讲，在登记结婚后陪送的嫁妆，一般认定为是夫妻双方的共同财产。但夫妻双方对该嫁妆有特别约定的，则应当依约定来认定财产的归属。法律根据是《婚姻法》第 17 条规定："夫妻在婚姻关系存续期间所得的下列财产，归夫妻共同所有：……（四）继承或赠与所得的财产，但本法第十八条第三项规定的除外……"而在登记结婚前陪送的嫁妆应认定为是女方家人对女方的婚前个人赠与，离婚时应该认定为女方个人财产。依据是《婚姻法》第 18 条规定："有下列情形之一的，为夫妻一方的财产：（一）一方的婚前财产……"本案中女方家陪嫁是在办理结婚仪式时的陪嫁，在正式结婚登记之前，所以应该属于女方的个人财产。法院经审理后认为：对于女方婚前父母陪嫁的小轿车，由于是婚前陪嫁，并且登记在女方名下，应认定为女方个人财产，不应按照夫妻共同财产进行分割。所以判决：①原告钱男与被告李女离婚；②被告李女陪送的嫁妆归被告李女所有；③驳回原告的其他诉讼请求。判决后双方都未上诉。

2. 虽为婚后陪嫁，但双方有约定，应按约定处理

宁燕（女，为化名）、朱仁（男，为化名）于 2007 年 7 月建立恋爱关系，同年 12 月 24 日办理结婚登记手续。2008 年 2 月，双方按照传统习俗举行了婚礼。因性格不合，婚后两人常因琐事争吵。于 2010 年 3 月宁燕以夫妻感情破裂为由向法院提起诉讼，请求与朱仁离婚。朱仁向法院表示同意离婚，但要求将夫妻共同财产中的摩托车判归其所有，并向法院提供了一张购车发票。

本案的焦点问题是：该辆摩托车到底应该属于哪一方所有？

从法理角度分析：本案争议之摩托车，是在当事人双方办理结婚登记手续后，举行婚礼之前，由女方娘家购买作为陪送的嫁妆带来的。摩托车究竟是夫妻共同财产，还是原告婚前财产，在认定上需解决以下问题：双方办理结婚登记后，婚姻关系依法确立。一般来说，夫妻在此后即婚姻关系存续期间所得的财产，应归夫妻共同所有。很显然，被告主张摩托车为夫妻共同财产，就是以其是在婚姻关系存续期间所得为理由。从形式上看，女方娘家陪送嫁妆是在双方婚姻关系依法确立后的"婚姻关系存续期间所得"，而这种陪送原则上应认定为对夫妻共同的赠与，属于夫妻共同财产。但是，这里需要注意的是，看二人对此财物有无约定，如有约定就按照约定履行。购买该车时，双方曾在公证处办理了一份关于该车归女方个人所有的财产约定，那该车就应该属于女方的个人财产。法律根据是《婚姻法》第 17 条规定："夫妻在婚姻关系存续期间所得的下列财产，归夫妻共同所有：……（四）继承或赠与所得的财产，但本法第十八条第三项规定的除外……"《婚姻法》第 19 条规定，"夫妻可以约定婚姻关系存续期间所得的财产以及婚前财产归各自所有、共同所有或部分各自所有、部分共同所有。约定应当采用书面形式"。本案中的摩托车经法院审理查明：该车购买时间是在双方办理结婚登记之后，举行婚礼之前，为女方娘家购买陪送的嫁妆。但在购买该车时，双方曾在公证处办理了一份关于该车归女方宁燕个人所有的财产约定。最后法院依据该公证协议认定该车属宁燕个人所有，朱仁不能主张权利。

（三）问题讨论：如何避免彩礼嫁妆的纠纷？

（1）彩礼给付要保留相应的凭证。

（2）陪嫁要注意的事项：①陪送嫁妆最好在婚前。②婚后陪送嫁妆前，必须向双方明确嫁妆是赠与一方的，还是双方的。③如果女方父母没有明确嫁妆归属的，可以在婚前或婚后，由男女双方约定嫁妆的归属。

第二节　婚前购房纠纷的实务处理

一、婚前购房纠纷处理的法律依据及实践把握

（一）婚前购房纠纷处理的法律依据

（1）《婚姻法司法解释（二）》第 10 条规定："当事人请求返还按照习

俗给付的彩礼的，如果查明属于以下情形，人民法院应当予以支持：（一）双方未办理结婚登记手续的；（二）双方办理结婚登记手续但确未共同生活的；（三）婚前给付并导致给付人生活困难的。适用前款第（二）、（三）项的规定，应当以双方离婚为条件。"

（2）《民法总则》第122条规定："因他人没有法律根据，取得不当利益，受损失的人有权请求其返还不当利益。

（3）《民法总则》第158条规定："民事法律行为可以附条件，但是按照其性质不得附条件的除外。附生效条件的民事法律行为，自条件成就时生效。附解除条件的民事法律行为，自条件成就时失效。"

（4）《民法通则》第92条规定："没有合法根据，取得不当利益，造成他人损失的，应当将取得的不当利益返还受损失的人。"

（5）最高人民法院《关于适用〈中华人民共和国婚姻法〉若干问题的解释（三）》［以下简称《婚姻法司法解释（三）》］第10条规定："夫妻一方婚前签订不动产买卖合同，以个人财产支付首付款并在银行贷款，婚后用夫妻共同财产还贷，不动产登记于首付款支付方名下的，离婚时该不动产由双方协议处理。依前款规定不能达成协议的，人民法院可以判决该不动产归产权登记一方，尚未归还的贷款为产权登记一方的个人债务。双方婚后共同还贷支付的款项及其相对应财产增值部分，离婚时应根据婚姻法第三十九条第一款规定的原则，由产权登记一方对另一方进行补偿。"

（二）婚前购房的种类及实践把握

（1）婚前一方出资，并以自己名义购房，另一方未出资，也未在产权证上登记自己的名字。在此种情况下，该房仍属于购房者婚前个人财产。

（2）婚前以一方名义购房，双方出资，产权证也只登记在一方的名下。这种情况要区别对待。一方购房，另方虽有出资，但无法举证证明出资系因双方达成婚后共同居住目的，该房法院一般倾向认定为一方个人财产；对于另一方的出资在恋爱不成时是否需要退还，主要由法院根据双方出资目的的举证以及结合案件的实际情况酌情判决。

（3）婚前以一方名义购房，另一方全部出资。实践中定性为婚约财产纠纷（彩礼）或不当得利或附条件赠与。

（4）婚前以双方名义购房，一方出资。实践中此类案件的处理较为原则，若双方没有另行约定，则出资方将产权登记在双方名下的行为，将会被视为对未出资方的赠与，产权登记在双方名下，又无按份共有的约定，该房会被认定为共同共有。如在产权证上明确按份共有，或双方另有书面约定的，双方当事人按份共有。

（5）按份共有。即双方购房，各有出资，且约定房产权益双方按出资比例享有物权权益。

（6）婚前一方支付首付款购房，婚后共同还贷的情形。按照《婚姻法司法解释（三）》第10条规定："夫妻一方婚前签订不动产买卖合同，以个人财产支付首付款并在银行贷款，婚后用夫妻共同财产还贷，不动产登记于首付款支付方名下的，离婚时该不动产由双方协议处理。依前款规定不能达成协议的，人民法院可以判决该不动产归产权登记一方，尚未归还的贷款为产权登记一方的个人债务。双方婚后共同还贷支付的款项及其相对应财产增值部分，离婚时应根据婚姻法第三十九条第一款规定的原则，由产权登记一方对另一方进行补偿。"

二、婚前购房纠纷司法实务处理

1. 婚前以一方名义购房，另一方全额出资，结婚不成时应将房款归还出资方

2009年8月，张某（男）因工作关系认识了李某（女），并开始相恋。相处一段时间后双方决定结婚，张某遂委托李某在苏州买房。2010年1月，李某看好了一套总价为90万元的新房，并支付了3万元的定金。告知张某后，张某于2010年2月向李某账户打入95万元房款，由李某一人办理房屋买卖手续，产权证的户主也办到了李某的名下。后双方在此房中同居并商议同年10月结婚。但不久李某以性格不合为由将张某赶出家门，拒绝张某进入该房。张某无奈于2011年5月起诉李某，请求李某退还房款或将房屋所有人更改为自己。本案争议的焦点问题是：原告的请求能否得到法院的支持？理由是什么？

从法理角度分析：该案例具有一定的普遍性。一般说来，在恋爱关系中，对于巨额给付的钱款或房屋，在给付的时候给付一方是建立在将来缔结婚姻、共同生活的基础上才进行的给付，可以说这样的给付非常具有针对性，是有条件的。在双方没有办法继续婚约结婚并共同生活的情况下，接受方继续占用给付的贵重物品、生活资料则失去了事实上、法律上的依据。因此，根据

《民法通则》第92条规定："没有合法根据，取得不当利益，造成他人损失的，应当将取得的不当利益返还受损失的人。"同时根据《婚姻法司法解释（二）》第10条规定："当事人请求返还按照习俗给付的彩礼的，如果查明属于以下情形，人民法院应当予以支持：（一）双方未办理结婚登记手续的；（二）双方办理结婚登记手续但确未共同生活的；（三）婚前给付并导致给付人生活困难的。适用前款第（二）、（三）项的规定，应当以双方离婚为条件。"本案张某给付95万元是为了与李某结婚建立共同的婚姻生活，现双方没有办法结婚共同生活，李某再占有该笔财产就没有合法依据，应当予以返还95万元或者将价值95万元的该套房屋过户到张某名下。一审法院审理后认为：原告提供的相关证据均能证明原告给被告的95万元是用于购买房屋，故对原告主张的该项事实予以采信。公民的合法财产受法律保护，不容他人侵害。本案中，双方当事人原系恋爱关系。现因双方感情破裂导致分手，原告要求被告返还用于购房的95万元的诉讼请求，应当予以支持。据此，一审法院依据《民法通则》第92条规定（定性为不当得利），作出判决：被告李某自本判决生效之日起7日内一次性返还原告人民币95万元。案件受理费8795元由被告李某负担。

2. 双方出资，以一方名义买房，结婚不成，房屋归房产登记方

刘某（男）与徐某（女）于2010年经人介绍相识。两人相识后不久建立了恋爱关系，2012年两人经过一年多的相处互有结婚的意向，两人商量共同出资购房。两人约定由刘某出资50万元，徐某出资10万元支付房款，手续都由刘某去办理。2012年6月，徐某将10万元现金直接交给刘某买房，到7月22日，刘某买了房并办好了房产证。徐某看到房产证上只有对方一个人的名字，当即表现出不满情绪，刘某便解释说登记在自己名下是因为办理购房手续的时候都是用自己的名字，并且为了尽快办下房产证所以没有要求加进徐某的名字，并且承诺愿意将名字改为徐某一个人的。2012年9月15日，两人正式办理了结婚仪式并且入住新房。关于房屋产权的事徐某心想两人都已经结婚了，登记在谁的名下都是一样的。但婚后由于感情不和，两人于2013年8月5日决定离婚，但在房子的所有权问题上两人发生了争议。后徐某于2013年12月28日起诉到法院请求解除两人的婚姻关系，并且平均分割房屋产权。刘某辩称：房屋购买的时候原告没有出资，全部是自己一人出资。房屋也是以自己一人名义购得，所有手续和房产证也是登记在自己的名下，房

屋属于自己的婚前个人财产，对方无权要求分割。[1]本案的焦点问题是：该房屋是属于双方共有还是属于刘某个人所有？房屋应该如何处理？

从法理角度分析：以一方名义购买，但双方都有出资，这种情况下判断婚房是否属于双方共有财产，主要看双方出资时是否基于共同所有的目的而且买房是否都有出资。如果有证据证明双方是基于婚后共同所有的目的而买房且双方都有实际出资的，一般来说，都是作为双方共有财产来认定房产归属的。但倘若无法举证证明出资系以双方结婚后共同居住为目的且双方都有出资的，该房产法院一般会倾向于认定为房产证上登记名字一方的个人财产。本案在购房时，由于徐某与刘某并非夫妻关系，加之购房时合同及发票上都是刘某的名字，因此，从法律角度来讲，这套房子产权属于刘某，而非与徐某的共同财产。对于另一方的出资在结婚不成时是否退还，主要由法院根据双方出资目的的举证以及结合案件的实际情况酌情判断。在这个案件中，徐某将10万元现金交给刘某而没有让刘某打收条的行为是非常危险的，一旦刘某不承认收到这10万元现金，徐某将陷入举证不能的尴尬境地，甚至连出资10万元的本钱也难以索回。现在，徐某主张分割房产权利，但既没有出资证明，也没有在购房合同上签名，法院支持的可能性不大。经法院审理认为：根据双方提供的证据和双方的陈述，原被告诉争的房屋为婚前男方刘某的个人财产，而非共同财产。所以判决房屋归男方所有。关于原告徐某出资的10万元房款，在法院主持调解下，刘某承认只是借了徐某10万元，法院判决刘某应在接到判决书之日起1个月内返还徐某10万元。徐某算是挽回了损失，但其在这个过程中消耗的精力以及对于房价上涨的增值却无法得到弥补。

3. 婚前一方出资以双方名义购买的房产，结婚不成，房屋认定为共有财产

韩先生与曹小姐相恋已久，因曹小姐提出要先买房后结婚，而且要求房产证上要登记两人的名字。于是韩先生出资购买了一套首付55万元的房屋，花10万元对房屋进行了装修，产权证办理到两人名下。考虑到曹小姐并没有实际出资，韩先生为了避免财产纠纷，仍以自己的名义办理了个人按揭贷款，房产证下来后，也并没有把房屋共有权证交给曹小姐。之后两人入住此房同居生活，一年后因双方在结婚问题上发生矛盾，因故分手时，曹小姐竟然要

---

[1] 参见 http://china.findlaw.cn/lawyers/article/d83276.html，2018年5月16日访问。

求分割房产。此案的焦点问题是：该套房屋是否应当作为二人共同财产分割？曹小姐有权分割房产吗？

从法理角度分析：房屋作为不动产，在我国实行登记公示制度，即产权人以有权登记的县级以上房地产行政主管机关的登记为准。虽然该套房屋的购房资金全部由韩先生承担，但房产证办理到双方名下的事实表明，韩先生已与曹小姐就本来属于自己的个人婚前房产作了特殊约定，因此，该套房产应属于双方的夫妻共同财产。如果房产证上已经载明了各自的房产份额，则双方应按此份额分割房产。如果房产证上没有载明各自的房产份额，则该房产应作为共同共有财产，由双方各半分割。因此，尽管韩先生没有把产权证交给曹小姐，但在主管机关的房屋登记档案中，这套房屋仍属于两人共有。至于韩先生以自己的名义办理的个人按揭贷款，只能证明其通过银行借款支付了购房款，而不能从根本上否定曹小姐的产权人地位。而且把曹小姐的名字列入购房合同中的房屋买受人后，在主管机关的预售备案登记中都有曹小姐的名字，这对韩先生是相对不利的。所以，尽管从道义上说，曹小姐的做法不当，但由于韩先生举证困难，故很难把曹小姐从产权人中除名。而在房屋产权人名称不变的情况下，曹小姐是有权享有房产份额的。法院审理中认为：由于房产证是表明房产所有人的最重要的证据，因此，若无足以推翻房产证记载的相反证据，一般情况下均应以房产证的记载确认房产的归属。同时，我国婚姻法规定了双方可以就婚前财产和婚后财产进行自由约定。基于此，一方在婚前出资并以双方的名义购房的，由于此时房产证也会相应地办理到双方名下，故应视为双方已将一方的婚前财产约定为双方共有财产。所以法院判决房产由双方共有，每人占房屋产权的一半。这就提醒实际出资人在以双方的名义购房时，一定要对因此产生的法律后果有一个清醒的认识，并在作出决定前能够从心里确认：我已经想好了，就这样办，才可以在自己出资买房时加上对方的名字！

4. 一方婚前支付首付款购房，婚后共同还贷的房屋的实践处理

李某（男）和王某（女）是对年轻夫妻，结婚3年闹起了离婚。双方都同意离婚，但在一处房产问题上出现分歧。婚前，李某用贷款方式购买了无锡市一处房产，支付首付款23万余元，并与银行签订借款合同，借款金额为35万元，利息78 000元，借款期限为10年。2010年10月李某和王某登记结婚，婚后双方共同为该套房子还贷。2013年11月，双方来法院诉讼离婚，并

要求依法分割财产。审理中，双方一致确认每月还款金额为3500余元。经查双方共还贷款122 500元。现在房子增值到116万元。本案的焦点问题是：双方离婚房子归谁？如果男方享有房产，女方能得到多少补偿？

从法理角度分析：《婚姻法司法解释（三）》第10条明确规定："夫妻一方婚前签订不动产买卖合同，以个人财产支付首付款并在银行贷款，婚后用夫妻共同财产还贷，不动产登记于首付款支付方名下的，离婚时该不动产由双方协议处理。依前款规定不能达成协议的，人民法院可以判决该不动产归产权登记一方，尚未归还的贷款为产权登记一方的个人债务。双方婚后共同还贷支付的款项及其相对应财产增值部分，离婚时应根据婚姻法第三十九条第一款规定的原则，由产权登记一方对另一方进行补偿。"根据这一解释：针对房屋所有权问题应该把握的原则是，虽然房屋为一方婚前购买，但房屋作为夫妻共同居住使用，且用共同财产偿还贷款，该房屋理应成为夫妻共同财产，离婚时应按夫妻共同财产处理。在处理方法上，首先，尊重夫妻双方的处理意见，由双方协议处理，如果可以达成一致意见，只要内容不违法，不侵害他人利益即可；其次，如果无法达成协议的，就房屋所有权方面，则房屋归产权登记一方所有。婚后共同还贷的款项及其相对应财产增值部分，由法院根据财产的具体情况以及照顾子女和女方权益的原则判决，由产权登记一方对另一方进行补偿。即对婚后还贷的款项及增值部分，进行分割。共同还贷的款项数额，银行对账单即可证明。对按揭房屋在婚后的增值，应考虑对方参与还贷的实际情况，对其作出公平合理的补偿。对共同还贷款项相对应的财产增值部分，怎么计算？目前比较倾向的做法是，计算补偿款应首先掌握以下基本情况：①涉案房屋购买时的价款；②首付款及其在购房款全款中的比例；③按揭贷款数额及其利息总额；④当事人以夫妻共同财产还款累计数额（包括利息）及其占全部房款和利息的比例；⑤尚未归还贷款及利息总额。同时该书提到了一个被多数法院采用的简便实用的补偿款计算公式，具体为：一方应得补偿款=夫妻婚后共同还贷数额÷实际总房款（总房款本金+利息）×离婚时房屋的市场价值÷2。该案例中房屋总价：230 000+350 000+78 000=658 000元，女方应得比例为122 500÷658 000×1 160 000÷2≈108 000元。

三、问题讨论：婚前购买房产时，应如何避免纠纷？

（1）因为购房出资涉及较大金额，所以恋爱期间购房出资一定要慎重，共同购房一定要注意把自己的名字写到购房合同中，或让对方打张收条，并注明收款的用途。

（2）个人出资买房，一定要写上自己的名字，如果不打算赠与对方部分产权，就不要把对方的名字写在房产证上。

（3）保留好出资证明、购房合同等书面材料。

第三节　婚前财产协议纠纷的实务处理

一、婚前财产约定纠纷的法律依据及实践把握

（一）婚前财产约定的法律依据

（1）《婚姻法》第 19 条第 1、2 款规定："夫妻可以约定婚姻关系存续期间所得的财产以及婚前财产归各自所有、共同所有或部分各自所有、部分共同所有。约定应当采用书面形式。没有约定或约定不明确的，适用本法第十七条、第十八条的规定。夫妻对婚姻关系存续期间所得的财产以及婚前财产的约定，对双方具有约束力。"

（2）《婚姻法》第 17 条规定："夫妻在婚姻关系存续期间所得的下列财产，归夫妻共同所有：（一）工资、奖金；（二）生产、经营的收益；（三）知识产权的收益；（四）继承或赠与所得的财产，但本法第十八条第三项规定的除外；（五）其他应当归共同所有的财产。夫妻对共同所有的财产，有平等的处理权。"

（3）《婚姻法》第 18 条规定："有下列情形之一的，为夫妻一方的财产：（一）一方的婚前财产；（二）一方因身体受到伤害获得的医疗费、残疾人生活补助费等费用；（三）遗嘱或赠与合同中确定只归夫或妻一方的财产；（四）一方专用的生活用品；（五）其他应当归一方的财产。"

（二）婚前财产约定协议的概念及实践把握

1. 婚前财产约定协议的概念

婚前财产协议的概念并未出现在具体的法律条文之中，所以关于婚前财产协议概念的理解在司法实践中存有不同的观点。笔者认为，婚前财产协议是指，男女双方在结婚登记之前就双方各自婚前、婚后所得的财产的归属所作的约定。约定的内容可以是婚前财产及婚后各自所得归各自所有，也可以

约定为共同所有。

2. 婚前财产约定协议的构成条件

（1）财产约定协议必须是双方当事人的真实意思表示。夫妻财产公证须是夫妻双方完全自愿，亲自到公证处申请，并且财产约定协议须出自双方当事人的真实意思表示，任何以欺诈、胁迫手段或乘人之危使对方在违背真实意思的情况下作出的财产约定都是无效的，因一方误解而作的财产协议也无效。

（2）主体须合格。要求财产约定协议公证的主体是夫妻或准夫妻；双方当事人须达到法定结婚年龄；双方当事人须有完全行为能力。

（3）婚前财产协议形式上必须是书面的。形成书面文字既可以是夫妻双方自行达成，也可以是在公证部门的参与下达成，但公证并不是法定必需的程序，只要是夫妻双方真实意思的表示，就不能推翻该婚前财产协议形式上的合法有效性。即使夫妻双方中的一方提出该协议在订立时是出于被迫或重大误解，如果其没有充足的证据予以证实，那么法官应认定时没有任何否定该协议真实有效的必要性和可能性。

（4）婚前财产协议内容上必须合法。协议内容不能规避法律或损害国家、集体或第三人的利益。约定的内容必须是夫妻共同所得，或是一方的婚前财产或婚后所得的财产，对于不属于他们的财产无权约定。《婚姻法》第 19 条规定，夫妻双方可以约定的财产是指婚前财产及婚姻关系存续期间的所得财产，它既可以是生活资料，也可以是生产资料，既可以是有形资产，也可以是无形资产，但都必须是属于他们两个人的财产。如果是本不属于他们两个人的财产或尚未确定是否存在的财产又或是涉及第三方权属的财产，均不在此列。

3. 婚前财产约定协议的效力

（1）夫妻财产约定协议只有在当事人缔结婚姻以后才能生效。婚前财产约定协议生效的前提须是当事人双方缔结婚约这一法律事实，协议成立在婚前但生效在结婚之后。

（2）夫妻财产约定的对内效力。夫妻财产约定一旦生效，即在夫妻之间发生财产约定的物权效力，婚姻续存期间当事人双方均受此约定约束。夫妻双方都必须依约定行使权利、履行义务，夫妻财产利益的分配也必须按照有效约定进行。

（3）夫妻财产约定的对外效力。夫妻财产约定的对外效力，是指夫妻对婚姻财产的约定可否对抗第三人。承认其对外效力，可依约定而对抗第三人，不承认其对外效力，则不能依约定而对抗第三人。根据《婚姻法》第19条第3款规定，我国立法以"第三人是否知道该约定"为原则确认夫妻财产协议有无对抗第三人的效力。在夫妻财产约定中，凡第三人事先知道夫妻财产约定的，该约定具有对抗第三人的效力；反之，如第三人不知道该夫妻财产有约定，则婚姻当事人的夫妻契约不得对抗第三人。即夫妻任何一方不得以债务不是自己欠的、夫妻有约定而不承担该债务。夫妻中未借债一方只要不能证明作为债权人的第三人事先知道该财产约定的，均得以夫妻共同财产和个人财产先行对第三人清偿债务。清偿后，夫妻中不负债的一方再向另一方追偿。

（三）司法实务处理分析

（1）婚前协议中关于离婚赔偿的约定有效。在实践中，双方在婚前财产协议中除了按婚姻法规定对婚内财产进行约定外，还可以对离婚的赔偿也进行约定，即在条件成就时，将原属于自己的财产按照协议归对方所有。比如，约定一方提出离婚，提出离婚的一方需将原属于自己的财产无条件归属于另一方所有。除此之外，还会对离婚赔偿的效力进行约定。很多情况下，这些约定从内容上看似乎十分"不公平"，并且还有限制离婚自由的嫌疑，那么这些约定有效吗？我们可以从司法实践案例来分析。张江（男，化名）与刘丽（女，化名）在婚前签订了一份协议，协议内容如下：①张江在婚前有一套住房，价值100万元左右，尚有贷款40万元左右。该房贷款由张江婚后继续偿还，并供双方婚后共同使用；②张江每月工资8000元需用于共同生活，并交由刘丽统一管理和使用，刘丽每月给张江月工资的20%用于张江的日常开支和人际交往；③双方应不离不弃，任何一方向对方提出离婚，都要承担赔偿责任：若张江违约提出离婚，则需要：第一，张江婚前的房产归刘丽所有，张江还需继续支付该房的贷款。第二，张江向刘丽支付生活费，数额为张江月工资的70%。第三，张江在离婚时支付刘丽赔偿金20万元；若刘丽提出离婚，则需要：第一，刘丽向张江出示书面道歉1份；第二，刘丽搬出张江的住房；第三，即使刘丽提出离婚，张江仍需支付刘丽4万元。二人婚后3个月即开始闹矛盾。张江向人民法院起诉请求与刘丽离婚，并主张婚前协议违背公平原则，应予撤销。而刘丽则认为协议为婚前双方真实意思的反映，同意离婚但要求按照婚前协议处理财产纠纷。本案的焦点问题是：该协议是否有效？财产的处理能否按照协议内容执行？

从法理角度分析：目前，我国法律和司法解释尚未对"婚前财产协议"作出明确的概念描述。《婚姻法》第 19 条第 1、2 款规定："夫妻可以约定婚姻关系存续期间所得的财产以及婚前财产归各自所有、共同所有或部分各自所有、部分共同所有。约定应当采用书面形式。没有约定或约定不明确的，适用本法第十七条、第十八条的规定。夫妻对婚姻关系存续期间所得的财产以及婚前财产的约定，对双方具有约束力。"笔者认为，婚前财产协议，是指男女双方对各自婚前婚后所得财产的归属作出的约定，约定内容可以是婚前财产及婚后各自所得归各自所有，或一方婚前的财产婚后共同共有，也可以约定婚后财产归各自所有。婚前财产协议的法律基础，是我国《婚姻法》第 19 条的规定。

本案中，刘丽与张江的婚前财产协议符合夫妻财产制的约定。本案的双方关于婚前财产的约定实际上是对男方婚前个人财产约定归女方所有的财产约定形式，法律允许当事人通过书面约定来处理自己的个人所有财产。本案双方签订的婚前协议内容不违反法律，也没有损害他人的财产权益，并且签订时双方已成年，具有完全民事行为能力，约定的内容合法，也系双方当事人的真实意思表示。因此，人民法院应该认定该协议有效。一审法院判决：该房产应为张江的婚前个人财产，但张江提出离婚，应按婚前协议的约定履行，将该房产过户给刘丽，由张江负责偿还未付的银行贷款；张江每月向刘丽支付其月工资收入的 70%，并在离婚判决生效后的 7 日内，向刘丽支付 20 万元赔偿金。一审判决后，张江不服，以双方离婚原因系性格不合而产生矛盾，其并无过错，也无向刘丽赔偿的义务，一审法院更不应该把其婚前的个人房产判归刘丽，他的月工资收入的 70% 如果归刘丽，其生活就无法正常维持为由提出上诉。二审法院经审理后认为：双方协议中对婚前财产及离婚赔偿的约定属于双方的真实意思表示，因此，张江向刘丽提出离婚时，应向刘丽支付赔偿金 20 万元；张江承诺提出离婚则将自己的房产归刘丽所有，应予支持，但剩余贷款，应由刘丽支付。由张江继续偿还房屋未付贷款的约定违背公平原则，在刘丽将全部贷款清偿后，双方办理房屋产权的过户手续；离婚后张江向刘丽支付每月工资 70% 的条款，因违反公平原则，法院予以撤销。

（2）婚前签订"卖身契"，离婚时财产须按约定履行。实践中，很多人在婚前签订协议时，考虑得很简单，认为只要两人结婚，对方提出什么条件都可以接受，甚至一些明显对一方很不公平的像"卖身契"一样的协议，为了讨对方高兴，都答应下来了并白纸黑字写了书面承诺。一旦双方离婚，协议一方就有可能付出惨重的代价，下面的案例说明了这一点。赵军（化名）跟江敏（化名）相识前有过一段短暂而幸福的婚姻。十年前，赵军前妻不幸去世，留下尚未懂事的儿子浩浩跟赵军相依为命。前妻走后，赵军将全部精力放在工作和儿子身上，没有考虑感情的事，直到遇上江敏。2010年，赵军认识比他小4岁的江敏时，他已经是有房、有车、有存款的富翁了，两人很快建立了恋爱关系。在江敏面前，赵军有点底气不足，毕竟自己有过婚史，还带着小孩。出于补偿心理，他对江敏特别好。不久，两人谈及婚嫁。女人结婚前总会忐忑不安，江敏也不例外，她反复追问赵军，"你会不会变心？结婚后还会对我这么好吗？"赵军理解江敏的顾忌，为了证明自己是一心一意的，他承诺结婚后什么都给江敏。2010年底，两人领证结婚。婚前赵军签了一份财产协议，内容为：本人自愿将名下一套价值百余万的房屋无偿赠送给江敏；婚后添置的财产（如车辆、房屋、存款等）都归江敏所有；如果离开江敏，不得带走任何财物；江敏的婚前财产仍然归她个人所有。"我的都是你的，你的却不是我的。"很明显，这是一份极不公平的协议，但赵军心甘情愿地签了字。他是抱着白首到老的愿望结婚的，既然白首到老，还分什么彼此？没想到婚后不久，双方就出现了难以调和的矛盾。赵军当了多年单身爸爸，做梦都想拥有完整的家。因此，蜜月刚过，他就向江敏提出，要把儿子浩浩从父母家接回来。江敏的脸一下子冷了下来："哪有刚嫁人就当妈的？"赵军很意外："你不是一直都挺喜欢浩浩吗？我爸妈年纪大了，照顾浩浩太吃力，而且浩浩也需要母爱……"他试图说服江敏，但江敏坚决不同意。赵军火了。他之所以跟江敏结婚，一方面是喜欢她，另一方面是想给浩浩一个完整的家庭，没想到江敏这样排斥浩浩。江敏也火了，她质问赵军到底是想娶个老婆，还是想给他儿子找个保姆。之后，两人多次为浩浩的事吵架，赵军说服不了江敏，只好一次次地妥协。随着争吵次数的增加，感情不可避免出现了裂缝。其实他们都挺想跟对方过下去，还不约而同地想到：也许有个孩子就好了。婚后第三年，江敏顺利生下一名男婴，取名南南。南南出生后，江敏搬到娘家居住，赵军也跟了过去。这时的江敏浑身散发着母性光辉，赵军以为时机成熟了，再次提出接浩浩同住，谁知江敏仍然反对。双方好不容易修复的关系又闹僵了。为了照顾浩浩，赵军搬回了原来的家。江敏对赵军搬出去的事耿耿于怀，坚决不让步，两人就此分居。2013 年底，江敏提出离婚，赵军坚决不同意，法官认为双方关系尚未恶化，判决不离。之后，两人关系没有任何改善。2014 年夏天的一次争吵中，赵军动手打了江敏，致使双方关系彻底恶化。江敏再次起诉到法院，坚决要求离婚，同时要求赵军履行婚前协议，放弃所有财产。本案的焦点问题是：两人离婚，财产分割能否完全按照婚前所签协议执行？

从法理角度分析：《婚姻法》第 19 条第 1、2 款规定："夫妻双方可以约定结婚以前及婚姻关系存续期间所得的财产归属，例如归各自所有、共同所有、部分各自所有、部分共同所有。约定应当采用书面形式……夫妻对婚姻关系存续期间所得的财产以及婚前财产的约定，对双方具有约束力。"赵军与江敏自愿在婚前达成财产协议，协议内容不违反法律规定，因此合法有效。赵军已经将原属于自己的房屋赠给江敏，并且房子已经过户到江敏名下，说明赠与协议已经履行，根据相关法律规定，现在已经无权更改此协议。关于二人约定将婚后添置的所有财物全部给江敏的约定是双方真实意思的反映，所以对双方均有约束力，不能擅自更改。所以离婚时，双方的财产应该按照协议约定的内容分割。法院判决：准许两人离婚，财产分配完全遵循婚前财产协议。

二、婚前赠与房产约定纠纷的实务处理

（一）婚前房产赠与协议的法律依据

（1）《合同法》第 186 条规定："赠与人在赠与财产的权利转移之前可以撤销赠与。具有救灾、扶贫等社会公益、道德义务性质的赠与合同或者经过公证的赠与合同，不适用前款规定。"

（2）《合同法》第 187 条规定："赠与的财产依法需要办理登记等手续的，应当办理有关手续。"

（3）《民法总则》第 158 条规定："民事法律行为可以附条件，但是按照其性质不得附条件的除外。附生效条件的民事法律行为，自条件成就时生效。附解除条件的民事法律行为，自条件成就时失效。"

（4）《民法通则》第 62 条规定："民事法律行为可以附条件，附条件的民事法律行为在符合所附条件时生效。"

（5）《婚姻法司法解释（三）》第 6 条规定："婚前或者婚姻关系存续期

间，当事人约定将一方所有的房产赠与另一方，赠与方在赠与房产变更登记之前撤销赠与，另一方请求判令继续履行的，人民法院可以按照合同法第一百八十六条的规定处理。"

（6）《婚姻法》第 19 条规定："夫妻可以约定婚姻关系存续期间所得的财产以及婚前财产归各自所有、共同所有或部分各自所有、部分共同所有……"

（二）法律规定的理解与适用

（1）关于婚前房产赠与协议，可以按照附婚约条件的赠与处理。婚前的房产赠与往往都附有某些条件，判断婚前的房产赠与协议是否有效，关键在于协议所附条件是否成就。如果条件没有成就，则双方所签订的协议不发生法律效力，因而无法实际履行。依据就是《民法通则》第 62 条的规定及《民法总则》第 158 条规定，民事法律行为可以附条件，附条件的民事法律行为在符合所附条件时生效。此外，在婚前房产赠与纠纷案件中，往往会出现协议经过公证的情况，但并非公证后的婚前房产赠与协议都生效。因为，婚前房产的赠与通常是附有某些条件的。比如，为了双方能结婚一起生活等。如果出现男女一方在婚前赠与房产给另一方，并办理了公证，而后来由于种种原因双方未能登记结婚，那么，只要有证据能证明该公证的协议附有登记结婚等条件，则婚前的房产赠与协议可以认定为没有生效而无法实际履行。另一方不得起诉要求对方交付房产并办理该房的产权过户手续。

（2）婚前房产赠与协议也可以按照《合同法》第 186 条及《婚姻法司法解释（三）》第 6 条的规定处理2001 年修订的《婚姻法》完善了夫妻约定财产制度，规定夫妻可以约定婚姻关系存续期间所得的财产以及婚前财产归各自所有、共同所有或部分各自所有、部分共同所有。约定应当采用书面形式。夫妻对婚姻关系存续期间所得的财产以及婚前财产的约定，对双方具有约束力。但关于房产赠与协议是否有效，关键要以约定中的房产所有权是否转移为考量的标准。这主要是根据《合同法》第 186 条的规定及《婚姻法司法解释（三）》第 6 条的规定。赠与人在赠与财产的权利转移之前可以撤销赠与，但具有救灾、扶贫等社会公益、道德义务性质的赠与合同或者经过公证的赠与合同，不适用该规定。《合同法》第 187 条同时规定，赠与的财产依法需要办理登记等手续的，应当办理有关手续。因此除了具有救灾、扶贫等社会公益、道德义务性质的赠与合同之外，赠与人在财产权利转移之前都可以撤销赠与。如果双方争夺的房产未办理过户登记手续，说明房屋产权尚未发生转移，原房屋产权人主张撤销是符合法律规定的，另一方不得主张对方履行赠与及办理过户义务。

（三）司法实务处理分析

（1）婚前协议赠与房产，未办理变更登记离婚时协议不生效。原告黄某（夫）与被告白某（妻）于 2010 年 12 月登记结婚。由于双方婚史不同，结婚登记前，双方签署了一个婚前财产协议。主要条款为：男方自愿将婚前个人财产，即位于某处的房产的 50% 所有权赠与女方以表诚意，即该房产成为双方婚后的共同财产；日后女方无原则过错，男方执意通过法律途径强制离婚而造成事实上的婚姻破裂，男方需弥补女方的损失即将男方享有住房的 50% 赔付给女方，即该房所有权归女方所有。但直到起诉离婚，双方始终并未办理房产变更登记。2014 年 7 月，原告提起离婚诉讼，请求法院准予原、被告离婚并依法分割夫妻共同财产。被告辩称：同意与原告离婚，但强调要求按照双方所签订的婚前协议取得房产的所有权。原告称该婚前协议不是其本人真实意愿表示，不予认可。本案的焦点问题是：女方的请求能不能得到法院的支持？

从法理角度分析：《婚姻法》第 19 条规定，"夫妻可以约定婚姻关系存续期间所得的财产以及婚前财产归各自所有、共同所有或部分各自所有、部分共同所有……"《婚姻法司法解释（三）》第 6 条规定："婚前或者婚姻关系存续期间，当事人约定将一方所有的房产赠与另一方，赠与方在赠与房产变更登记之前撤销赠与，另一方请求判令继续履行的，人民法院可以按照合同法第一百八十六条的规定处理。"婚前协议其法律性质应定性为赠与协议。根据《合同法》第 186 条的规定："赠与人在赠与财产的权利转移之前可以撤销赠与。具有救灾、扶贫等社会公益、道德义务性质的赠与合同或者经过公证的赠与合同，不适用前款规定。"《合同法》第 187 条规定："赠与的财产依法需要办理登记等手续的，应当办理有关手续。"因此，除了具有救灾、扶贫等社会公益、道德义务性质的赠与合同之外，赠与人在财产权利转移之前都可以撤销赠与。本案中，双方虽然签订了房产赠与协议，但由于该套房产未办理过户登记，房屋产权尚未发生转移，所以，原房屋产权人主张撤销是符合法律规定的，在转移权利过户之前黄某有权撤销，白某无权分得一半房产。法院认为，双方关于婚前财产及婚后共同财产的分割有异议，经调解未成。法院一审认定并判决：婚前协议系双方亲笔签名，原告没有出示其受欺诈、胁迫的证据。但是，双方结婚登记后，未办理房屋的权属变更登记，因此该房屋的50%所有权并未发生变更，仍为原告所有。关于该房产另一半的约定，系对原告离婚自由的限制，且被告无证据证明原告具有重大过错，该约定无效。该房产仍归原告个人所有。法院对认定的其他婚后共同财产依法予以分割。女方不服一审判决上诉，但二审维持原判。

（2）婚前财产协议与"附结婚"条件的赠与纠纷。朱某于2013年12月23日通过婚姻介绍所认识陈某，其后两人确立恋爱关系并同居。之后，朱某为了能与未婚妻陈某早日结婚，遂签订了一份婚前协议。2014年1月21日，原、被告双方签订了一份赠与协议，朱某将坐落于佛山市南海区××花园小区8号楼6单元B02号两居室住房一套赠与陈某，约定协议经公证后生效，并在南海区第二公证处进行了公证，有公证书［14］南海民证字第14102号为证。签订协议后，因双方发生矛盾，最终没有办理结婚手续，女方即告到法院，称因被告至今未向原告交付赠与合同的标的物，也未办理该房的产权过户手续。为保护受赠人的合法权益，现起诉要求法院依法判令被告：①交付赠与合同标的物——坐落于佛山市南海区××花园小区8号楼6单元B02号两居室住房一套并办理该房的产权过户手续；②承担该案件的受理费。案件引发的焦点问题是：女方的请求能不能得到支持？理由是什么？

从法理角度分析：要解决上述问题，关键要看讼争房产的赠与协议是否附条件。朱某与陈某两人通过婚姻介绍所认识后确立恋爱关系并同居，其后朱某为了尽快与陈某结婚，才与陈某签订了将自己名下的一套房产赠与陈某的协议。朱某称该赠与是出于能与陈某结婚，用于日后共同生活而为。笔者认为朱某送房显然是为了达到结婚的目的，但原告陈某作为受赠与方对结婚一事是没有承诺的。可以认定朱某的这种赠与不是单纯地以无偿转移财产为目的，而是一种附解除条件的赠与，目的是与陈某缔结婚姻关系，而陈某对朱某的这一意图显然是知晓的。陈某在这种情形下与朱某签订了赠与协议，应视为其同时接受赠与行为所附之条件，并受该条件的约束，而不能将赠与物与所附的条件割裂开来，只接受赠与物，而不接受赠与所附的条件。现陈某提出分手，朱某赠与的目的落空，该赠与协议所附的解除条件成就，赠与行为丧失法律效力，陈某要求朱某履行赠与房屋的承诺便失去了合法依据。根据《民法通则》第62条的规定及《合同法》第186条规定，朱某可以撤销赠与。法院审理认为：从讼争协议涉及的房产档案登记资料记载，可以反映该涉讼房屋的权属登记人为朱某。且双方当事人在庭审期间均认可朱某系出于能与陈某正式结婚的目的，而签订赠与协议的。因此，朱某签订将房产赠与陈某的协议的行为，可视为附解除条件的赠与协议。即若双方最终缔结了婚姻关系，朱某财产赠与协议的目的实现，该赠与协议保持其原有效力；一旦双方没有缔结婚姻关系，赠与行为则失去法律效力，当事人之间的权利义务关系当然解除，赠与协议不能生效。因为双方未结成婚，朱某财产赠与的目的落空，此时仍将房产归陈某所有，与朱某当初为该数额较大的财物赠与时的本意明显背离，且亦有违公平原则。所以，根据《民法通则》第 62 条，《合同法》第 186 条之规定，驳回陈某的诉讼请求。

三、订立婚前财产协议时要注意的问题

（1）婚前协议包括离婚后的财产处理条款，都必须体现双方的真实意愿。

（2）婚前协议中涉及房产赠与问题，应明确过户的条件及时间，并在条件及时间成就时，及时办理过户，杜绝隐患。

（3）签订婚前财产约定协议时，有条件的话双方最好到公证处办理协议的公证手续。原则上双方协议一经签字即可成立，在结婚后生效，但经过公证后的协议效力最高，如房产赠与原则上是不可撤销的，除非所附条件没有成就。

（4）签订婚前财产协议，一定要理性，不要为了讨好对方而全部答应对方提出的条件，因为没有一个人可以单凭自己的良好愿望而和对方白头偕老。

第三章
夫妻关系中财产纠纷的法律实务

第一节　夫妻因人身关系引发的财产纠纷的实务处理

一、扶养义务引发的财产纠纷的实务处理

（一）法律依据

《婚姻法》第 20 条规定："夫妻有互相扶养的义务。一方不履行扶养义务时，需要扶养的一方，有要求对方付给扶养费的权利。"

所谓一方确实需要扶养，是指一方无独立生活能力，具体包括：丧失劳动能力、无固定收入、缺乏生活来源、年老、患病等，生活水平将急剧下降，不能维持当地群众的一般生活水平。

所谓另一方有扶养能力，是指给付扶养的一方应该是从婚姻中获得利益的一方，并且是有相应的经济能力和经济条件承担给付者。

（二）夫妻扶养义务的理解

1. 夫妻扶养义务的概念

夫妻之间的扶养义务是夫妻双方在婚姻关系存续期间，夫妻之间在生活上和物质上要相互扶助、给予供养的法定权利和义务。

2. 理解本条规定应注意以下几个方面

（1）夫妻之间的互相扶养既是权利又是义务，这种权利义务是平等的。也就是说，丈夫有扶养其妻子的义务，妻子也有扶养其丈夫的义务；反之，夫妻任何一方均有受领对方扶养的权利。

（2）夫妻间的扶养权利义务以经济上相互供养、生活上相互扶助为内容，是婚姻内在属性和法律效力对主体的必然要求。这既是双方当事人从缔结婚姻开始就共生的义务，也是婚姻或家庭共同体得以维系和存在的基本保障。

夫妻可以约定夫妻在婚姻关系存续期间所得的财产的归属，如将其中的某项财产或收入，确定归一方所有或双方分别所有。有的夫妻约定各自的工资或收入归各自所有，但这并不意味着，夫或妻只负担各自的生活费用而不承担扶养对方的义务，如当一方患有重病时，另一方仍有义务尽力照顾，并提供有关治疗费用。

（3）夫妻扶养从婚姻合法有效成立之时起产生，至婚姻合法有效终止时消灭，在婚姻关系有效存续的整个过程中一直存在且具有法律拘束力，因而是一种状态性的、持续性的法律关系。

（4）夫妻扶养为法定义务，具有法律强制性。基于夫妻关系的特殊性，夫妻扶养义务通常在婚姻共同生活中自觉履行。当夫妻一方没有固定收入和缺乏生活来源，或者无独立生活能力或生活困难，或因患病、年老等原因需要扶养，另一方不履行扶养义务时，需要扶养的一方有权要求对方承担扶养责任。[1]

3. 扶养义务的具体内容

（1）当夫妻一方失去劳动能力时，另一方负有扶养和照顾对方生活的义务。

（2）当夫妻一方生病时，另一方必须给予照顾或者送医院治疗，承担相应的医疗和护理费用。

（3）当配偶一方为无行为能力或者限制行为能力时，另一方有担任法定的监护人的权利和义务。

夫妻之间的扶养义务和接受扶养的权利是完全平等的，双方应自觉履行扶养义务。

4. 夫妻之间互负扶养义务的条件

（1）所谓一方确实需要扶养，是指一方无独立生活能力，具体包括：丧失劳动能力、无固定收入、缺乏生活来源、年老、患病等，生活水平将急剧下降、不能维持当地群众的一般生活水平。

（2）另一方确实有能力扶养，给付扶养费的一方，应该是从婚姻中获得利益的一方，并且是有相应经济能力和经济条件承担给付者，可以通过物质上的资助等方式使另一方能够生活（当然，如果能够同时考虑物质和精神方

---

〔1〕 参见 http://china. findlaw. cn/info/hy/jiehun/fqyw/1342687. html，2018 年 7 月 26 日访问。

面的抚慰和照顾则更应为全社会所提倡和发扬），摆脱困难境地。

只有上述两个条件同时具备，夫妻之间才互负扶养义务。

5. 不履行扶养义务的法律责任

夫妻间的扶养义务是基于夫妻双方婚姻的效力而产生的。夫妻扶养义务即夫妻在经济上相互供养、生活上相互扶助的义务，为生活保障义务。其目的在于保障夫妻共同生活，是婚姻关系的必然要求。在一般情况下，这种扶养义务是在夫妻共同生活中实现的。夫妻间的互相扶养，既是义务也是权利。夫妻都有扶养对方的义务，同时，也都有要求对方扶养的权利。夫或妻一方不履行扶养义务时，需要扶养的一方可以根据本条第 2 款的规定，要求对方付给扶养费。拒不履行对无独立生活能力的配偶的扶养义务，情节恶劣的，构成遗弃罪，要承担相应的刑事责任。

（三）扶养权纠纷的实务处理分析

《婚姻法》第 20 条的规定，仅是原则性地规定了夫妻之间互相存在的扶养义务，以及一方不履行该义务时对方有要求其给付扶养费的权利。但是，由于这一法条以及最高人民法院关于婚姻法的司法解释中均没有对在何种情形下夫妻一方需要扶养，而对方必须履行扶养义务作出具体明确的规定。因此，在司法审判实践中，法院在处理此类案件时，经常是从综合权衡当事人双方利益以及价值取舍的角度出发，以达到准确适用上述法条的原则性规定，并力争做到公平、合情、合理。同时，由于婚姻法对夫妻之间的互相扶养义务仅作了一些原则性的规定，缺乏针对性，因此，法院在处理具体个案时，自由裁量的权限较大。换言之，在适用婚姻法处理关于夫妻之间互相扶养义务的案件中，既要考虑提出扶养诉求一方的实际情况，同时也要兼顾对方的履行能力。

1. 妻子烧伤，丈夫一去不回，法院判决义夫承担扶养费

赵强（化名）与妻子丁君（化名）于 2004 年 6 月结婚，婚后感情一度较好，夫妻两人共同经营一家小日杂用品商店。2006 年 10 月丁君生育一女。2010 年 7 月，因日杂店电线老化引起火灾，丁君为救助困在火场中的女儿而被严重烧伤，女儿也在大火中丧生。赵强则因为当日外出进货而幸免于难。赵强在照顾妻子丁君的过程中，渐感厌烦，加上考虑到丁君因烧伤严重而致残，今后生活更加困难。于是，赵强借需挣钱为丁君交医药费为由外出打工，一去不回。2012 年 3 月，丁君托人多方打听，才了解到赵强已回到老家，并

开了个养鸭场生意十分红火。她在家人帮助下找到赵强，要求赵强回到自己身边，尽到做丈夫的责任。赵强则以夫妻分居多年，感情破裂为由要与丁君离婚。丁君不同意离婚，遂于 2012 年 5 月向法院起诉，要求丈夫赵强承担扶养义务，给付医疗费、生活费等费用。本案的焦点问题是：女方的请求能不能得到支持？男方应不应该承担扶养妻子的费用？

从法理角度分析：我国《婚姻法》第 20 条规定："夫妻有互相扶养的义务。一方不履行扶养义务时，需要扶养的一方，有要求对方付给扶养费的权利。"婚姻法中所指的扶养，专指夫妻在生活上相互供养和扶助的法律责任。夫妻扶养义务的含义：①夫妻之间的扶养权利和义务，是夫妻身份关系所导致的必然结果。夫妻一方向对方所负的扶养义务，也是接受者所享有的权利；②夫妻之间的扶养义务，其内容包括夫妻之间相互为对方提供经济上的供养、精神上的安慰和生活上的扶助，以此维系婚姻家庭日常生活的正常运行；③夫妻之间的扶养义务，属于民法上的强行性义务，夫妻之间不得以约定形式改变这种法定义务；④夫妻之间接受扶养的权利和履行扶养对方的义务是以夫妻合法身份关系的存在为前提条件的，这种扶养权利和义务始于婚姻缔结之日，终于夫妻离婚或一方死亡之时。本案中，夫妻双方在婚姻关系存续期间，双方就有相互扶养的义务。现在丁君因烧伤导致残疾，无法参加工作，生活困难，没有其他经济来源，其有权要求丈夫赵强给予经济上的供养。赵强应该履行扶养丁君的义务。根据我国婚姻法规定，夫妻双方互负有扶养义务。在夫妻一方因疾病、丧失生活能力等原因而需要他方扶养的，有负担能力的夫或妻应当履行扶养义务，如有负担能力的一方无正当理由拒绝扶养他方，根据我国《婚姻法》第 20 条第 2 款的规定，"需要扶养的一方，有要求对方给付扶养费的权利"。在本案中，赵强在妻子烧伤住院期间不但不在医院照料妻子，反而借故逃避，事后又不主动与妻子取得联系且拒绝妻子的合理要求。同时，赵强开办了养鸭场且生意兴旺，可见其具有经济负担能力，因此法院应支持丁君的请求，判决由赵强给付丁君扶养费。

2. 夫妻签订分别财产制协议，一方患病，另一方仍要承担扶养义务

阿静和阿勇大学毕业之后均在北京工作，因为都已经到了结婚的年龄，经单位同事介绍，两人相识，在交往了一段时间之后，两人便顺其自然地结了婚。婚后，两人约定实行夫妻财产分别制，各自的婚前财产归各自所有，婚后的收入也归各自，对于家庭的共同开支，则双方实行"AA 制"支付。婚

后两年，阿静有一天忽然感到头昏脑涨，无法顺畅呼吸，于是到医院经过检查发现她患上了心脏病，现在尚处于初期，可以通过保守治疗缓解病情的恶化，但是最终需要进行心脏搭桥手术，手术费用大概需要 10 万元。阿勇和阿静商量说，现在两人刚刚开始工作不久，积蓄也不多，何况两边的家庭条件都一般，阿勇的薪水也需要存下来付房子的首付，因此让阿静先保守治疗，不要动手术。阿静同意了阿勇的提议，选择了保守治疗。又过了半年，阿静呼吸不畅的症状越来越重，直到有一天在上班过程中昏倒被送到医院。医生告知阿静，其症状已经比较严重，如果不及时治疗，后果不堪设想。但是阿静自己并没有这么多钱，家中也无法支付这部分医疗费用，于是阿静和阿勇商量说，是否可以由阿勇将其积蓄取出来支付医药费。没想到阿勇回绝了阿静的要求，认为双方在结婚的时候已经签订了协议确定实行夫妻财产分别制，对于阿静的医疗费，他没有义务支付，何况，他马上就要存够支付房子首付的钱了，如果这个时候做手术，房子又买不成了。双方几经商量都没有结果，于是阿静向人民法院起诉阿勇，要求其支付医疗费用。[1]本案的焦点问题是：阿静的主张能不能得到法院的支持？阿勇的说法有无道理？

从法理角度分析：我国《婚姻法》第 20 条规定："夫妻有互相扶养的义务。一方不履行扶养义务时，需要扶养的一方，有要求对方付给扶养费的权利。"夫妻间的扶养义务是基于夫妻双方婚姻的效力而产生的。夫妻扶养义务即夫妻在经济上相互供养、生活上相互扶助的义务，为生活保障义务。其目的在于保障夫妻共同生活，是婚姻关系的必然要求。在一般情况下，这种扶养义务是在夫妻共同生活中实现的。夫妻间的互相扶养，既是义务也是权利。夫妻都有扶养对方的义务，同时，也都有要求对方扶养的权利。夫或妻一方不履行扶养义务时，需要扶养的一方可以根据本条第 2 款的规定，要求对方付给扶养费。夫妻之间互负扶养义务的条件满足两点：①所谓一方确实需要扶养，是指一方无独立生活能力，具体包括：丧失劳动能力、无固定收入、缺乏生活来源、年老、患病等，生活水平将急剧下降、不能维持当地群众一般生活水平。②另一方确实有能力扶养，给付扶养费的一方，应该是从婚姻中获得利益的一方，并且是有相应经济能力和经济条件承担的给付者，可以通过物质上的资助等方式使另一方能够生活（当然，如果能够同时考虑物质

---

〔1〕　参见本书编写组编著：《婚姻法适用要点与实例》，法律出版社 2010 年版，第 61~62 页。

和精神方面的抚慰和照顾则更应为全社会所提倡和发扬），摆脱困难境地。本案中阿静身患重病，自己没有钱财治病，符合需要扶养的条件。而阿勇具备扶养的能力，所以阿勇应该承担阿静的治疗费。法院在受理后认为，夫妻互相扶养是我国《婚姻法》规定的法定义务，本案中，虽然阿静和阿勇实行夫妻财产分别制，但是这并不能对抗《婚姻法》规定的这一法定义务，因此，阿勇有义务支付阿静的治疗费用。在法院调解中，另通过审判员的教育，阿勇认识到了自己的错误，将自己的积蓄全部都拿出来提供给阿静治病，于是法院即以调解结案。

3. 分居期间，签订的互不承担扶养义务的协议无效

2007 年，张某（女）与钱某（男）结婚。婚后，双方因性格不合，夫妻关系恶化。2010 年，张某与钱某分居并书面约定：收入各自所有，互不承担扶养义务。2012 年，原告张某因患骨髓增生异常综合征在郑州大学第一附属医院住院治疗。后因经济困难出院回居住地继续服中药治疗。现原告失去劳动能力，因病情需要，每月至少输血两次，每次输血 400CC 或 800CC，输血 400CC 需支出费用约 560 元；输血 800CC 需支出费用约 1120 元。因此向人民法院起诉，要求被告男方每月承担自己的医疗费、生活费 2500 元。而男方认为双方分居时签订了协议，协议约定：收入各自所有，互不承担扶养义务。所以自己没有义务承担女方的医疗费和生活费。本案的焦点问题是：夫妻双方能否通过签订协议的方式豁免夫妻之间的扶养义务？男方到底应不应该承担女方的医疗费和生活费？

从法理角度分析：张某与钱某关于分居后互不承担扶养义务的约定，违反了《婚姻法》第 20 条的规定。因为夫妻之间的扶养义务是一种法定义务，所以双方不能通过签订协议的方式豁免这种义务。只要夫妻双方婚姻关系存续，即便双方已经分居，那么任何一方都必须履行这样的义务，如果不履行，另一方有权要求对方给付扶养费。法院受理案件后查明：原告张某的父亲去世，母亲无业，一哥哥系聋哑人，离异，有一子，年幼。村里为原告张某每月发放最低生活保障费 100 元，此外无其他收入。被告钱某系舞钢市中加钢铁有限公司职工，每月收入 6000 元。原、被告及被告父母未分家析产，其家共两套两室一厅住房，每套约 90 平方米，一间门面房约 40 平方米。法院认为：原、被告系合法夫妻关系，双方有互相扶养的义务，这一义务为法定义务，双方通过协议的方式约定互不承担扶养义务有悖法律初衷，应认定约定

无效。现原告张某因病丧失劳动能力，被告应当对原告尽扶养义务，积极筹集资金为原告治疗，而不应该以双方签订了互不承担扶养义务的协议为由拒绝履行扶养义务。法院对原告要求支付扶养费的主张予以支持。根据原告的治疗情况及基本生活需求，结合被告现实财产状况及支付能力，酌情按每月2500元支持原告所诉扶养费。最终法院判决如下：被告钱某判决书生效后，每月支付原告扶养费2500元。如果未按本判决指定的期间履行给付金钱义务，应当依照《民事诉讼法》第229条之规定，加倍支付迟延履行期间的债务利息。案件受理费328元，由被告负担。

二、夫妻忠诚协议引发的财产纠纷的处理

（一）夫妻忠实义务的相关规定

（1）《婚姻法》第3条规定，"禁止重婚。禁止有配偶者与他人同居"。

（2）《婚姻法》第4条规定，"夫妻应当互相忠实，互相尊重"。

（二）夫妻忠实义务与忠诚协议的界定

（1）夫妻忠实义务的概念：夫妻的忠实义务又称为贞操义务，指夫妻双方在共同生活中应当互相忠实以维护婚姻关系的专一性和排他性。狭义上的夫妻忠实义务，即贞操忠实义务，仅仅意味着配偶性生活的排他专属义务。广义上的夫妻忠实义务，不仅包括夫妻在性生活上互守贞操，不为婚外性行为，也包括夫妻不得恶意遗弃配偶他方，不得为第三人利益牺牲、损害配偶他方的利益。

（2）忠诚协议：是指男女双方在婚前或婚后，自愿制定的有关在婚姻存续期间夫妻双方恪守婚姻法所倡导的夫妻之间互相忠实的义务，如果违反，过错方将在经济上对无过错方支付违约金、赔偿金，放弃部分或全部财产的协议，现实中还以保证书、"空床费"等形式存在。

（三）夫妻忠诚协议的效力认定问题

关于忠诚协议是否有效一直存在争议，典型的两种观点是：

1. 忠诚协议不应受法律保护

（1）此类约定的履行与制裁是亲情的问题，不是法律问题，法院并不适用忠诚协议处理此类复杂而敏感的亲情问题。

（2）《婚姻法》第4条规定的夫妻之间有相互忠实的义务，只是一个宣言，一种法律价值取向，结合《婚姻法司法解释（一）》第3条，法律没有

把夫妻双方相互忠实规定为一项义务。

（3）侵权损害不能通过合同契约预定。

（4）个人隐私权、人格权应高于忠诚原则。如果法院赋予忠诚协议以法律效力，则为了确定一方当事人有"违约行为"，另一方当事人或人民法院就有举证证明和查证的义务。在这个过程中，势必会使婚姻一方甚至是无辜第三者的隐私暴露于公众之下。[1]

（5）赋予忠诚协议以法律效力的另一个后果是鼓励婚姻当事人在结婚前都缔结这样一个协议，以拴住对方，这样势必会增加婚姻的成本，也会使建立在纯洁的爱情和相互信任基础上的婚姻关系变质，[2]婚姻不免变成类似商人买卖的讨价还价。

2. 忠诚协议应受法律保护

（1）婚姻法允许夫妻双方可以自己约定财产的处理方式，拥有对财产的处理权。同时，婚姻法也规定，如因重婚、有配偶者与他人非法同居等过错导致离婚的，无过错方有权请求损害赔偿。此外，夫妻相互保持忠诚是婚姻关系最本质的要求，婚姻关系稳定与否很大程度上有赖于此。违约赔偿的忠诚协议，实际上是对婚姻法中抽象的夫妻忠实责任的具体化，完全符合婚姻法的原则和精神，所以应该而且能够得到法律的支持。

（2）只要婚姻协议在制订时，婚姻双方自愿约定的内容没有违反法律禁止性规定，也不损害他人和社会公共利益，约定的赔偿数额有可行性，同时，双方在协议中体现的是各自的真实意愿，并且在平等、自愿的前提下签约，法律就应该认可它，法官就应该采信它。[3]

3. 笔者观点：应该承认忠诚协议的效力

（1）夫妻忠诚协议属于道德义务法律化，具有可诉性。相互忠实是夫妻关系存续的基础，婚姻法规定夫妻之间有相互忠实的义务，使这一道德义务上升到了法律义务的层面。夫妻应当互相忠实，不仅是道德义务，也是法律义务。夫妻忠诚协议赋予了夫妻忠实义务以具体的内容，使抽象的忠实责任

---

〔1〕 国家法官学院编：《全国专家型法官司法意见精粹：婚姻家庭与继承卷》，中国法制出版社2013年版，第23页。

〔2〕 杨大文、马忆南主编：《婚姻家庭法原理与实务》，高等教育出版社2002年版，第342页。

〔3〕 认为忠诚协议有效的学者有：蒋月、王旭东、唐弦、朱和庆、徐寿松等。参见景春兰：《婚姻家庭法理论与案例研究》，中国政法大学出版社2017年版，第113页。

具有可诉性。

（2）夫妻忠诚协议符合民事法律行为的构成要件。根据《民法通则》的规定，民事法律行为应当具备三个构成要件才能产生法律效力：行为人具有相应的民事行为能力、意思表示真实、不违反法律或者社会公共利益。只要夫妻忠诚协议是双方真实意思表示，且不违背法律、行政法规的禁止性规定，不违背社会公序良俗，协议的内容具有可执行性，法律应当承认其效力。

（3）婚姻法允许夫妻双方以约定的方式处理财产，拥有对财产的处理权。《婚姻法》第 19 条第 2 款规定："夫妻对婚姻关系存续期间所得的财产以及婚前财产的约定，对双方具有约束力。"可见，婚姻法对夫妻有关财产的约定是给予充分保护的。

（4）夫妻忠诚协议符合婚姻法的立法宗旨，有利于维护婚姻关系和谐稳定。夫妻相互保持忠诚是婚姻关系最本质的要求，是婚姻道德最基本的底线。以性爱为基础的婚姻，具有排他性和专一性，婚姻关系稳定与否很大程度有赖于此。承认夫妻忠诚协议的法律效力，有利于社会拒斥婚外情，促进夫妻相互忠实，维护家庭社会和谐稳定。[1]

（四）司法实务处理分析

1. 男子出轨为挽救婚姻写忠诚协议，法院认可其效力

林茹（化名）和王军（化名）经过两年自由恋爱才结婚。到感情彻底结束时，他们的婚龄有十年多，算是老夫老妻了。但是，因为林茹曾经多次流产，不能正常生育，所以还没有自己的孩子。这曾经在好多年里都是他们的遗憾。林茹在诉状中称，导致夫妻感情彻底破裂，是因为王军 2008 年在外面乱搞女人。林茹知道丈夫有第三者后，即主张与王军离婚。王军不同意离婚，为了向妻子保证以后再不出轨。他给妻子写了忠诚协议。内容主要是：①如果王军和郭利（化名，林茹眼中的第三者）继续再交往，以此条为据，王军愿和林茹离婚。②如果因王军出轨而离婚，愿意将主城各区的夫妻共有财产 8 套房屋（单套面积从 30 多平方米到 230 平方米不等，平均每套面积超 100 平方米）约定归林茹个人所有，今后若双方离婚，上述房产不作为夫妻共同财产分割。协议签订后，双方还于 2009 年 3 月做了夫妻财产公证。王军虽然写

---

〔1〕 参见 http://www.360doc.com/content/17/1219/07/48909235_714390750.shtml，2018 年 6 月 18 日访问。

了保证书，也将 8 套房屋公证为林茹个人所有。但让他措手不及的是，保证书也没能保住他的婚姻。2011 年初，林茹发现王军又与婚外异性来往。即向法院起诉，请求与王军离婚，并要求按照夫妻保证书的内容将 8 套房屋判归自己所有；其次对另外的 6 套住宅、一个车位，共 640 平方米的房产，还有一辆宝马轿车和一辆宝马越野车、一辆一般品牌轿车，以及三个公司的股权依法进行分割。本案的焦点问题是：这个保证书有效吗？财产应该如何处理？

从法理角度分析：夫妻忠实义务是婚姻关系最本质的要求，婚姻关系稳定与否，很大程度上有赖于此。正因此，2001 年修订的《婚姻法》第 4 条规定："夫妻应当相互忠实。"此外，《婚姻法》第 19 条规定，夫妻可以约定婚姻关系存续期间所得的财产以及婚前财产归各自所有、共同所有或部分各自所有、部分共同所有。约定应当采用书面形式。约定对双方当事人均有拘束力。根据该规定，这对夫妻的财产约定是以忠诚协议的方式对婚内财产的处分进行的约定，且约定是双方真实意思的表示，是有效的。一旦夫妻离婚，双方在财产分割中均应按此约定履行。除非有证据证明约定是在受胁迫、威胁等情况下所签，协议就是无效的，否则双方均应当遵守。所以，应当将约定的 8 套房产归林茹个人所有，8 套房产之外的其他共同财产，应当依法分割。法院审理认为，从目前证据看，双方感情确已破裂，如果勉强维持婚姻关系，对双方均不利。所以法庭准许双方离婚。庭审中，王军提出，他已经通过公证将他们夫妻财产中的 8 套房屋给了林茹，如果平均分割其他财产，对他来说是不公平的。所以他提出多分财产。承办法官称，法律规定夫妻财产可以约定。既然作出约定，也没有证据证明被胁迫，所以约定这部分财产并不影响其他财产的分配，也不会计入夫妻共同财产进行分割。刘军提出的多分财产的理由没有法律依据，法院无法支持。对于起诉分割的共同财产（6 套住宅、1 个车位、3 辆车、3 个公司股权），法院本着照顾女方权益，确定女方适当多分一点。最后，女方分了 3 套房、1 个车位，1 辆宝马轿车和一半公司股权。[1]

2. 男方出轨，女方按约索要"空床费"未获支持

刘先生和肖女士 2008 年下半年建立恋爱关系，在当年 11 月闪电结婚。婚后因了解甚少，感情不和，双方经常为家庭琐事争吵、打架。2012 年下半

---

〔1〕 参见 http://www.cnwest.com 2010-12-27 10：35：57/，2017 年 11 月 22 日访问。

年开始，刘先生开始经常夜不归宿，肖女士经过一段跟踪调查，发现丈夫和婚外女性同居。肖女士即提出离婚，但刘先生不同意。为了安抚肖女士，刘先生即按肖女士的要求双方签了一份忠诚协议，内容主要为：夫妻二人必须忠于对方，但考虑到丈夫的情感需求，肖女士同意刘先生与别人婚外同居，但丈夫必须同意每在外留宿一晚，即补偿妻子 300 元。肖女士统计丈夫在外留宿约 100 次时，遂要求丈夫支付空床费 30 000 元。刘先生不同意。肖女士提起离婚诉讼：①请求与刘离婚；②要求按法律分割夫妻共同财产；③要求丈夫按照忠诚协议约定支付婚姻存续期间的空床费 30 000 元补偿。刘先生则认为，空床费是无理取闹的"乱收费"，不肯支付。本案的焦点问题是：肖女士主张的空床费能否获支持？

从法理角度分析：《婚姻法》第 4 条规定："夫妻应当互相忠实，互相尊重；家庭成员间应当敬老爱幼，互相帮助，维护平等、和睦、文明的婚姻家庭关系。"夫妻相互保持忠诚是婚姻关系最本质的要求，婚姻关系稳定与否很大程度上与双方是否忠诚有关。忠诚协议实际上是对《婚姻法》中抽象的夫妻忠实责任的具体化，完全符合《婚姻法》的原则和精神。但双方的忠诚协议只有在不涉及夫妻双方的人身关系，不违反我国《婚姻法》等民事法律的基本原则时才能具有法律效力，否则便会因为违反法律的基本原则而无效。也即忠诚协议只有形式合法，内容不合法也不行。本案中这份协议的内容违法：其一是"允许丈夫与婚外异性同居"不仅违反一夫一妻制原则，而且违反了社会的基本道德，冲击了现行的婚姻制度，违反了民法的公序良俗原则；其二，空床费本质上是用性和钱做了一种交换，而这种交换恰恰是法律明文禁止的。因此此协议内容没有得到法院的支持。

3. 夫妻签忠诚协议，约定违反忠实义务要承担赔偿金，获法院支持

2009 年 5 月，妻子蒋某发现丈夫韩某与李某有暧昧关系，出于对今后生活的考虑，双方自愿平等协商，签订了一份夫妻忠诚协议，约定：夫妻应当相互忠诚，洁身自好，若一方在婚姻期间背叛对方与他人发生婚外情，必须支付另一方 30 万元补偿金。2013 年 1 月 6 日，蒋某在家中发现韩某与李某的不轨行为，遂起诉离婚，并要求韩某按照夫妻忠诚协议补偿自己 30 万元。韩某同意离婚，但认为夫妻协议不具有法律效力，拒绝补偿 30 万元。本案的焦点问题是：这样的离婚协议是否有效？能否得到法院的支持？

从法理角度分析：所谓忠诚协议，就是男女双方在婚前或婚后，自愿制

定的有关在婚姻存续期间夫妻双方恪守婚姻法所倡导的夫妻之间互相忠实的义务，如果违反，过错方将在经济上对无过错方支付违约金、赔偿金、放弃部分或全部财产的协议。《婚姻法》第4条规定："夫妻应当互相忠实，互相尊重；家庭成员间应当敬老爱幼，互相帮助，维护平等、和睦、文明的婚姻家庭关系。"夫妻相互保持忠诚是婚姻关系最本质的要求，婚姻关系稳定与否很大程度上有赖于此。忠诚协议实际上是对《婚姻法》中抽象的夫妻忠实责任的具体化，完全符合《婚姻法》的原则和精神。约定的内容没有违反法律的禁止性规定，也不损害他人和社会的根本利益，应认定为有效。本案中，韩某和蒋某签订的协议是当时在双方自愿协商的基础上订立的，是双方真实意思的表示，且不违反法律规定。如今被告韩某的行为已违背了当时的协议，所以应该依约定，支付蒋某30万元的补偿金。法院判决认为：相互忠实是夫妻关系存续的基础，婚姻法规定夫妻之间有相互忠实的义务，使这一道德义务上升到了法律义务的层面。夫妻应当互相忠实，不仅是道德义务，也是法律义务。夫妻忠诚协议赋予了夫妻忠实义务以具体的内容，使抽象的忠实义务具有可诉性。只要忠诚协议没有违反法律的禁止规定，是双方真实意思的反映就是有效的。本案中，韩某与李某发生婚外情，导致夫妻感情破裂，致使蒋某遭受精神损害，韩某的行为违反夫妻忠诚协议约定，违反了夫妻情感忠诚和行为忠诚的道德义务，也违反了夫妻应当互相忠实的法律义务，应当按照约定补偿蒋某30万元。

（五）签订忠诚协议要注意的问题

第一，忠诚协议的内容要符合法律规定：①限制一方基本人权和人格权，如离婚自由权、人身自由权、通信自由权等的相关条款无效。②违背民法基本原则的忠诚协议也无效。③侵犯其他人的权益的，相关条款无效。④剥夺孩子抚养权、探望权的无效，因为孩子抚养权的归属是以考虑孩子利益为着眼点，探望是父母的权利也是义务，不能将剥夺抚养权、探望权作为对过错方的惩罚。⑤对家庭财产的分配不能影响一方的基本生活。约定的赔偿数额要符合家庭经济的实际情况，明显畸高的法院不会认可。[1]

第二，意思表示必须真实。不要在"抓奸现场"拿出事先准备好的忠诚协议，要出轨方立刻签。这会被认为是在胁迫状态下所签，不具有法律

---

[1] 吴晓芳主编：《婚姻家庭 继承案件裁判要点与观点》，法律出版社2016年版，第199页。

效力。

第三，根据我国的司法实践，忠诚协议一般是判决离婚时才有可能支持。不离婚只要求按协议赔偿的，法院立案的可能性非常小。

第四，签订忠诚协议时，不要将违反忠实义务的赔偿写成违约金，因为忠实义务是一种身份义务，写成违约金很难获法院支持。应该写成补偿金或赔偿金。

三、婚内损害（人身与精神损害）赔偿纠纷的实务处理

（一）婚内损害赔偿的法律依据

（1）《婚姻法司法解释（一）》第29条第2、3款规定："人民法院判决不准离婚的案件，对于当事人基于婚姻法第四十六条提出的损害赔偿请求，不予支持。在婚姻关系存续期间，当事人不起诉离婚而单独依据该条规定提起损害赔偿请求的，人民法院不予受理。"

（2）婚内人身损害赔偿属于受害人个人财产。如《婚姻法》第18条规定："有下列情形之一的，为夫妻一方的财产：……（二）一方因身体受到伤害获得的医疗费、残疾人生活补助费等费用；……"

（3）精神损害赔偿的依据：根据我国《侵权责任法》第22条的规定："侵害他人人身权益，造成他人严重精神损害的，被侵权人可以请求精神损害赔偿。"第19条的规定："侵害他人财产的，财产损失按照损失发生时的市场价格或者其他方式计算。"

（二）婚内人身损害赔偿纠纷处理的理解及把握

1. 理论争议

婚内人身损害受害方是否有权要求赔偿，我国婚姻家庭的相关法律未作明确规定。在实践中形成两种观点：

第一种意见认为，婚内人身损害案属一种特殊的生命健康权纠纷案件，当事人是夫妻关系，为典型的婚内赔偿案件。我国法律规定，公民的生命健康权受法律保护。夫妻之间人身侵权，侵害方应当承担法律责任。但由于这类案件中原、被告系夫妻关系，对夫妻财产大多未约定分别财产制，而是实行法定的共同财产制，且如果被告没有自己的个人财产，原告在保留婚姻情况下进行婚内赔偿就如"羊毛出在羊身上"，婚内损害赔偿则失去了物质基础没有实际意义。

第二种意见认为，这类案件中，夫妻一方的行为对另一方已构成侵权，婚内实行何种财产制及当事人婚姻关系是否存续均不影响其依法承担侵权赔偿责任，为切实维护受害人的合法权益。应判决由加害方承担对被害方婚内侵权的赔偿责任。[1]

2. 笔者的意见

笔者同意上面的第二种意见，简要分析如下：

在婚内人身侵权关系中，笔者认为，当事人主体之间虽身份具有一定的特殊性，夫妻财产上具有一定的复杂性，但婚内侵权与一般侵权在构成要件和法律特征上是相同的，并无本质区别。因此婚内主体身份与财产属性并不构成人身侵权赔偿法律关系成立的障碍，也不影响夫妻间人身损害赔偿的可行性。夫妻之间地位是平等的，财产权利夫妻间可以共同享有，但生命权、健康权、身体权却是相互独立的并不依附任何一方，与是否存在婚姻关系均无关。根据《民法通则》及《民法总则》等相关法律规定，公民的生命权、健康权、身体权是否得到保护不因侵害人身份的不同，不因侵害人有无财产而不同，不管是谁，侵害公民生命权、健康权、身体权都要承担法律责任，都应受到法律的制裁。

第一种意见在法理上讲不通。应注意把我国《婚姻法》第46条规定的因家庭暴力等四种法定情形之一导致离婚，无过错方有权请求损害赔偿的情形与一般侵权赔偿情形加以区别，前者主要指婚内家庭暴力导致离婚的婚姻过错情形，主要由婚姻法调整，因此《婚姻法司法解释（一）》强调要在离婚诉讼同时提出，不起诉离婚而单独提起离婚损害赔偿的法院不予受理。后者指侵权过错情形，属侵权法调整，不受离婚诉讼前提的限制。当同一行为发生离婚损害赔偿请求权与侵权损害赔偿请求权的竞合时，笔者认为，可参照我国《合同法》第122条规定的违约责任和侵权责任竞合时的处理原则，应当允许受害人选择一种有利自己的方式主张权利，即提出离婚诉讼的同时主张离婚损害赔偿，或保留婚姻情况下单独提出侵权损害赔偿，为受害人提供充分救济的法律保障。

第一种意见一方面肯定了婚内妻子遭丈夫殴打构成侵权，侵权人对受害人应承担法律责任。另一方面又以婚内侵权人没有个人财产，夫妻是共同财

---

〔1〕 王凡："婚内侵权行为及其责任承担"，载《法官说法》2011年9月8日。

产制，婚内赔偿没有实际意义而不予支持。而民事责任是民事侵权行为人依法所必须承担的法律后果。第一种意见前后有矛盾，在逻辑上讲不通。

第一种意见认为夫妻实行共同财产制，如果加害人没有个人责任财产，婚内赔偿就成了"羊毛出在羊身上"则无实际意义，其实是考虑判后执行的问题，但执行中被执行人是否有个人责任财产可供执行，是在执行程序中要解决的问题，不妨碍对实体争议的审判。审判实践中法院一般也不存在在审判阶段就刻意去查明被告今后是否有履行判决责任财产的做法。在笔者看来，被执行人的财产状况或履行能力也是处于动态的过程，是随着各种条件情况而不断发生变化的，现在加害人无财产缺乏履行能力并不代表将来也无财产或无履行能力，现在可能无法执行并不代表以后也是这样，另外即使实行的是法定共同财产制，夫妻各方也应有自己所属的一部分，因此笔者认为其观点是片面的。第一种意见实质是以加害人有无履行判决的个人责任财产，受害人婚内求偿判决能否实际执行而作为裁判依据的，是不适宜的。

第一种意见在实践中具有危害性，缺乏对公民法律教育的正确引导，在一定程度上将可能误导一些人产生"只要不离婚，打人不负责"的错误认识，放纵婚内侵权违法行为，助长家庭暴力等其他违法犯罪行为的发生，不利于建立和睦、平等、文明的现代婚姻家庭关系。对受害人诉请作出驳回诉讼请求处理有失公允，社会效果也不足取。

我国《婚姻法》不仅确认了夫妻关系存续期间的夫妻共同财产，同时也确认了夫妻关系存续期间的夫妻个人财产的存在，这就为婚内发生的人身损害赔偿确立了执行基础。根据《婚姻法》第18条的规定："有下列情形之一的，为夫妻一方的财产：（一）一方的婚前财产；（二）一方因身体受到伤害获得的医疗费、残疾人生活补助费等费用；（三）遗嘱或赠与合同中确定只归夫或妻一方的财产；（四）一方专用的生活用品；（五）其他应当归一方的财产。"第19条规定，"夫妻可以约定婚姻关系存续期间所得的财产以及婚前财产归各自所有、共同所有或部分各自所有、部分共同所有……"诚然，婚内赔偿是执行赔偿义务人的个人责任财产而不是执行夫妻共同财产，否则失去了对侵权人法律惩罚的实际意义，实践中对侵权人确实没有个人财产或个人财产不足以支付赔偿数额的，可在分割夫妻共同财产后，从对方一方的财产中执行。笔者认为，法院也可以能动的司法，对夫妻共同财产建议先由双方根据公平原则及财产的具体情况自行约定分别财产制后，再从赔偿义务人约定析出的个人部分中执行。义务人拒绝将应属个人部分从共同财产中析出的，参照《民事诉讼法》第 111 条的规定，以拒不履行法院生效判决确定的义务，视情节轻重予以罚款、拘留。[1]

因此第一种意见无论从法理上、法律效果、社会效果等方面都不足取，第二种意见更趋理性较为妥当，具有可行性、必要性，这也是社会公平正义的价值取向和必然结果。

婚内损害赔偿权，不是婚姻过错赔偿权，而是人身损害赔偿权。我国《婚姻法》第 46 条规定的损害赔偿权，实为婚姻过错赔偿权，其中虽然包含了家庭暴力可能造成的人身损害赔偿，但与一般人身损害赔偿完全不同。

一般人身损害，赔偿数额取决于损害程度和双方过错，数额是固定的，与夫妻双方的经济状况无关。而婚姻过错赔偿，则取决于双方过错和双方的财产状况。也就是说，婚姻过错赔偿是由法院根据当事人过错，以夫妻共同共有的财产作为基数，确定一个赔偿比例。因此，婚姻过错赔偿数额并不固定，由法官自由裁量，且赔偿的数额可能大于一般人身损害赔偿数额。因此，不能以人身损害赔偿来代替婚姻过错赔偿。

（三）司法实务处理分析

1. 丈夫打伤妻子，妻子要求赔偿获支持

原告李某（女）与被告刘某（男）2006 年结为夫妻，双方因家庭琐事经常发生矛盾。原告于 2008 年 6 月 28 日因男方出轨吵架后回娘家居住，并于 2008 年 7 月 31 日起诉被告离婚，后经法院判决不准离婚，被告因此怀恨在心。2008 年 9 月 23 日，被告至原告娘家，以带原告看病为名，将原告接上车。当车行驶至原被告家门口时，被告提出让原告先回家，原告不从，被告即用力拽原告双腿，并用拳头猛击原告头部，致原告受伤。事发后，原告去医院看病，经诊断为"脑外伤后神经反应，右大腿外侧软组织伤"。原告为此花去医疗费 4720 元，交通费 120 元。原告诉至法院，要求被告赔偿自己医疗费、误工费共计 15 000 元。本案的焦点问题是：刘某在不主张离婚的情况下，能否请求人身损害赔偿？

从法理角度分析：第一，丈夫刘某与妻子李某经结婚登记，为合法的婚姻

---

〔1〕 参见吴凰行："婚内人身侵权赔偿具有可行性与必要性"，载人民法院网：http://www.chinacourt.org/html/article/201101/07/440156.shtml2011-01-07 14：51：47/，2017 年 11 月 23 日访问。

关系，双方均应遵从《婚姻法》有关"夫妻之间应当互相忠实"的基本原则，刘某在婚姻关系存续期间又与第三人发生恋爱关系，这种行为严重违反《婚姻法》关于"夫妻间应相互忠实"的基本原则，导致家庭关系紧张，作为丈夫，刘某本应认真反思，认真检点自己的行为，缓解因自己的行为导致家庭关系紧张的气氛，但是，刘某却反其道而行之，采用家庭暴力，殴打李某，致李某头部受伤，刘某对妻子李某的身心健康造成伤害，严重侵犯了妻子的身体健康权，依据《民法通则》第 119 条的规定，侵害公民身体健康权，造成伤害的，应当赔偿医疗费，因误工减少的收入，残废者生活补助费等费用。人民法院应当依据《婚姻法》和《民法通则》的有关规定，对刘某作出赔偿李某的人身损害赔偿并当庭赔礼道歉具结悔过的判决；第二，婚内索赔问题是我国法治建设的一个重大突破，是我国婚姻法向传统的婚姻家庭关系的挑战，是现代婚姻家庭关系迈向文明的象征，是我国婚姻法基本原则的一个体现。我国《婚姻法》不仅确认了夫妻关系存续期间的夫妻共同财产，同时也确认了夫妻关系存续期间的夫妻个人财产的存在，这就为本案的人身损害赔偿确立了执行基础。传统的婚姻家庭关系的财产，均是夫妻共同财产，提出赔偿要求只能是用自己的财产赔给自己，无赔偿的本来意义，现行的《婚姻法》确立了夫妻个人财产，妻子李某在人身健康权受到损害时提出赔偿要求，使自己的人身健康权得到法律保护，不仅强化了夫妻间的平等地位，也对采用家庭暴力，夫妻一方与他人非法同居或发生不正当性行为等破坏婚姻家庭关系的行为以极大的制约，对建立和睦、平等、互相忠实的家庭关系也是一种强化剂；第三，婚内索赔是执行夫妻关系存续期间的夫妻个人财产。我国《婚姻法》第 18 条规定："有下列情形之一的，为夫妻一方的个人财产：（一）一方婚前财产；（二）一方因身体受到伤害获得的医疗费、残疾人生活补助费等费用；（三）遗嘱或赠与合同中确定只归夫妻一方的财产；（四）一方专用的生活用品；（五）其他应当归一方的财产。"人民法院对丈夫刘某的判赔，首先应当从上述规定的属于丈夫刘某的财产中支付，以示对其惩罚的公正性、严肃性。如果没有个人财产，则可在分割夫妻共同财产后从丈夫一方的财产中执行，赔偿李某的费用应该成为李某的个人财产。经法院审理，支持了李某的诉讼请求，判令丈夫刘某赔偿李某住院治疗费 4720 元，交通费 120 元，误工损失费 1500 元，身体健康损失费 6000 元，责令其当庭赔礼道歉，具结悔过。[1]

2. 一方不忠与第三人生子，配偶请求精神损害赔偿获支持

陈某与孙某结识于2009年，双方互生情愫并很快擦出爱情的火花，两人于2010年开始同居。2011年孙某意外怀孕，随后孩子陈某某出生。陈某及其家人对于新生儿的到来感到非常兴奋，对其疼爱有加。在双方父母的催促下，俩人补办了结婚证并举办了婚礼。好景不长，补办婚礼后不久双方因性格不合，屡屡发生争吵。陈某发觉女儿陈某某的长相和自己差距越来越大，遂心生疑虑。2015年陈某带着女儿赴广东省深圳市人民医院做DNA比对，结果令陈某大吃一惊，检验报告排除了陈某是其"女儿"生身之父的可能性。陈某勃然大怒，遂起诉至深圳市南山区法院，要求与孙某离婚，并要求孙某赔偿自己的精神损失。本案的焦点问题是：陈某的请求能获支持吗？

从法理角度分析：本案是一种典型的欺诈性抚养。所谓欺诈性抚养是指在婚姻关系存续期间或非婚姻关系存续期间，一方明知或应知该期间所出生的子女与另一方没有血缘关系，仍使另一方相信子女为其亲生而履行了抚养义务。前者为欺诈方，后者为被欺诈方。[2]关于欺诈性抚养问题，根据《最高人民法院关于夫妻关系存续期间男方受欺骗抚养非亲生子女离婚后可否向女方追索抚养费的复函》，该复函指出在夫妻关系存续期间，一方与他人通奸生育子女，隐瞒真情，另一方受欺骗而抚养了非亲生子女，其离婚后给付的抚育费，受欺骗方要求返还的，可酌情返还；至于在夫妻关系存续期间受欺骗方支出的抚育费用应否返还，因涉及的问题比较复杂，尚需进一步研究。此外，《婚姻法司法解释（三）》第2条第1款的规定："夫妻一方向人民法院起诉请求确认亲子关系不存在，并已提供必要证据予以证明，另一方没有相反证据又拒绝做亲子鉴定的，人民法院可以推定请求确认亲子关系不存在一方的主张成立。"本案中原告陈某提供了严密的证据，而被告不能举出相反的证据表明陈某某是原告的亲生女儿，所以本案中原告证据优势明显。被告孙某是否应就陈某某并非原告陈某亲生骨肉赔偿原告？被告女儿陈某某于原被告结婚前出生，彼时，原被告双方不受婚姻关系的约束，俩人间互不负婚姻法的忠诚义务。但被告怀孕之时，应当知道孩子可能与原告无血缘关系。

---

[1] 参见 http://www.xici.net/d5246193.u450266.htm，2017年11月23日访问。

[2] 景春兰：《婚姻家庭法理论与案例研究》，中国政法大学出版社2017年版，第260页。

被告应当及时如实告知原告。被告始终向原告隐瞒真相，未向原告透露实情，导致原告误以为陈某某是其亲生女儿而抚养，且照顾有加，倾注心血。被告隐瞒女儿陈某某的出生背景使得原告对陈某某有感情和财产投入，侵害了原告的人格权益和财产权益。原告提起诉讼要求赔偿精神损失和财产损失于法有据，应该获支持。

根据我国《侵权责任法》第 22 条的规定："侵害他人人身权益，造成他人严重精神损害的，被侵权人可以请求精神损害赔偿。"第 19 条规定："侵害他人财产的，财产损失按照损失发生时的市场价格或者其他方式计算。"最后法院判决支持了男方陈某的诉讼请求，判决女方赔偿男方抚养费 83 000 元，精神损害赔偿金 16 000 元。

第二节　婚内夫妻财产关系纠纷的实务处理

一、夫妻财产关系概述

男女双方因结婚产生了夫妻人身关系，也随之产生了夫妻财产关系。所谓夫妻财产关系，是指夫妻双方在财产、抚养和遗产继承等方面的权利义务关系。这些权利义务源于夫妻的人身关系，是夫妻人身关系的直接后果。夫妻在财产关系中的权利义务内容由婚姻法规定的财产制来决定。我国婚姻法对夫妻财产制采取的是法定夫妻共同财产制与约定夫妻财产制相结合的模式，并作了详细的规定。

（一）法定夫妻共同财产制

我国的法定财产制是婚后所得共同制，习惯上称为夫妻共同财产制。它是指在婚姻关系存续期间，夫妻双方或一方所得的财产，除特有财产和双方另有约定外，均为夫妻共同所有，夫妻对共同所有的财产，平等地享有占有、使用、收益和处分的权利的财产制度。[1] 婚姻法明确了夫妻共同所有财产的范围。《婚姻法》第 17 条规定："夫妻在婚姻关系存续期间所得的下列财产，归夫妻共同所有：（一）工资、奖金；（二）生产、经营的收益；（三）知识产权的收益；（四）继承或赠与所得的财产，但本法第十八条第三项规定的除

---

〔1〕　余延满：《亲属法原论》，法律出版社 2007 年版，第 266~268 页。

外；（五）其他应当归夫妻共同所有的财产。夫妻对共同所有的财产，有平等的处理权。"

《婚姻法》第18条则明确了夫妻一方所有的财产范围，包括：①一方的婚前财产；②一方因身体受到伤害获得的医疗费、残疾人生活补助费等费用；③遗嘱或赠与合同中确定只归夫妻一方所有的财产；④一方专用的生活用品；⑤其他应当归一方的财产。根据《婚姻法司法解释（二）》第13条的规定，军人的伤亡保险金、伤残补助金、医药生活补助费等也属于个人财产。

夫妻财产除了包括积极财产外，还包括消极财产，即对外负担的债务。夫妻共同负担债务，由夫妻共同所有财产清偿；夫妻一方所负的债务，由其个人所有的财产清偿。如果夫妻在婚姻关系存续期间所得的财产约定归各自所有，而第三人又不知道该约定的，则以夫妻在婚姻关系存续期间所得的财产清偿。婚前、婚后的时间分隔点是婚姻登记之日，同居、共同生活、举办传统婚姻仪式，都不是两者的划分标准。

（二）约定夫妻财产制

约定夫妻财产制是相对法定财产制而言的，是依据不同的发生原因对夫妻财产作出的划分。它是指夫妻双方通过协商对婚前、婚后取得的财产的归属、处分以及在婚姻关系解除后的财产分割达成协议，并优先于法定夫妻财产制适用的夫妻财产制度，又称有契约财产制度。这是意思自治原则在婚姻法中的贯彻和体现。

约定的内容，据《婚姻法》第19条规定："夫妻可以约定婚姻关系存续期间所得的财产以及婚前财产归各自所有、共同所有或部分各自所有、部分共同所有。约定应当采用书面形式。没有约定或约定不明确的，适用本法第十七条、第十八条的规定。夫妻对婚姻关系存续期间所得的财产以及婚前财产的约定，对双方具有约束力。夫妻对婚姻关系存续期间所得的财产约定归各自所有的，夫或妻一方对外所负的债务，第三人知道该约定的，以夫或妻一方所有的财产清偿。"

约定的生效条件必须具备民事法律行为的生效要件。首先，必须合法、自愿、真实；其次，应符合特别法上的要求，如男女双方平等，保护妇女、儿童和老人的合法权益。约定的内容在第三人知晓时，其对外具有对抗的效力，否则，无对抗的效力。对内则对夫妻处理财产的行为产生约束力。为逃避债务的虚假约定应被认定为无效行为。对债务人非法目的的认定，可结合夫妻财产约定或协议分割的时间、方式及当时的背景等加以考察。

约定应当采用书面形式。没有约定或约定不明确的，适用《婚姻法》第17条、第18条的规定，即法定夫妻财产制的有关内容。夫妻对婚姻关系存续期间所得的财产以及婚前财产的约定，对双方均具有约束力。

二、夫妻处理共同财产的范围、权利与限制

（一）夫妻共同财产范围的法律依据

（1）夫妻共同财产的范围：《婚姻法》第17条规定："夫妻在婚姻关系存续期间所得的下列财产，归夫妻共同所有：（一）工资、奖金；（二）生产、经营的收益；（三）知识产权的收益；（四）继承或赠与所得的财产，但本法第十八条第三项规定的除外；（五）其他应当归共同所有的财产。对共同所有的财产，有平等的处理权。"

（2）《婚姻法司法解释（二）》第11条规定："婚姻关系存续期间，下列财产属于婚姻法第十七条规定的'其他应当归共同所有的财产'：（一）一方以个人财产投资取得的收益；（二）男女双方实际取得或者应当取得的住房补贴、住房公积金；（三）男女双方实际取得或者应当取得的养老保险金、破产安置补偿费。"

（3）《婚姻法司法解释（二）》第14条规定："人民法院审理离婚案件，涉及分割发放到军人名下的复员费、自主择业费等一次性费用的，以夫妻婚姻关系存续年限乘以年平均值，所得数额为夫妻共同财产。前款所称年平均值，是指将发放到军人名下的上述费用总额按具体年限均分得出的数额。其具体年限为人均寿命七十岁与军人入伍时实际年龄的差额。"

（4）《婚姻法司法解释（三）》第5条规定："夫妻一方个人财产在婚后产生的收益，除孳息和自然增值外，应认定为夫妻共同财产。"

（5）《婚姻法司法解释（三）》第12条规定："婚姻关系存续期间，双方用夫妻共同财产出资购买以一方父母名义参加房改的房屋，产权登记在一方父母名下，离婚时另一方主张按照夫妻共同财产对该房屋进行分割的，人民法院不予支持。购买该房屋时的出资，可以作为债权处理。"

（6）《婚姻法司法解释（三）》第13条规定："离婚时夫妻一方尚未退休、不符合领取养老保险金条件，另一方请求按照夫妻共同财产分割养老保险金的，人民法院不予支持；婚后以夫妻共同财产缴付养老保险费，离婚时

一方主张将养老金账户中婚姻关系存续期间个人实际缴付部分作为夫妻共同财产分割的，人民法院应予支持。"

（7）《婚姻法司法解释（一）》第 17 条规定："婚姻法第十七条关于'夫或妻对夫妻共同所有的财产，有平等的处理权'的规定，应当理解为：（一）夫或妻在处理夫妻共同财产上的权利是平等的。因日常生活需要而处理夫妻共同财产的，任何一方均有权决定。（二）夫或妻非因日常生活需要对夫妻共同财产做重要处理决定，夫妻双方应当平等协商，取得一致意见。他人有理由相信其为夫妻双方共同意思表示的，另一方不得以不同意或不知道为由对抗善意第三人。"

（8）《最高人民法院〈关于贯彻执行《中华人民共和国民法通则》若干问题的意见〉（试行）》（以下简称《民通意见》）第 89 条规定："……在共同共有关系存续期间，部分共有人擅自处分共有财产的，一般认定为无效……"

（9）《城市房地产管理法》第 38 条规定："下列房地产，不得转让：……（四）共有房地产，未经其他共有人书面同意的；……"

（10）《婚姻法司法解释（三）》第 11 条规定："一方未经另一方同意出售夫妻共同共有的房屋，第三人善意购买、支付合理对价并办理产权登记手续，另一方主张追回该房屋的，人民法院不予支持。夫妻一方擅自处分共同共有的房屋造成另一方损失，离婚时另一方请求赔偿损失的，人民法院应予支持。"

（二）关于夫妻共同财产规定的理解应注意的问题

1. 对夫妻共同财产的范围的理解

夫妻共同财产，是指夫妻一方或双方在婚姻关系存续期间的所得，除法律另有规定或夫妻双方另有约定外，均归夫妻共同所有的财产。从我国夫妻共同财产的规定看，具有下列特征：①共同财产是指婚后夫妻双方的劳动所得以及通过其他合法方式取得的收入和财产；②从财产所有权产生的时间看，以结婚为起点；③从共同财产的性质看，属于共同共有。[1]按照我国《婚姻法》第 17 条及相关司法解释的规定，夫妻共同财产包括：夫妻在婚姻关系存

---

[1] 参见夏吟兰、薛宁兰主编：《民法典之婚姻家庭编立法研究》，北京大学出版社 2016 年版，第 191 页。

续期间所得的①工资、奖金；②生产、经营的收益；③知识产权的收益；④继承或赠与所得的财产，但本法（指《婚姻法》）第18条第（三）项规定的除外；⑤一方以个人财产投资取得的收益；⑥男女双方实际取得或者应当取得的住房补贴、住房公积金；⑦男女双方实际取得或者应当取得的养老保险金、破产安置补偿费。

2. 夫妻对共同财产处理的权利及限制

我国《婚姻法》第17条规定，"夫妻对共同所有的财产，有平等的处理权"。这一平等权应当理解为：①夫或妻在处理夫妻共同财产上的权利是平等的。因日常生活需要而处理夫妻共同财产的，任何一方均有权决定。②夫或妻非因日常生活需要对夫妻共同财产做重要处理决定，夫妻双方应当平等协商，取得一致意见。他人有理由相信其为夫妻双方共同意思表示的，另一方不得以不同意或不知道为由对抗善意第三人。

3. 关于知识产权所取得的收益作为共同财产的界定

《婚姻法司法解释（二）》第12条规定，婚姻关系存续期间，实际取得或已经明确可以取得的知识产权的财产性收益为夫妻共同所有。据此，笔者认为，实践中可以知识产权财产性收益已经明确的时间是否在婚姻关系存续期间内，作为判断该部分收益归属的标准。具体如下：

（1）知识产权产生于婚前，知识产权财产性收益明确的时间在婚前，收益实际取得也在婚前的，该收益仍为个人的婚前财产。

（2）知识产权产生于婚前，知识产权财产性收益明确的时间在婚前，收益实际取得在婚后的。对于这种情形，如何对知识产权进行分割，理论界存在两种观点：肯定说。该观点认为，根据《婚姻法》第17条规定，收益应该视为夫妻共同财产。婚后所得共同制之精神强调的是"所得"，而不论所得财产的原因或根据。[1]否定说。该观点认为，收益不能视作夫妻共同财产进行分割，理由是《婚姻法》第17条规定的"所得"是指财产所有权取得的时间而非实际取得财产的时间。当两个时间发生冲突时，应以所有权取得的时间作为判断是否为夫妻共同财产的标准。对于一方于婚前取得的知识产权，而另一方并未对该知识产权的取得付出任何劳动或代价，自然不应该参与利益

---

〔1〕 蒋月：《夫妻的权利与义务》，法律出版社2001年版，第144~145页。

分配。[1]针对这两种观点，笔者认为知识产权产生于婚前，知识产权财产性收益明确的时间也在婚前，收益实际取得在婚后的，应当认定为是一方的婚前个人财产。但是为收益付出劳动的一方在离婚时仍然可以就其为实现知识产权收益所付出的劳动请求补偿，这样更符合公平原则。[2]

（3）知识产权财产性收益明确的时间在婚姻关系存续期间的，则无论收益的实际取得是在婚姻关系存续期间还是在离婚之后，该收益均为夫妻共同所有。

（4）知识产权财产性收益明确的时间在离婚后的，该收益为个人财产。

4. 关于家事代理权的理解

①家事代理权主体为丈夫或妻子一方；②家事代理权的对象是夫妻共同财产；③家事代理权行为的性质是对"共同财产"做一般的处理决定；④各方在行使家事代理权时无需事前经另一方同意。

（三）夫妻个人财产的范围

（1）《婚姻法》第18条规定："有下列情形之一的，为夫妻一方的财产：（一）一方的婚前财产；（二）一方因身体受到伤害获得的医疗费、残疾人生活补助费等费用；（三）遗嘱或赠与合同中确定只归夫或妻一方的财产；（四）一方专用的生活用品；（五）其他应当归一方的财产。"

（2）《婚姻法司法解释（二）》第13条规定："军人的伤亡保险金、伤残补助金、医药生活补助费属于个人财产。"

（3）《婚姻法司法解释（三）》第7条规定："婚后由一方父母出资为子女购买的不动产，产权登记在出资人子女名下的，可按照婚姻法第十八条第（三）项的规定，视为只对自己子女一方的赠与，该不动产应认定为夫妻一方的个人财产。由双方父母出资购买的不动产，产权登记在一方子女名下的，该不动产可认定为双方按照各自父母的出资份额按份共有，但当事人另有约定的除外。"

（四）夫妻共同财产处置纠纷的司法实务分析

1. 夫妻一方擅自处理房产，所签协议无效

张先生与杨女士及女儿虽然同住一个屋檐下，但琴瑟失和由来已久，夫

---

〔1〕 蒋月：《婚姻家庭法前沿导论》，科学出版社2007年版，第194~195页。
〔2〕 国家法官学院编：《全国专家型法官司法意见精粹：婚姻家庭与继承卷》，中国法制出版社2013年版，第151页。

妻俩曾两度到法院提出离婚。令张先生吃惊的是，离婚的过程尚在进行中，夫妻共有的房产却已经没有了他的份额。原来，早在 2009 年 12 月，杨女士就与其母签订了一份房产转让合同，将购买了才一年的房产作价 20 万元，转让 60% 的产权归其母亲。张先生认为这是妻子背着他与岳母之间的恶意串通，于是告到法院，要求确认妻子与岳母签订的房产转让合同无效。庭审中，杨女士辩称，因家中经济条件较差，曾向母亲借过 21 万元，故以部分房产抵债。买房时原告没有出资，也没有产权，故房产转让也无需告知原告。本案的焦点问题是：杨女士与其母签订的房产转让协议是否有效？

从法理角度分析：张先生与杨女士的房产属于夫妻共同财产。《婚姻法》第 17 条规定，"夫妻对共同所有的财产，有平等的处理权"。《婚姻法司法解释（一）》第 17 条规定："婚姻法第十七条关于'夫或妻对夫妻共同所有的财产，有平等的处理权'的规定，应当理解为：（一）夫或妻在处理夫妻共同财产上的权利是平等的。因日常生活需要而处理夫妻共同财产的，任何一方均有权决定。（二）夫或妻非因日常生活需要对夫妻共同财产做重要处理决定，夫妻双方应当平等协商，取得一致意见……"《民通意见》第 89 条规定："……在共同共有关系存续期间，部分共有人擅自处分共有财产的，一般认定为无效……"本案中，杨女士背着丈夫将共有房产转让给杨女士的母亲，而杨女士的母亲明明知道女儿正在与女婿离婚，且杨女士处理的房产属于女儿和女婿的共同财产，是非善意的第三人。所以，杨女士背着丈夫处理房产的协议是无效的。

法院审理认为，夫妻关系存续期间所得的财产，如双方对财产没有约定，均应认定为夫妻共同财产，即使共同居住的房产为一方出资所购，未经双方同意，房产亦不得擅自处理。被告的行为，违反了有关法律规定，损害了原告的利益，应予纠正。法院确认转让行为无效。

2. 女方开单身证明，卖掉夫妻共有房，买卖合同有效

2012 年 8 月离婚前，金女士用单身证明将与陈先生共有的房产出售给他人。得知情况的陈先生将金女士及买房人唐某一起告上法庭。原来陈先生、金女士因感情不和引发离婚诉讼。诉讼期间，金女士向公证部门提交单身证明，将所住房屋出售给了唐某，并办理了产权变更登记手续。本案的焦点问题是：女方开单身证明卖掉夫妻共有房，买卖合同是否有效？

从法理角度分析：《婚姻法》第 17 条规定，"夫妻对共同所有的财产，有

平等的处理权"。《婚姻法司法解释（一）》第 17 条规定："婚姻法第十七条关于'夫或妻对夫妻共同所有的财产，有平等的处理权'的规定，应当理解为：（一）夫或妻在处理夫妻共同财产上的权利是平等的。因日常生活需要而处理夫妻共同财产的，任何一方均有权决定。（二）夫或妻非因日常生活需要对夫妻共同财产做重要处理决定，夫妻双方应当平等协商，取得一致意见……"《民通意见》第 89 条规定："……在共同共有关系存续期间，部分共有人擅自处分共有财产的，一般认定为无效……"但《婚姻法司法解释（三）》第 11 条规定："一方未经另一方同意出售夫妻共同共有的房屋，第三人善意购买、支付合理对价并办理产权登记手续，另一方主张追回该房屋的，人民法院不予支持。夫妻一方擅自处分共同共有的房屋造成另一方损失，离婚时另一方请求赔偿损失的，人民法院应予支持。"根据以上规定，可以看出金女士背着丈夫处理房产的协议本来是无效的。但买房人有理由相信金女士是有权出售房产的人，其属于善意买受人，且支付了合理对价，办理了产权变更登记手续，所以房产买卖协议就有效了。因此陈先生请求追回房产的诉求得不到支持，只能请求金女士对其损失予以补偿。法院审理认为，涉案房屋属于陈先生、金女士的夫妻共同财产。但唐某基于善意取得房屋的所有权，房屋买卖合同有效，陈先生只能向金女士请求赔偿。

3. 丈夫瞒着妻子赠情人财产，属于无效行为

宋某（男）和顾某（女）是大学同学，大学时就确定了恋爱关系。2006 年大学毕业后，两人顺理成章地结了婚。婚后他们的生活幸福甜蜜，并有了一个儿子。宋某很勤奋，工作能力又强，很快就当了公司副总经理，并为家庭购置了多处房产。顾某则做起了全职太太。2007 年起，宋某就经常以公司业务忙为借口夜不归宿。2009 年 5 月，顾某从宋某朋友处得知宋某在外面养了情人白小姐，还将其中一套价值 48 万元的房子赠与了情人白小姐，另外补偿了第三者 12 万元。2010 年 1 月份，宋某的妻子顾某把丈夫和白小姐告上法庭，认为丈夫在没有征得自己同意的情况下，无权将他们夫妻的共有财产赠与他人。本案的焦点问题是：宋某的赠与行为是否有效？顾某的主张能否得到法院的支持？

从法理角度分析：我国《婚姻法》规定，夫或妻对夫妻共同所有的财产，有平等的处理权。《婚姻法司法解释（一）》认为，夫或妻在处理夫妻共同财产上的权利是平等的。因日常生活需要而处理夫妻共同财产的，任何一方

均有权决定。夫或妻非因日常生活需要对夫妻共同财产做重要处理决定，夫妻双方应当平等协商，取得一致意见。他人有理由相信其为夫妻双方共同意思表示的，另一方不得以不同意或不知道为由对抗善意第三人。在这一案件中，首先，宋某和妻子顾某对夫妻共同财产拥有平等的处理权。但是，宋某对第三者白小姐的赠与属于"非因日常生活"的赠与行为，属于重大财产的处理决定，该财产的处置必须经夫妻双方协商取得一致才能进行。其次，按照法律规定，如果他人对夫妻双方任何一方处置财产的行为有理由认为是"夫妻双方的共同意思表示"，则夫妻另一方不得以不同意对抗善意第三人。但在本案件中，作为第三者的白小姐并不是善意第三人，而是过错第三人。该过错足以使白小姐认识到：当宋某处置财产给她时，如果基于婚外情的原因，顾某是不会同意该处置行为的。进一步说，白小姐没有理由认为顾某和宋某存在着共同赠与的意思表示。因此，该赠与没有顾某的同意，白小姐获得宋某赠与财产的行为属于无效民事行为。一审法院审理后认为，本案诉争的住房及款项系顾某和宋某共同购置，其所有权应由夫妻双方共有。而被告宋先生擅自将属于夫妻共有的房产及款项赠与被告白小姐的行为违反法律规定，侵犯了原告的财产所有权，应认定为无效民事行为。据此判令被告白小姐返还原告顾某该房产及现金 12 万元。一审宣判后，白小姐不服，向法院提起上诉。法院作出终审判决，驳回了白小姐的上诉请求。

三、婚内财产约定、分割及借款纠纷的实务处理

（一）婚内财产约定的法律实务处理

1. 夫妻财产约定的法律依据

（1）《婚姻法》第 19 条第 1、2 款规定："夫妻可以约定婚姻关系存续期间所得的财产以及婚前财产归各自所有、共同所有或部分各自所有、部分共同所有。约定应当采用书面形式。没有约定或约定不明确的，适用本法第十七条、第十八条的规定。夫妻对婚姻关系存续期间所得的财产以及婚前财产的约定，对双方具有约束力。"

（2）《物权法》第 9 条第 1 款规定："不动产物权的设立、变更、转让和消灭，经依法登记，发生效力；未经登记，不发生效力，但法律另有规定的除外。"

（3）《婚姻法司法解释（三）》第 6 条规定："婚前或者婚姻关系存续期间，当事人约定将一方所有的房产赠与另一方，赠与方在赠与房产变更登记

之前撤销赠与，另一方请求判令继续履行的，人民法院可以按照合同法第一百八十六条的规定处理。"

2. 夫妻财产约定的理解

（1）婚内财产约定也叫婚姻财产制契约，[1]是指夫妻之间在婚内通过协商，就婚前财产和婚后所得财产的归属、管理、使用、收益、处分以及债务的清偿，婚姻终止时对财产分割达成一致的协议。

（2）婚内财产协议签订应注意的问题：我国《婚姻法》第19条第1款明确规定："夫妻可以约定婚姻关系存续期间所得的财产以及婚前财产归各自所有、共同所有或部分各自所有、部分共同所有……"第2款同时规定："夫妻对婚姻关系存续期间所得的财产以及婚前财产的约定，对双方具有约束力。"这种约定类似于国外婚姻制度中夫妻财产制契约。在我国婚姻家庭生活中，越来越多的夫妻因各种原因，将婚内财产作一个约定，这种约定可以是对婚前财产、婚后双方收入、婚后双方债权及债务都作一个说明。这个约定必须符合以下法定条件才能具备法律效力：第一，协议双方必须有完全民事行为能力；第二，意思表示必须真实，即约定双方是在完全自愿的情况下签署，而不能是在一方被欺诈、被胁迫的情况下签署；第三，不得违反法律和"公序良俗"，指约定的内容必须合法，不能规避法律或者损害国家、集体及第三人的利益，也不能约定处理其他家庭成员或第三人的财产的归属；第四，夫妻财产制契约的当事人必须具有夫妻身份，即婚姻关系合法有效，若是无效婚姻、可撤销婚姻的双方当事人，则不适用此协议。此外当事人也可以在婚前签订契约，但若婚姻关系不成立，则该契约不生效；[2]第五，必须采用书面形式，公证协议不是必然程序，但是公证后的协议法律效力更强。笔者建议当事人在签订协议时做好公证，这样内容及当事人意思表示的真实性将不会产生新的争议而导致该协议无效。

3. 夫妻财产约定纠纷的实务处理分析

（1）拿着前夫赠房协议拿不到房。冯先生与王女士在日本留学时相识。冯先生回国后购置了本市大同花园的两套房屋。王女士回国后，两人于2007

---

〔1〕 也有称婚姻合同、夫妻财产制契约。参见夏吟兰、薛宁兰主编：《民法典之婚姻家庭编立法研究》，北京大学出版社2016年版，第207页。

〔2〕 参见夏吟兰、薛宁兰主编：《民法典之婚姻家庭编立法研究》，北京大学出版社2016年版，第207页。

年 2 月登记结婚。婚后不久，两人即产生了矛盾。为平息矛盾，两人于 7 月签订了一份房产转让约定，冯先生声明将自己婚前购置的房子其中一套转让给妻子，上述房产自声明签订之日开始，属于王女士个人财产，与夫妻双方关系无关，不属于夫妻共同财产，王女士在受赠人栏内签字。但在房产交易中心，该套房屋的产权至今还在冯先生名下。2012 年 11 月，王女士即向法院起诉离婚，在法院判决双方离婚后，两人为了财产分割又接连打了几场官司，其中就涉及该套房屋的产权。王女士认为该套房屋的产权应当确认为自己所有。但冯先生则认为房屋尚未办理过户登记，自己可以要求撤销赠与。本案的焦点问题是：王女士请求将该套房屋的产权归自己的主张能否得到法院的支持？

从法理角度分析：由于冯先生赠与王女士的标的是作为不动产的房产。协议本身是双方真实意思的表示，应认定为有效。但《婚姻法司法解释（三）》第 6 条规定："婚前或者婚姻关系存续期间，当事人约定将一方所有的房产赠与另一方，赠与方在赠与房产变更登记之前撤销赠与，另一方请求判令继续履行的，人民法院可以按照合同法第一百八十六条的规定处理。"《合同法》第 186 条规定："赠与人在财产转移权利之前可以撤销赠与。具有救灾、扶贫等社会公益、道德义务性质的赠与合同或者经过公证的赠与合同，不适用前款规定。"按照《合同法》第 186 条的规定，不动产产权变更以登记为依据。双方签订赠与协议后，该房屋始终没有办理产权变更登记手续，所以该产权尚未发生转移，在此前提下，冯先生可以撤销将房屋赠与王女士的决定，房屋产权依旧归冯先生所有。法院应当驳回王女士的诉讼请求。法院经审理后认为，虽然冯先生与王女士的约定属于赠与协议，但根据《合同法》的有关规定，除了具有救灾、扶贫等社会公益、道德义务性质的赠与合同或者经过公证的赠与合同之外，赠与人在财产权利转移之前都可以撤销赠与。由于该套房屋未办理过户登记，房屋产权尚未发生转移，冯先生主张撤销是符合法律规定的。法院遂判决驳回了王女士要求确认该房屋所有权属自己所有的诉讼请求。

（2）婚内财产约定一经签订，不能轻易反悔。原告刘某（女）与 被告黄某（男）于 2010 年 2 月在北京相识恋爱。2010 年 6 月黄某打算购买天通苑经济适用房，但该房购买资格必须具备北京市户口，而原告是北京市户口，于是由被告出资一次性付款购买了该房，产权证办理在原告名下。2011 年 9 月双方办理了结婚手续。婚后双方感情融洽，被告多次向原告提出，现住房为其婚前个人财产，想做一个财产公证，原告同意。2011 年 12 月双方在北京某公证处办理了财产协议公正，约定双方的现住房为被告个人所有。但事后原告亲戚知道后表示不满，要求撤销该协议，由此双方关系急剧恶化，原告起诉至法院，主张该协议是受被告欺诈和胁迫而签定的，该房应为其婚前个人财产，房款为被告对其的赠与。被告辩称该房系婚前其个人全款购买，只是因为没有北京户口，而将产权证落在了原告名下。该协议是双方真实意思表示，原告不能反悔，因此请求法院驳回原告诉讼请求。本案的焦点问题是：女方签订协议后能否反悔？该如何处理？

从法理角度分析：本案系夫妻财产约定纠纷。双方当事人对于签订的婚内财产协议的真实性均无异议。根据我国《婚姻法》第 19 条的规定，夫妻可以约定婚姻关系存续期间所得的财产以及婚前财产归各自所有、共同共有或部分各自所有、部分共同共有。本案中男女双方对房产的协议约定是双方真实意思的表示，一经签订即对双方有约束力，不能轻易反悔。法院审理认为，该财产协议约定经公证具有公信力，原告主张的证据不足。故驳回原告的诉讼请求，由原告承担诉讼费。

（二）婚内财产分割的法律纠纷处理实务

1. 婚内财产分割的法律依据

《婚姻法司法解释（三）》第 4 条规定："婚姻关系存续期间，夫妻一方请求分割共同财产的，人民法院不予支持，但有下列重大理由且不损害债权人利益的除外：（一）一方有隐藏、转移、变卖、毁损、挥霍夫妻共同财产或者伪造夫妻共同债务等严重损害夫妻共同财产利益行为的；（二）一方负有法定扶养义务的人患重大疾病需要医治，另一方不同意支付相关医疗费用的。"

2. 婚内财产分割的理解

（1）婚内共同财产分割是指在不解除婚姻关系的前提下对夫妻共同财产进行分割的一项制度。旨在绕过婚姻关系问题直接解决双方之财产纠纷，以保护在夫妻关系中处于弱势的一方对夫妻共同财产的合法权益。

（2）夫妻共同财产是最典型的共同共有关系，共同共有人在共同共有关系存续期间，一般不得请求分割共同财产。但具有以下重大理由请求分割的除外：①一方有隐藏、转移、变卖、毁损、挥霍夫妻共同财产或者伪造夫妻共同债务等严重损害夫妻共同财产利益行为的；②一方负有法定扶养义务的人患重大疾病需要医治，另一方不同意支付相关医疗费用的。

（3）请求权人，一般认为婚内共同财产分割的请求权人限于夫妻双方，通常情况下提出分割请求的多为经济上的弱者。但也有部分国家和地区规定允许夫妻一方的债权人提起（《俄罗斯联邦家庭法》第38条）。婚内财产分割协议有别于离婚财产分割协议和婚前财产公证，是夫妻双方在婚姻关系存续期间对夫妻各自的个人财产和共同财产的所有权进行协议，由于婚内财产分割协议没有公示，不能推定第三人必然知道，所以婚内财产分割协议对第三人无效。[1]

3. 婚内财产分割的实务分析

婚姻关系存续期间，一方擅自取走家中存款，应认定为是隐匿转移财产的行为，另一方可以要求分割夫妻共同财产。2006年5月，残疾人张某与妻子李某两人通过网络相识并办理结婚登记，尽管婚后生活条件较为艰苦，但夫妻感情尚佳。可好景不长，自从张某发现妻子与同事有暧昧关系后，家中的平静祥和就此被打破。2012年10月，张某发现，妻子私自取走了家中19万元存款，随后，张某要求妻子说明钱款去向，但李某不予理睬，并离家居住。无奈之下，张某将李某诉至法院，请求依法分割被李某转移的19万元共同存款以及股票、基金若干。本案的焦点问题是：张某的请求能否得到法院的支持？为什么？

从法理角度分析：夫妻双方对于夫妻共同财产属于共同共有的关系，对共同财产具有平等的处理权。在婚姻关系存续期间，夫妻一方只有在取得另一方同意的情况下，才有权处分共同财产。我国相关法律规定，离婚时，一方隐藏、转移、变卖、毁损夫妻共同财产，或伪造债务企图侵占另一方财产的，分割夫妻共同财产时，对隐藏、转移、变卖、毁损夫妻共同财产或伪造债务的一方，可以少分或者不分。同时《婚姻法司法解释（三）》第4条规定："婚姻关系存续期间，夫妻一方请求分割共同财产的，人民法院不予支持，但有下列重大理由且不损害债权人利益的除外：（一）一方有隐藏、转移、变卖、毁损、挥霍夫妻共同财产或者伪造夫妻共同债务等严重损害夫妻共同财产利益行为的；（二）一方负有法定扶养义务的人患重大疾病需要医治，另

---

〔1〕　最高人民法院民事审判第一庭编著：《最高人民法院婚姻法司法解释（三）理解与适用》，人民法院出版社2015年版，第76~86页。

一方不同意支付相关医疗费用的。"据此，婚姻关系存续期间，如果双方已经无共同生活可能，且一方存在恶意转移、隐藏、变卖、毁损夫妻共同财产的情形，另一方有权要求分割共同财产。本案中女方在婚姻关系存续期间擅自将共同财产 19 万元取走，并且不能提供证据证明该款用于合理用途，此时应认定女方构成隐藏、转移、挥霍夫妻共同财产的行为。对此，男方起诉要求分割夫妻共同财产法院应予支持。法院经审理认为，婚姻关系存续期间，夫妻一方请求分割共同财产的，法院不予支持，但有重大理由且不损害债权人利益的除外。本案中女方擅自将夫妻共同存款 19 万元取走并没有提供合理用途的行为，已构成转移夫妻共同财产，侵害了男方对该 19 万元所享有的平等支配权，考虑到双方目前处于分居状态，故对男方要求分割共同财产的诉讼请求，予以支持。最后法院判决：女方李某应将共同共有的 19 万元存款，在判决后 10 日内分割一半即 95 000 元给男方张某。宣判后，双方均未上诉，一审判决发生法律效力。

（三）夫妻间借款纠纷的实务处理

1. 法律依据

《婚姻法司法解释（三）》第 16 条规定："夫妻之间订立借款协议，以夫妻共同财产出借给一方从事个人经营活动或用于其他个人事务的，应视为双方约定处分夫妻共同财产的行为，离婚时可以按照借款协议的约定处理。"

2. 夫妻间借款的理解

（1）《合同法》第 2 条第 1 款规定："本法所称合同是平等主体的自然人、法人、其他组织之间设立、变更、终止民事权利义务关系的协议。"由此可见，合同法并不禁止具有夫妻身份的自然人作为借款合同的主体。同时，《婚姻法》第 19 条规定："夫妻可以约定婚姻关系存续期间所得的财产以及婚前财产归各自所有、共同所有或部分各自所有、部分共同所有。约定应当采用书面形式。……夫妻对婚姻关系存续期间所得的财产以及婚前财产的约定，对双方具有约束力……"据此，夫妻间婚内订立借款合同是可以成立的。

（2）处理夫妻之间借款纠纷应注意四个方面的问题：第一，判断借款的来源是否属于夫妻共同财产。在实践中正确认定借款来源是正确处理夫妻间借款的重要前提。在实践中，对于借款的来源，应根据不同夫妻财产制的不同情况分别加以认定；第二，判断双方之间是否实际发生了借款的事实，如仅书写了借条而无实际借款行为，则借款关系不存在。此种情况常发生在夫妻间玩笑时所写，此种借条本身不具备法律效力；第三，对于双方关于借款的用途约定，是否属于夫妻一方的个人经营活动或其他个人事务。个人经营活动可以是投资理财，也可以是开办企业。其他个人事务则可以是个人求学深造，可以是个人资助失学儿童，也可以是履行法定义务等；[1]第四，在婚姻关系存续期间，借款方未偿还借款。即便是所借的款项来源于夫妻共同财产，也应该认定为是双方对所借款项财产的处理约定，双方发生争议，应该按照借款协议来履行。如果所借款项来源于夫或妻一方的个人财产，且用于借款人一方的个人事务，则夫妻之间的借贷关系成立，应按照普通的债权债务关系进行处理。

3. 法律实务分析

婚内夫妻间借款协议应认定为是对婚内部分财产归属的约定，约定有效。明和梅是中学同学，两人大学毕业两年后结为连理，婚后夫妻感情很好，一年后有了小孩，因家庭负担出现了吵架。明开始炒股，并凭着小聪明赚了一些钱，梅无固定工作，看到炒股容易，也想炒股，却没有资金。于是梅与明签订协议，明借 15 万元给梅炒股，梅一年后归还，双方各自炒股所得的钱归各自所有。一年里股市低迷，资金被套。两年后也没有起色，双方矛盾加剧，不能容忍对方，告到了法院要求离婚。两人的焦点在于对 15 万元借款性质的认定上：即这 15 万元到底属于谁的财产？

从法理角度分析：传统的观念认为，夫妻之间，你的就是我的，我的就是你的，夫妻就是不分你我，合二为一，两个人都成了一家人了，夫妻之间还有借钱还钱的问题吗？其实，夫妻关系是一种很特殊的关系，一旦结婚，双方之间的人身和财产就会发生很大的变化，配偶之间的关系是很亲密的关系，结婚之后要共同生活，经济收益一般也成为共同的了。但是夫妻两个人不会因为婚姻就成为一个人，丈夫和妻子在法律上还是独立的个体，他们之间当然可以建立各种各样的法律关系，比如借贷。换句话说，妻子可以像一个普通人一样向丈夫借钱，到期之后也当然有义务还钱，如果到期不能偿还，也应当承担责任，这些都是和一个单身的个体没有什么区别。本案中协议约定炒股所得归各自所有，股票在各自名下，协议中明确约定梅借款用于炒股，

---

〔1〕　最高人民法院民事审判第一庭编著：《最高人民法院婚姻法司法解释（三）理解与适用》，人民法院出版社 2015 年版，第 230~233 页。

并约定了还款日期。因此这笔钱属于明的个人财产，不能按夫妻共同财产计算。法律对于明和梅的这种情况有着明确的规定：夫妻可以约定婚姻关系存续期间所得的财产以及婚前财产归各自所有、共同所有或部分各自所有等，约定采用书面形式。夫妻对婚姻关系存续期间所得的财产以及婚前财产的约定，对双方具有约束力。法院审理认为，明和梅的婚姻关系存续期间，虽没有约定夫妻分别财产制，但梅向明借款15万元炒股的事实有明确的书面约定，并约定了还款日期，这显然是对婚后财产归属的部分约定。因此这笔钱属于明的个人财产，不能按夫妻共同财产计算。本案中协议还约定炒股所得归各自所有，股票在各自名下。法律对于明和梅的这种情况有着明确的规定：夫妻可以约定婚姻关系存续期间所得的财产以及婚前财产归各自所有、共同所有或部分各自所有等，约定采用书面形式。夫妻对婚姻关系存续期间所得的财产以及婚前财产的约定，对双方具有约束力。夫妻签订的合同和一般的合同没有什么区别，应该遵守。

四、夫妻共同债务纠纷的实务处理

（一）夫妻共同债务的法律依据

（1）《婚姻法》第41条规定："离婚时，原为夫妻共同生活所负的债务，应当共同偿还。共同财产不足清偿的，或财产归各自所有的，由双方协议清偿；协议不成时，由人民法院判决。"

（2）《婚姻法司法解释（二）》第23条规定："债权人就一方婚前所负个人债务向债务人的配偶主张权利的，人民法院不予支持。但债权人能够证明所负债务用于婚后家庭共同生活的除外。"

（3）《婚姻法司法解释（二）》第24条规定："债权人就婚姻关系存续期间夫妻一方以个人名义所负债务主张权利的，应当按夫妻共同债务处理。但夫妻一方能够证明债权人与债务人明确约定为个人债务，或者能够证明属于婚姻法第十九条第三款规定的情形除外。夫妻一方与第三人串通，虚构债务，第三人起诉主张权利的，人民法院不予支持。夫妻一方在从事赌博、吸毒等违法犯罪活动中所负债务，第三人起诉主张权利的，人民法院不予支持。"

（4）《婚姻法司法解释（二）》第25条规定："当事人的离婚协议或者人民法院的判决书、裁定书、调解书已经对夫妻财产分割问题作出处理的，债权人仍有权就夫妻共同债务向男女双方主张权利。一方就共同债务承担连带清偿责任后，基于离婚协议或者人民法院的法律文书向另一方主张追偿的，人民法院应当支持。"

（5）《婚姻法司法解释（二）》第 26 条规定："夫或妻一方死亡的，生存一方应当对婚姻关系存续期间的共同债务承担连带清偿责任。"

（6）《最高人民法院关于审理涉及夫妻债务纠纷案件适用法律有关问题的解释》（自 2018 年 1 月 18 日起施行，以下简称《夫妻债务司法解释》）。

为正确审理涉及夫妻债务纠纷案件，平等保护各方当事人合法权益，根据《中华人民共和国民法总则》《中华人民共和国婚姻法》《中华人民共和国合同法》《中华人民共和国民事诉讼法》等法律规定，制定本解释。

第一条　夫妻双方共同签字或者夫妻一方事后追认等共同意思表示所负的债务，应当认定为夫妻共同债务。

第二条　夫妻一方在婚姻关系存续期间以个人名义为家庭日常生活需要所负的债务，债权人以属于夫妻共同债务为由主张权利的，人民法院应予支持。

第三条　夫妻一方在婚姻关系存续期间以个人名义超出家庭日常生活需要所负的债务，债权人以属于夫妻共同债务为由主张权利的，人民法院不予支持，但债权人能够证明该债务用于夫妻共同生活、共同生产经营或者基于夫妻双方共同意思表示的除外。

第四条　本解释自 2018 年 1 月 18 日起施行。

（7）《财产若干意见》第 17 条规定，一方未经对方同意，擅自资助与其没有扶养义务的亲朋所负的债务；或一方未经对方同意，独自筹资从事经营活动，其收入确未用于共同生活所负的债务，不能认定为夫妻共同债务，应由一方以个人财产清偿。

（二）关于夫妻共同债务的理解和认定

1. 法律规定的理解

（1）夫妻共同债务的概念。"夫妻共同债务应定义为：夫妻共同负债、夫妻为共同生活所负债务以及夫妻因管理共同财产所负债务，夫妻二人需共同担负清偿责任，债权人不仅可以要求夫妻用共同财产偿还债务，也可以对夫妻任何一方的个人财产提出偿还请求。"[1]

（2）确认是否为夫妻共同债务的认定标准。确认婚姻关系存续期间的债务属于夫妻个人债务还是夫妻共同债务，一般以夫妻有无共同举债的合意以及有无共享债务的利益为判断标准。如果夫妻有共同举债之合意，则不论该债务所带来的利益是否为夫妻共享，该债务均应视为共同债务。尽管夫妻事先或事后均没有共同举债的合意，但该债务发生后，夫妻双方共同分享了该债务所带来的利益，则同样应视其为共同债务。

2. 夫妻共同债务认定中应注意的问题

《最高人民法院关于依法妥善审理涉及夫妻债务案件有关问题的通知》中明确：

（1）坚持法治和德治相结合原则。在处理夫妻债务案件时，除应当依照婚姻法等法律和司法解释的规定，保护夫妻双方和债权人的合法权益，还应当结合社会主义道德价值理念，增强法律和司法解释适用的社会效果，以达到真正化解矛盾纠纷、维护婚姻家庭稳定、促进交易安全、推动经济社会和谐健康发展的目的。

（2）保障未具名举债夫妻一方的诉讼权利。在审理以夫妻一方名义举债的案件中，原则上应当传唤夫妻双方本人和案件其他当事人本人到庭；需要证人出庭作证的，除法定事由外，应当通知证人出庭作证。在庭审中，应当按照《最高人民法院关于适用〈中华人民共和国民事诉讼法〉的解释》（以下简称《民事诉讼法司法解释》）的规定，要求有关当事人和证人签署保证书，以保证当事人陈述和证人证言的真实性。未具名举债一方不能提供证据，但能够提供证据线索的，人民法院应当根据当事人的申请进行调查取证；对伪造、隐藏、毁灭证据的要依法予以惩处。未经审判程序，不得要求未举债的夫妻一方承担民事责任。

（3）审查夫妻债务是否真实发生。债权人主张夫妻一方所负债务为夫妻共同债务的，应当结合案件的具体情况，按照《最高人民法院关于审理民间借贷案件适用法律若干问题的规定》第 16 条第 2 款、第 19 条规定，结合当事人之间关系及其到庭情况、借贷金额、债权凭证、款项交付、当事人的经

---

[1] 朱凡："我国夫妻债务制度的缺陷与完善"，载陈苇主编：《家事法研究》（2007 年卷），群众出版社 2008 年版，第 74 页。

济能力、当地或者当事人之间的交易方式、交易习惯、当事人财产变动情况以及当事人陈述、证人证言等事实和因素，综合判断债务是否发生。防止违反法律和司法解释规定，仅凭借条、借据等债权凭证就认定存在债务的简单做法。

在当事人举证基础上，要注意依职权查明举债一方作出有悖常理的自认的真实性。对夫妻一方主动申请人民法院出具民事调解书的，应当结合案件基础事实重点审查调解协议是否损害夫妻另一方的合法权益。对人民调解协议司法确认案件，应当按照《民事诉讼法司法解释》要求，注重审查基础法律关系的真实性。

（4）区分合法债务和非法债务，对非法债务不予保护。在案件审理中，对夫妻一方在从事赌博、吸毒等违法犯罪活动中所负的债务，不予法律保护；对债权人知道或者应当知道夫妻一方举债用于赌博、吸毒等违法犯罪活动而向其出借款项，不予法律保护；对夫妻一方以个人名义举债后用于个人违法犯罪活动，举债人就该债务主张按夫妻共同债务处理的，不予支持。

（5）把握不同阶段夫妻债务的认定标准。依照《婚姻法》第17条、第18条、第19条和第41条有关夫妻共同财产制、分别财产制和债务偿还原则以及有关婚姻法司法解释的规定，正确处理夫妻一方以个人名义对外所负债务问题。

（6）保护被执行夫妻双方基本生存权益不受影响。要树立生存权益高于债权的理念。对夫妻共同债务的执行涉及夫妻双方的工资、住房等财产权益，甚至可能损害其基本生存权益的，应当保留夫妻双方及其所扶养家属的生活必需费用。执行夫妻名下住房时，应保障生活所必需的居住房屋，一般不得拍卖、变卖或抵债被执行人及其所扶养家属生活所必需的居住房屋。

（7）制裁夫妻一方与第三人串通伪造债务的虚假诉讼。对实施虚假诉讼的当事人、委托诉讼代理人和证人等，要加强罚款、拘留等对妨碍民事诉讼的强制措施的适用。对实施虚假诉讼的委托诉讼代理人，除依法制裁外，还应向司法行政部门、律师协会或者行业协会发出司法建议。对涉嫌虚假诉讼等犯罪的，应依法将犯罪的线索、材料移送侦查机关。

3. 夫妻共同债务的具体范围

参照上述判断标准，夫妻共同债务的范围可以大致分为如下几类：

（1）夫妻为家庭共同生活所负的债务。如购置共同生活用品所负债务；购买、装修共同居住的住房所负债务；为支付一方医疗费用所负的债务。

（2）夫妻双方共同签字或者夫妻一方事后追认等共同意思表示所负的债

务，应当认定为夫妻共同债务。

（3）夫妻一方或双方为履行法定扶养义务所负的债务及履行法定赡养义务所负的债务。

（4）为支付夫妻一方或双方的教育、培训费用所负的债务；夫妻从事正当的文化、教育、娱乐活动，从事体育活动等所负债务，属于夫妻共同债务；为支付正当必要的社会交往费用所负的债务。

（5）夫妻共同从事生产、投资经营，也包括夫妻一方从事生产经营活动但利益归家庭共享的情形。

（6）夫妻协议约定为共同债务的债务。夫妻协商确定共同负担的债务，即使该债务带来的利益并非婚姻共享，也应纳入夫妻共同债务。

4. 夫妻个人债务的认定

夫妻个人债务是指夫妻约定为个人负担的债务或者一方从事无关家庭共同生活时所产生的债务。下列债务可以认定为个人债务：

（1）夫妻一方的婚前债务。如夫妻一方为购置房屋等财产负担的债务，该房屋没有用于婚后共同生活的，应当认定为个人债务。

（2）夫妻一方未经对方同意，擅自资助没有扶养义务人所负债务。

（3）夫妻一方未经对方同意，独自筹资从事生产或者投资经营活动所负债务，且其收入确未用于共同生活的。

（4）遗嘱或赠与合同或者协议中确定只归夫或妻一方的财产为一方个人财产，附随这份遗嘱或赠与合同而来的债务也应由接受遗嘱或赠与的一方单独承担，他方无清偿责任。

（5）夫妻双方依法约定由个人负担的债务，约定由一方负担的债务。夫妻双方将共同债务，约定由一方负担的可以视为夫妻个人债务，但是这种约定不能当然地及于债权人，对债权人没有对抗效力，除非债权人事先知道或者事后追认该约定。

（6）夫妻一方因个人不合理的开支，如赌博、吸毒、酗酒所负债务。

（7）其他依法应由个人承担的债务。包括夫妻一方实施违法犯罪行为、侵权行为所负的债务。

（三）夫妻共同债务的司法实务处理分析

1. 丈夫借款用于赌博，属于个人债务，妻子不需要承担连带责任

杨某某，虽为某检察院干警，但平时作风懒散，不求上进，对家庭不负

责任，沉溺于打牌赌博的糜烂生活。杨某某在与何某婚姻关系存续期间，于2015 年 1 月 26 日向许某借款 40 万元，2016 年 8 月 11 日又向许某借款 5 万元，到期后一直未还。2017 年 5 月，杨某某和何某协议离婚。2017 年 12 月杨某某去世。2018 年 2 月，许某向人民法院起诉，要求杨某某的前妻何某承担连带还款的责任。本案的焦点问题是：杨某某向许某所借的 45 万元是否属于夫妻共同债务？杨某某的妻子何某是否需要承担连带还款的责任？

从法理角度分析：何某是否需要承担连带还款的责任，关键看杨某某的借款是否属于夫妻共同债务。判断标准有两个：一是看杨某某向许某借款时，杨某某是否与妻子何某达成借款的合意？二是看杨某某的借款有没有用于夫妻双方的共同生活。其次，要看如何适用法律的问题。关于第一个问题，在整个案件的审理过程中，原审被告方面，提供了大量的证据。主要有：杨某某生前的日记（自己不务正业参与赌博，对外借钱瞒着父母和妻子，对家庭不负责任，对不起家人的忏悔）；杨某某所在单位某检察院出具的证明（证明杨某某不仅经常在外租住宾馆，参与赌博，而且经常请假，不能正常工作，限其调离检察院）；何某与杨某某的离婚协议（协议称男方杨某某对外无任何债务）；杨某某与许某的电话录音（证实许某向其借款实为高利贷）；若干证人证言（证实杨某某参与赌博，经常借钱用于赌博）；证人证言和银行贷款凭证（证实杨某某的借款并未用于购房，何某单位集资建房款另有来源）等。以上证据综合考察，足以认定杨某某所借款项，其家人和妻子并不知情，更未用于家庭共同生活。关于法律适用的问题：根据修订后的《婚姻法司法解释（二）》第 24 条规定："债权人就婚姻关系存续期间夫妻一方以个人名义所负债务主张权利的，应当按夫妻共同债务处理。但夫妻一方能够证明债权人与债务人明确约定为个人债务，或者能够证明属于婚姻法第十九条第三款规定情形的除外。夫妻一方与第三人串通，虚构债务，第三人起诉主张权利的，人民法院不予支持。夫妻一方在从事赌博、吸毒等违法犯罪活动中所负债务，第三人主张权利的，人民法院不予支持。"依据这一规定，杨某某向许某所借的款项主要用于赌博，并未用于夫妻共同生活，所以此债务属于杨某某的个人债务。此外，《夫妻债务司法解释》第 1 条规定："夫妻双方共同签字或者夫妻一方事后追认等共同意思表示所负的债务，应当认定为夫妻共同债务。"第 2 条规定："夫妻一方在婚姻关系存续期间以个人名义为家庭日常生活需要所负的债务，债权人以属于夫妻共同债务为由主张权利的，人民法院应予支持。"依据以上规定可以看出，杨某某向许某借款，没有和何某达成共同借款的合意，而杨某某的借款显然超出了家庭的日常生活所需。所以这样的债务只能算作杨某某的个人债务，其前妻何某不需要承担连带责任。法院经审理，依据《婚姻法》第19条第3款、第41条，《婚姻法司法解释（二）》第24条，《夫妻债务司法解释》的规定，依法驳回原告的诉讼请求。

2. 离婚协议约定不承担还款责任，离婚后仍然需要承担连带还款的责任

赵某（男）与林某（女）2017年12月5日在法院协议离婚。双方约定：①男方赵某与女方林某自愿解除婚姻关系；②双方无子女，无抚养纠纷；③婚后无共同财产；④婚姻关系存续期间双方各自名下的借款由各自偿还。离婚手续办理完毕后，赵某的朋友乔某向赵某索要其在婚姻关系存续期间借给赵某的20万元，赵某以各种理由不予偿还，甚至到后来音信皆无。无奈之下，乔某只得向林某索要。林某拿出离婚协议对乔某说，其已与赵某约定，婚姻关系存续期间各自的借款归各自偿还，赵某向乔某所借款项虽然发生在他们婚姻关系存续期间，但双方已约定以谁的名义借款由谁偿还，因此，拒绝偿还。无奈之下，乔某以赵某、林某为被告，向法院提起欠款纠纷诉讼，要求二被告连带偿还20万元借款。由于赵某下落不明，因此，法院进行了公告送达。林某到庭辩称，在2015年初，赵某虽然借原告乔某20万元用于开公司自己也同意了，但自己从来没有见过这些钱，更没有用过这些钱。在离婚时，双方已然约定，各自名下的借款由各自偿还，因此，自己不应该承担还款义务。本案的焦点问题是：林某应该不应该承担连带还款义务？

从法理角度分析：本案是一起夫妻在婚姻关系存续期间对外所负债务，离婚后发生清偿纠纷的案件。本案件涉及两个需要明确的问题，第一，夫妻一方在婚姻关系存续期间对外所负债务是否属于共同债务？第二，法院对夫妻债务的判决对债权人是否具有效力？其中第二个问题尤为关键。第一个问题夫妻一方在婚姻关系存续期间对外所负债务是否属于共同债务？《婚姻法司法解释（二）》第24条第1款规定："债权人就婚姻关系存续期间夫妻一方以个人名义所负债务主张权利的，应当按夫妻共同债务处理。但夫妻一方能够证明债权人与债务人明确约定为个人债务，或者能够证明属于婚姻法第十九条第三款规定情形的除外。"此外，根据《夫妻债务司法解释》第1条的规定："夫妻双方共同签字或者夫妻一方事后追认等共同意思表示所负的债务，应当认定为夫妻共同债务。"本案中，赵某向乔某借款时，与林某达成了一致

意见，所以，即便林某没有见过这些钱，没有用过这些钱，这个债务也应当认定为夫妻的共同债务。第二个问题，法院对夫妻债务的判决对债权人是否具有效力？《婚姻法司法解释（二）》第 25 条规定："当事人的离婚协议或者人民法院的判决书、裁定书、调解书已经对夫妻财产分割问题作出处理的，债权人仍有权就夫妻共同债务向男女双方主张权利。一方就共同债务承担连带清偿责任后，基于离婚协议或者人民法院的法律文书向另一方主张追偿的，人民法院应当支持。"可见，林某不能以法院判决协议离婚来对抗债权人，且林某对乔某的债务负有连带清偿义务。所以债权人乔某有权向赵某、林某两人或其中任何一人主张债权。上海市某区人民法院经审理后认为，赵某在与林某婚姻关系存续期间向乔某借款 20 万元用于经营公司，借款时双方形成借款合意，所以，该借款应该认定为夫妻共同债务。现乔某向二被告主张欠款，于法有据，应予支持。故判令赵某、林某二人连带向乔某还款 20 万元。林某在偿还乔某借款后，可根据与赵某的离婚协议主张自己的权利。

3. 丈夫私自担保负债，妻子无需承担连带责任

张平（化名）与李华（化名）系多年的好朋友关系，李华一直从事装饰材料经营，2015 年初为扩大经营规模就找到张平，要求其出面担保，向信用社贷款 10 万元。张平碍于情面，未与妻子朱凡（化名）商量便予答应，并在连带保证担保合同上签字认可。事后，张平也不敢将该事告知妻子，只是多次催促李华尽快还款，2016 年底，因受经济危机的影响及其他原因，李华低价处理货物后携款外出，现不知所踪。因到期后该款分文未还，信用社起诉，要求张平夫妻俩在保证范围内承担保证责任。此案的焦点问题是：张平的担保行为所形成的担保之债是否属于夫妻共同债务？

从法理角度分析：要理清夫妻关系存续期间一方为他人提供担保所形成的债务是夫妻共同债务还是个人债务的问题，首先要明确什么是夫妻共同债务。所谓夫妻共同债务是指夫妻双方因婚姻生活以及在婚姻关系存续期间履行法定抚养义务所负的债务，债务的本质应与夫妻共同生活之目的相关。所以判断夫妻关系存续期间的债务是否属于夫妻共同债务，应考虑两点：一是夫妻有无共同举债的合意；二是有无共享债务的利益。[1]根据《夫妻债务司法解释》的规定，因该债务担保明显超过日常家庭生活的范畴，相关债务也

---

[1]　吴晓芳主编：《婚姻家庭　继承案件裁判要点与观点》，法律出版社 2016 年版，第 172 页。

非用于家庭共同生活，同时张平的担保属于债务负担，事前事后都一直没有得到妻子朱凡的同意，因此该债务不属于夫妻共同债务范畴，故出借人信用社无权要求朱凡承担连带责任。最后法院判决，该债务属于张平的个人债务，应该由张平个人偿还，妻子朱凡不需要承担连带还款的责任。

第四章
协议离婚所涉财产纠纷的法律实务

第一节　协议离婚的法律规定及理解

一、协议离婚的法律规定

（一）离婚协议与协议离婚的概念

1. 离婚协议

（1）离婚协议的定义：参照《婚姻法》第31条，《婚姻登记条例》第11条第3款，离婚协议是双方当事人自愿离婚的意思表示以及对子女抚养、财产及债务处理等事项协商一致而达成的协议或者意见。离婚协议书则是离婚协议的书面形式。《婚姻登记条例》第11条第3款规定："离婚协议书应当载明双方当事人自愿离婚的意思表示以及对子女抚养、财产及债务处理等事项协商一致的意见。"

（2）离婚协议的形式：根据《婚姻登记条例》第11条第1款第（三）项，"双方当事人共同签署的离婚协议书"是办理离婚登记的必备材料。因此，我国法律不承认口头离婚协议。

2. 协议离婚

协议离婚又称两愿离婚或登记离婚，我国《婚姻法》中称作双方自愿离婚，指婚姻关系因双方当事人的合意而通过婚姻登记机关认可并解除婚姻关系的离婚方式。

（二）离婚协议的内容

离婚协议包括三项主要内容，即自愿离婚、子女抚养、财产及债务处理等。其中自愿离婚即双方自愿解除婚姻关系；子女抚养涉及当事人一方行使抚养权，另一方支付抚养费，包括子女生活费、教育费、医疗费等费用，还包括未抚养子女一方探视权行使及保障等内容；财产及债务处理则主要包括夫妻关系存续期间的共同财产如何分割，共同债务如何清偿等。

根据上述三项主要内容来看，离婚协议的性质应是一种混合合同，其中关于自愿离婚和子女抚养的内容属于夫妻人身关系的性质，而财产及债务处理则属于夫妻财产关系的性质。这两种关系在法律性质上均属平等主体之间的人身关系和财产关系。

（三）离婚协议的特点

（1）离婚协议是集人身关系、财产关系、抚养关系为一体的综合书面协议。对于人身关系的约定，即是否同意离婚的约定，不能用书面契约来约定，也即法律不会干涉当事人之间就是否同意离婚的意思表示反复更改，但一旦当事人进行了要式登记，即办理了相关的离婚登记，法律就对离婚的事实予以确认。但如果仅仅是双方书面约定好一起办理离婚手续，一方反悔，法律上不会赋予另一方强制执行权，也不会授予法院强制认可权。

（2）离婚协议中涉及的财产关系以及抚养子女的意见与人身关系的意思表示是紧密相连的，既然离婚没有成就，财产、子女的约定自然也没有生效。

二、当事人通过协议离婚的利弊

（一）优势

（1）时间短。只要手续齐全，当事人一般当场就可以办出离婚证书；而诉讼离婚所需的时间要长得多，少则一个月，多则几个月，甚至最长要 2 年时间（一方在国外，或者在国外下落不明）。根据我国《民事诉讼法》的审限规定，按简易程序审理的离婚案件，审限为 3 个月，按普通程序审理的离婚案件，一般审限为 6 个月。因此，相对诉讼离婚而言，协议离婚所需时间最短，是最节约时间成本的离婚方式。

（2）费用低。不论家里财产多少，办理协议离婚一般只收取 10 元左右的手续费就可以办结。而离婚诉讼法院是按争议财产标的的收费的，当事人共同财产越多，法院收费越高。少则几百元，多则几千、几万甚至几十万元。根据国务院第 159 次常委会议通过，2007 年 4 月 1 日起施行的《诉讼费用交纳办法》规定，离婚案件每件交纳 50 元至 300 元。涉及财产分割，财产总额不超过 20 万元的，不另行交纳；超过 20 万元的部分，按照 0.5％交纳。另外，如果案件涉及财产保全或财产价值评估，还要另行交纳保全费或评估费，又是一笔不小的开支。可见，协议离婚基本上没有经济成本，而诉讼离婚需花费的经济成本要大很多。

（3）压力小。因为协议离婚很快就可以办结，不像诉讼离婚那样需要很长的时间，所以当事人避免了漫长的诉讼过程带来的思想压力，精神上可能受到的折磨少一些，离婚手续相对隐秘，来自父母和周围朋友的压力也会小一些。而诉讼离婚过程长，当事人心理疲惫期较长，精神压力自然大得多。

（二）缺陷

（1）离婚协议的内容不具有强制执行力。夫妻双方签订离婚协议书结束自己的婚姻。然而一方事后反悔不履行离婚协议书的义务，另一方不能拿着离婚协议书向法院申请强制执行。只有经过法院判决后，一方不履行法院的判决才可以请求强制执行。

（2）离婚协议书的内容，可能会隐藏有后患。比如签订离婚协议时，因为使用的语言不够规范甚至使用一些概括性的表述，这样就容易引起对协议书内容理解的歧义，从而导致自己权利受损或再次引发纠纷。

（3）离婚协议书的内容，当事人从诉讼程序上来讲有反悔的权利。因为《婚姻法司法解释（二）》第9条规定："男女双方协议离婚后一年内就财产分割问题反悔，请求变更或者撤销财产分割协议的，人民法院应当受理。人民法院审理后，未发现订立财产分割协议时存在欺诈、胁迫等情形的，应当依法驳回当事人的诉讼请求。"[1]

三、办理协议离婚应当具备的条件、程序及注意的问题

并不是所有想离婚的人都可以通过协议离婚办理离婚手续。《婚姻法》第31条规定："男女双方自愿离婚的，准予离婚。双方必须到婚姻登记机关申请离婚。婚姻登记机关查明双方确实是自愿并对子女和财产问题已有适当处理时，发给离婚证。"这是我国婚姻法规定的协议离婚的法定条件。

（一）到民政局办理协议离婚手续必须具备三个实质性要件

（1）双方当事人系合法登记的夫妻。没有经过民政局登记的事实婚姻关系的解除，需要到人民法院通过诉讼方式办理。

（2）夫妻双方对离婚须达成合意。也就是夫妻双方均明确表示自愿同意

---

〔1〕 贾明军主编：《婚姻家庭纠纷案件律师业务》，法律出版社2008年版，第134~135页。

离婚。一方不同意离婚，就不能协议解除。

（3）双方当事人必须对子女抚养、财产和债务处理等事项达成了一致意见。如果双方都同意离婚，但对于共同财产的范围确定，以及如何分割不能协议一致，对子女由哪一方直接抚养，另一方支付多少钱的抚养费以及相关探视的问题，不能达成一致意见，民政局也无法办理协议离婚手续，还是要去法院办理离婚手续。

（二）离婚登记的程序

（1）要求离婚登记的夫妻双方共同到婚姻登记机关提出申请。

（2）离婚登记当事人双方填写《离婚登记声明书》；并在婚姻登记员面前在《离婚登记声明书》"申请人"一栏签名或按指印。

（3）离婚当事人双方在离婚协议书（一式三份）上签署同意协议内容的意愿，并在婚姻登记员面前在《离婚登记协议书》"协议人"一栏签名或按指印。

（4）婚姻登记机关对办理离婚登记当事人出具的证件、协议书、证明材料进行审查，符合离婚条件的，予以登记，发给离婚证。

（三）哪些情况下，当事人不能通过民政机关办理离婚手续

如果有以下情况出现，当事人是不能通过民政机关办理协议离婚手续的：

（1）一方要求离婚的。也就是说，一方要求离婚，另一方不同意的，要求离婚的当事人只能向法院起诉要求离婚。

（2）双方要求离婚，但是对子女抚养、财产及债务处理等事项未达成协议的。虽然双方都同意离婚，但是对于财产分割、子女抚养等分歧不能达成一致意见的，也不能到民政局办理协议离婚手续，而只能通过法院解决双方的争议，从而以诉讼手段解除双方的婚姻关系。

（3）一方或者双方当事人为限制民事行为能力或者无民事行为能力的。如果一方为精神病患者，被医院确诊为无民事行为能力，民政局是不可以受理离婚申请的，因为民政局不能确定当事人是否具备真实自愿的离婚意愿。同样，法院也不会直接受理被确定为无民事行为能力的当事人的离婚起诉，只能由另一方当事人起诉。若当事人被医学鉴定为无民事行为能力人，包括当事人亲属在内的任何其他人都不能代替当事人起诉离婚。如果对方当事人是无民事行为能力人，当事人可以向法院提起离婚诉讼，而由对方当事人的法定监护人作为对方当事人的代理人参加诉讼。

（4）未办理结婚登记的。如果当事人是事实婚姻关系，根本没有办理结婚登记，申请离婚只能到法院办理离婚手续，民政局不予办理。根据现行的法律规定，符合结婚实质要件的当事人双方是在1994年2月1日以前，虽然未登记结婚，但是以夫妻名义在一起同居生活的，构成事实婚姻。但如果解除事实婚姻关系，只能到法院办理离婚手续；1994年2月1日以后，男女双方在一起生活，只是同居关系，可以自行解除，不需要到民政局或法院办理解除关系手续，如果双方有财产或子女抚养纠纷，则可直接向法院起诉。

（5）双方是在国外或我国港、澳、台登记结婚的。对于不在祖国内地登记的婚姻，当事人要解除婚姻关系，不管双方是否能够达成协议，只能通过人民法院以诉讼方式离婚。[1]

（四）办理协议离婚还需要注意程序上的几个问题

（1）婚姻登记机关的管辖问题。申请离婚登记的双方当事人必须同时到一方常住户口所在地的婚姻登记机关申请，即一方或双方当事人的户口是本辖区内的常住户口。如果当事人户口所在地和现在住的地方不一致，只能到一方户口所在地办理协议离婚手续。

中国公民同外国人在中国内地自愿离婚的，中国内地居民同香港居民、澳门居民、台湾地区居民、华侨在中国内地自愿离婚的，男女双方应当共同到内地居民常住户口所在地的婚姻登记机关办理离婚登记。

（2）办理协议离婚，当事人必须亲自到场，不得委托他人代理。即使是律师，也不能代替当事人办理离婚登记，即便授权委托书经过公证，代理人也不可以代办民政局的协议离婚手续。这一点，与国外如日本的法律制度有所不同，如一方不能亲自到场，只能通过人民法院办理离婚手续。

（3）如果男女双方均为居住在国外的中国公民，其结婚登记时是在驻在国的中华人民共和国使（领）馆办理的，仍可以直接到该使（领）馆依照《婚姻登记条例》的有关规定办理离婚登记。此种情况下，当事人不必亲自回国内办理，但是如果驻在国不承认使领馆办理的离婚证书的效力，当事人仍应在国内法院通过诉讼方式办理。

---

〔1〕 参见 http://www.qh.gov.cn/system/2011/06/22/010393648.shtml，2017年1月7日访问。

第二节　离婚后对财产分割协议持异议
引发的财产纠纷的实务处理

离婚财产分割协议，是指夫妻双方在解除婚姻关系之前针对财产分配达成的协议，且该协议以解除婚姻关系为生效条件。而根据夫妻双方的意愿，财产分割协议既可以以离婚协议组成部分的形式出现，亦可以独立成篇，即以单独的协议形式呈现。[1]由于离婚财产分割协议在双方登记离婚后方生效，解除婚姻关系可视为离婚财产分割协议的生效要件，该生效要件不同于普通民事合同的生效条件，而是以登记机关的批准（行政行为）作为生效所附的条件。换句话说，即于夫妻双方解除婚姻关系时才生效。实践中对离婚财产分割协议产生纠纷基本都是在离婚之后才发生的，这些纠纷常见的有如下几种，下面分别论述。

一、认为财产分割协议存在欺诈、胁迫，主张反悔的纠纷处理

生效后的离婚财产分割协议一般是不可以撤销和变更的，除非符合法定情形。根据现行法律规定，离婚财产分割协议可撤销、可变更的情形主要为因欺诈、胁迫而签订离婚财产分割协议。由于现实生活中很多夫妻在签订离婚协议时追求自我利益最大化，因此经常会出现采用不正当手段欺诈或者胁迫另一方签订该份财产分割协议的情形，《婚姻法司法解释（二）》第9条针对上述情形下的协议效力作出规定，将其认定为可撤销与可变更的协议。需注意的是，可撤销与变更的仅为财产分割部分，对有关身份关系变动及子女抚养问题则不在变更范围内。

此外，有人参考《合同法》第54条中关于可撤销合同的规定，主要包括重大误解、显失公平及欺诈、胁迫、乘人之危而不涉及国家、公共利益的情形，以此为理由请求变更或撤销离婚财产分割协议的，法院对此种请求不予支持。因为立法原意为确保意思表示的真实和自由，而乘人之危、显失公平这两种情形下当事人的意思表示真实，因此不应否定协议效力予以撤销。如果将显失公平与乘人之危作为认定财产分割协议可撤销或变更的一项理由，

---

[1] 李洪祥："离婚财产分割协议的类型、性质及效力"，载《当代法学》2010年第4期。

则会严重影响司法的确定性与稳定性，这也是由婚姻关系的身份性决定的。

1. 离婚后，认为财产分割协议存在欺诈，请求重新分割共同财产，没有
   获支持

刘某与高某 2000 年登记结婚，次年生一女儿，取名刘某冰。2008 年 3 月至 7 月，刘某以其本人名义先后投入郑州康富德健康产业有限公司（以下简称康富德公司）20 万元股金。2014 年 11 月 27 日，刘某与高某达成离婚财产分割协议：书院街 1 号院的房子归女方所有；现有各种家具、家用电器归女方所有；其他财产归男方所有；离婚前的一切债务由男方承担；女儿刘某冰由女方抚养，男方每月负担抚养费 1000 元到 26 岁止。刘某另立字据："暂欠高某人民币 50 万元整，于 2015 年底前付清。"2014 年 12 月 4 日，刘某与高某在当地民政部门办理了离婚登记。2015 年 6 月 4 日，康富德公司股东周某军与刘某达成的《刘某转让其在公司全部股份和权益协议书》约定：周某军以 800 万元人民币购买刘某的全部股份；周某军已付刘某 200 万元，余 600 万元在一年半时间内给付（此间不计息）；800 万元转让金中刘某须拿出 100 万元给高某。高某知道以刘某名义投入康富德公司的 20 万元股金一事，双方均认为所签《离婚财产分割协议》中的其他财产归男方所有的约定，就是指刘某投入康富德公司的 20 万元股金，双方共同财产分割无遗漏。截至 2015 年 9 月 21 日，周某军已支付刘某 300 万元转让金，尚有人民币 500 万元转让金未支付。2015 年 9 月 28 日，高某以其与刘某达成的离婚财产分割协议存在欺诈为由提起诉讼，请求确认刘某在康富德公司投入的 20 万元股金增值的 800 万元人民币为夫妻共同财产，重新予以分割。刘某辩称：双方所签订的《离婚财产分割协议》是在平等、自愿、协商的基础上达成的，不存在欺诈，是合法有效的协议。该协议中"其他财产归男方所有"的约定，就是指其投入康富德公司的 20 万元股金。刘某请求驳回原告高某的诉讼请求。本案的焦点问题是：高某的主张能否得到法院的支持？理由是什么？

从法理角度分析：本案双方当事人争执的焦点是：以刘某名义投入康富德公司的股份转让金 800 万元是否应作为夫妻共同财产分割，刘某与高某达成的离婚财产分割协议书是否合法有效？《婚姻法》第 17 条规定，夫妻在婚姻关系存续期间所得的财产，归夫妻共同所有，双方另有约定的除外。所谓婚姻关系存续期间，是指结婚登记起到离婚或配偶一方死亡为止，在这段时间内，双方所得的财产包括：双方或一方的劳动所得和购置的财产、双方或

一方受赠或继承的财产，这种财产关系以夫妻身份为依据，因离婚或一方死亡而终止。离婚，应依法对夫妻财产分割，但"双方另有约定的除外"，也就是说，双方在婚姻关系存续期间所得的财产，如果在自愿、合法、平等的原则基础上约定归谁，那么，这部分约定的财产就划出了夫妻共同财产以外的范围，应视为夫或妻的个人财产。本案双方当事人争执的以刘某名义投入康富德公司股份的20万元，确为夫妻关系存续期间所得的财产，但是，高某知道刘某投入康富德公司20万元股金一事，双方均认为所签《离婚财产分割协议书》中的"其他财产归男方所有"的约定，就是指刘某投入康富德公司的20万元股金，夫妻共同财产分割无遗漏。因此，20万元股金转让所得的800万元，虽为夫妻关系存续期间所得的财产，但双方的离婚财产分割协议书已经明确约定财产归属刘某，已由夫妻共同财产的性质变成了刘某个人所有的财产。

至于高某起诉，坚持其与刘某所签《离婚财产分割协议书》存在欺诈，应认定该协议无效的辩解不能成立。因为其并未提供足以证明刘某对其隐瞒了投资股金真实情况的证据。《民法通则》第58条第1款第（三）规定，"一方以欺诈、胁迫的手段或者乘人之危，使对方在违背真实意思的情况下所为的"，为无效的民事行为。《民通意见》第68条就何为欺诈作了明确解释："一方当事人故意告知对方虚假情况，或者故意隐瞒真实情况，诱使对方当事人作出错误意思表示的，可以认定为欺诈行为。"高某与刘某所签《离婚财产分割协议》系双方平等自愿签订，不存在欺诈，所以该协议对双方均有拘束力。法院审理认为：刘某与高某2014年11月27日签订《离婚财产分割协议》时，高某明知刘某在康富德公司的投资股金，却对此事实未提出异议。此后，其又以《离婚财产分割协议》存在欺诈为由，主张该协议无效，并未提供足以证明刘某对其隐瞒投资股金真实情况的证据。该《离婚财产分割协议》系双方平等自愿签订，不存在欺诈。刘某与高某签订《离婚财产分割协议》时，已就夫妻财产进行了分割，不存在遗漏，而且双方均认为该《离婚财产分割协议》中的"其他财产归男方所有"的约定，就是指刘某在康富德公司的20万元股金。刘某依据其与高某签订的《离婚财产分割协议》的约定，主张其在康富德公司20万元股金及增值不属于夫妻共同财产，理由充分，本院予以采纳。至于刘某立字据"暂欠高某人民币50万元，于2015年底前付清"及与周某军的协议中关于将800万元转让金中须拿出100万元给高某的承诺，均是其本人真实意思表示，且不损害他人及国家利益，本院予以认可。法院根据《婚姻法司法解释（二）》第 9 条规定："男女双方协议离婚后一年内就财产分割问题反悔，请求变更或者撤销财产分割协议的，人民法院应当受理。人民法院审理后，未发现订立财产分割协议时存在欺诈、胁迫等情形的，应当依法驳回当事人的诉讼请求。"依法驳回高某的诉讼请求。

2. 离婚后以财产协议存在欺诈，导致财产分割显失公平，起诉索要巨额股权没有获支持

罗女士与丁先生原系合法夫妻，丁先生持有在香港注册设立的香港上市公司兆德公司的 1.7% 份额股权。双方经多次充分协商，于 2014 年 6 月 6 日达成离婚协议书并办理了离婚登记手续。协议中财产处理部分就股权分割作出如下约定：丁先生作为公司的执行董事，持有兆德公司 1.7% 的上市股票全部归丁先生所有，丁先生一次性支付给罗女士该股权财产折价人民币 500 万元。签订协议后，双方快速办理了离婚登记。对于丁先生在该公司所持有的股权比例、股份总数、股份价值，作为全职太太的罗女士并不知情，但根据事后了解的各种信息，兆德公司总股数为 1 亿股，按丁先生自己所称占 1.7% 份额计算，其持股数量为 170 万股，上述股份上市价值在人民币 4000 万元以上。罗女士认为丁先生在订立离婚协议书时故意隐瞒了其持有股票的真实价值情况，诱使罗女士作出错误的意思表示，对协议效力提出异议，且其分割所得的财产数额微乎其微，显失公平，请求对该股权部分的财产权益重新分割。罗女士提供了如下证据：①婚生子丁某书写的证人证言一份。证明年近五旬的罗女士不会上网，不了解通过网络途径来查询丁先生的持股状况。②港股认知调查报告一份。证明被调查者中绝大部分人不会查询到涉案股票的价格等信息，以此证明罗女士在未接触过股票的情况下，无法通过网络平台查询到股票价格。本案争议的焦点问题是：女方的请求能否获支持？

从法理角度分析：要回答上面这个问题，必须理清两个前提：①丁先生作为兆德公司的执行董事，知悉其持有的公司股票的实际价值，却在订立离婚协议书时未主动说明具体信息，而罗女士在对丁先生所持有的股权比例、股份总数、股份价值均不知情的情况下，签订的离婚协议是否有效？丁先生是否构成欺诈？②丁先生持有的 1.7% 份额的股份上市价值在双方离婚时，估计市值在人民币 4000 万元以上，而丁先生一次性支付给罗女士仅人民币 500 万元的情况是否显失公平？第一，离婚之前，双方对于离婚的有关问题经过多次协商，才最终达成离婚协议书，因此离婚协议书是双方真实意思表示，

应当依法确认合法有效，且丁先生不存在欺诈的情形。虽然离婚协议书中只列明了丁先生持有的股权比例，未具体细化到股份总数及股份价值，但兆德公司作为香港上市公司，其发行的股票总数、每天的股票交易价格、收益情况及丁先生作为该公司的执行董事其持有的股票数额，均是向公众公开可查询的企业信息，不存在丁先生隐瞒的问题。而罗女士虽提供证据证明其不会上网，无途径得知兆德公司详情，但港股认知调查报告不具备合法性和关联性，且其作为完全民事行为能力人，应当知道上述查询方式或委托他人查询，故以股票价值不知情为由主张重新分割财产，着实难以自圆其说。依据《婚姻法司法解释（二）》第8条之规定，离婚协议中关于财产分割的条款或者当事人因离婚就财产分割达成的协议，对男女双方具有法律约束力，故罗女士以丁先生未告知其持股份额和股票价值为由，主张丁先生故意隐瞒而构成欺诈的主张不予成立；第二，丁先生与罗女士在公平、平等、自愿的基础上签订离婚协议书，不存在显失公平的情形。罗女士的诉讼请求将得不到法院支持。维持《合同法》的基础是"契约自由"原则，其核心和实质是当事人意思自治，而显失公平是指一方在紧迫或缺乏经验的情况下而订立的明显对自己有重大不利的合同。显失公平原则追求的应该是程序公平，而非结果公平。虽在双方离婚时，股票市值在人民币4000万元以上，但夫妻双方有权就财产分割自由处分，而罗女士正是在知悉股权份额的情况下出于真实意思表示而签订的合同，在公平、平等、自愿的基础上要求分割其中的500万元，满足程序公平的要件。并且《婚姻法》并未明文规定夫妻离婚时，夫妻共同财产必须平均分割，而是尊重意思自治，既然已签订《离婚协议书》，双方就应当尊重契约精神，按照协议约定行使权利、履行义务。依据《婚姻法司法解释（二）》第9条之规定，双方协议离婚后一年内就财产分割问题反悔的，请求变更或者撤销财产分割协议的，人民法院应当受理。人民法院审理后，未发现订立财产分割协议时存在欺诈、胁迫等情形的，应当依法驳回当事人的诉讼请求。因此，罗女士向法院提起诉讼主张离婚协议书无效或撤销，仅就现有证据，无法证明丁先生与罗女士在签订离婚协议书时存在显失公平的情形，故法院极有可能驳回罗女士的诉请。[1]最后法院经过审理，驳回了罗女士的诉讼请求。

---

〔1〕 参见 http://wxphp.com/wxd_ 3xuc42rh3u7f2vd1ufx9_ 1. html，2018 年 6 月 10 日访问。

3. 离婚后以财产分割协议存在乘人之危为由主张反悔，未获支持

李某与王某长期感情不和，李某多次要求离婚，并主张抚养子女，但王某主张自己抚养子女，分得绝大部分财产后才同意离婚。后来李某父亲身患重病，李某系独子，急需一笔钱为父治疗。王某就与李某商量将夫妻共同名义下的房产归王某所有，且存款130万元王某须分得100万元后同意离婚，并同意子女归李某抚养。李某因急需用钱，又急于离婚，便答应王某的要求。双方于2011年6月签订了财产分割协议，办理了离婚手续。6个月后，李某父亲病逝，李某认为当时自己是在危难之下与王某签订的财产分割协议，遂向法院申请重新分割夫妻共同财产。本案的焦点问题是：李某能否以乘人之危为由主张变更或撤销离婚财产分割协议？

从法理角度分析：乘人之危不应成为申请重新分割财产的理由，原因有以下几点：一是乘人之危下签订的财产分割协议仍是当事人双方的真实意思表示。在特殊情形下作出对自己不公平的财产分割决定，求得离婚或其他利益是其真实意思表示。本案中，李某与王某在签订财产分割协议时，愿意放弃大部分夫妻共同财产，来换取离婚和子女的抚养权，应为其真实意思表示；二是以乘人之危为由申请重新分割财产不符合立法原意。因为立法原意为确保意思表示的真实和自由，而乘人之危、显失公平这两种情形下当事人的意思表示真实，因此不应否定协议效力并予以撤销。如果将显失公平与乘人之危作为认定财产分割协议可撤销或变更的一项理由，则会严重影响司法的确定性与稳定性，这也是由婚姻关系的身份性所决定的。这也是《婚姻法司法解释（二）》第9条规定了只有欺诈、胁迫情形下作出的财产分割协议才可撤销，而未规定其他情形的原因。事实上也只有欺诈、胁迫这两种情形是申请人在意思表示不真实的情况下作出的决定，对申请人是绝对的不公平，其他情形在夫妻家庭这一大前提下一般不会导致申请人意思表示不真实的情况发生；三是应充分尊重夫妻双方的决定。财产分割协议是离婚协议中的一部分内容，其中掺杂着较多的情感因素，应充分考虑夫妻双方的意思自治原则，考虑婚姻家庭关系的特殊性，并以当事人协商的结果为主，在不违反法律法规的情况下，一般不得撤销。[1]法院最后审理认为，李某的请求不符合

---

[1] 张海峰、王喜萍："协议离婚后能否以乘人之危为由要求重新分割财产"，载《人民法院报》2010年7月12日。

《婚姻法司法解释（二）》第9条规定的财产分割协议撤销或变更的情形，所以驳回了李某的诉讼请求。

二、对财产分割协议的内容理解不同引发的纠纷处理

离婚协议是一份非常重要的法律文书，它不仅是办理协议离婚手续的必备材料，而且其内容也是确定孩子抚养以及财产分割的法律依据，同时也是发生争议后，法院判决处理离婚后财产、子女纠纷的法律依据。但当事人为了快速离婚，并不注意协议的内容，导致离婚后再起争端。一般来讲，对子女抚养问题争议不大，即使有争议，也可以很容易通过法院解决。但财产问题却漏洞较大，特别是当事人使用一些概括性条款，如"财产已分割完毕""其余财产归某方所有"，或"各自名下的财产归各自所有"等，这些条款往往离婚后因当事人之间理解的不同，又起纷争，难以协商，因此，一般解决的方法只能诉诸法院。

1. 离婚协议内容约定不明，离婚后分割财产产生纠纷，一般仍应按约定
   条款履行

张某与李某于2005年10月在北京市某区登记结婚，婚后购置了3处房产、1辆汽车。其中3处房产权利人登记在张某名下，1辆汽车购买时登记在李某名下。二人后因夫妻感情不和，于2013年11月3日在民政局登记离婚。在离婚协议书中约定："男方张某与女方李某因感情不和自愿离婚，经双方商定，对有关事项达成如下协议：共同财产已分割完毕，双方对此无异议。二个儿子归男方抚养。上述事项，双方保证切实履行；协议内容如有隐瞒、欺骗，责任自负。"离婚后，女方李某因财产分割与男方产生分歧为由，向法院提起离婚后的财产纠纷诉讼。原告李某诉称：原、被告于2013年在北京市某区民政局登记离婚。离婚协议仅对人身关系及子女抚养进行了约定，未涉及任何分割夫妻共同财产的具体内容。由于原、被告名下的财产存在巨大悬殊，现依法提起诉讼，要求法院依法分割夫妻共同共有的房屋等财产。被告张某辩称：原、被告双方约定原告名下的汽车、存款归原告，被告名下的财产归被告，两个儿子由被告负担。被告认为，双方在民政局达成的离婚协议系真实的意思表示，现原告称夫妻共同财产未分割，没有事实和法律依据，恳请法院予以驳回。本案的焦点问题是：双方的财产是否已经分割完毕？李某的请求能否得到支持？

从法理角度分析：离婚协议是（按照《婚姻法》第 31 条，《婚姻登记条例》第 11 条第 3 款的规定）双方当事人自愿表明离婚的意思表示以及对子女抚养、财产及债务处理等事项协商一致而达成的协议或者意见。然后双方按照此协议约定，在民政部门或法院办理解除夫妻关系手续并就财产分割、子女抚养问题按照双方协议约定处理的一种和平的离婚方式，但因为协议书内容不够明确，往往在实践中又引发离婚之后再起纠纷的情形。本案中，双方离婚后，子女抚养问题争议不大，但财产问题却漏洞较大。"财产已分割完毕"的约定意味着双方对财产的数额、分割的方案、分配的数目均已协议一致，并处置完结。但是，有哪些共同财产、如何进行分割，协议当中却没有体现。这样会产生两种对立的观点：第一种，辩方的意见，既然财产分割已完毕，说明财产已没有必要分割，在谁名下就归谁所有；第二种，诉方的意见，既然没有明确约定财产的具体项目和处理方式，就应当视为约定不明没有分割，应当依法分割。这一争议主要是因为离婚协议中对财产分割的约定采取了概括性的条款，如"共同财产已分割完毕，双方对此无异议"的表达，这样的表达从一般意义上理解，显然是共同财产在去婚姻登记部门办理离婚登记之前已经分割完毕，双方不再有财产方面的争议。而且协议是双方真实意思的表示，对双方均有拘束力，女方无理由再起争讼。北京市某区人民法院经审理后认为，夫妻关系存续期间所得的财产以及其他应当归夫妻共同所有的财产为夫妻共同财产。离婚时，对夫妻共同财产的分割，可由双方协议处理。原、被告在民政部门就离婚及离婚后的子女抚养、财产分割所达成的协议，均系真实意思表示。"共同财产分割已完毕"，既反映双方处理财产的合意，又表明该合意已实际履行，且未发现此项协议存在欺诈、胁迫等情况，对当事人应当具有法律约束力。对于原告要求分割登记离婚后夫妻共同财产的诉请，缺乏事实和法律依据，故本院不予支持。[1]

2. 离婚协议约定"其他各自名下的财产归各自所有"，一方离婚后起诉要求分割新发现财产，未获支持

马某（男）与刘某（女）2004 年登记结婚，双方于 2014 年 8 月 12 日通过吉林省某市某区法院调解离婚。经法院主持的离婚调解达成协议如下：其一，原告马某与被告刘某自愿离婚；其二，位于吉林省某市某区某路××号××

---

〔1〕　参见 http://china.findlaw.cn/info/hy/lihun/xieyishu/134151.html，2018 年 7 月 8 日访问。

室的房屋一套归被告刘某所有；其三，双方各自名下的其他财产归各自所有，无其他纠纷。原告刘某诉称：原、被告2014年8月通过吉林省某市某区法院调解离婚，并经法院主持签订了离婚调解协议。但在原、被告离婚后，原告又发现被告在婚姻关系存续期间，背着原告在上海市长宁区某楼盘购买了产权房一套，现值130万元，故要求予以分割。被告马某辩称：被告并没有隐藏共同财产的事实，原告对于被告在上海购有住房是清楚的，并已承诺归被告所有，且在离婚协议中约定"双方各自名下的其他财产归各自所有"，因此，恳请法院驳回原告诉请。本案争议的焦点问题是：原告刘某的主张能不能获得支持？

从法理角度分析：在离婚协议中，如双方已约定"双方各自名下的财产归各自所有"，那么，一般情况下，即使离婚后一方向法院主张离婚协议书之外的财产，由于双方已约定"其他各自名下的财产归各自所有"，对于当事人一方就离婚协议之中未涉及的夫妻共同财产要求进行分割，法院一般不会予以支持。其实，在协议离婚时经常会出现此种情形，因夫或妻对配偶一方在外的债权债务、财产不明，在协议离婚时，只对已知道的财产作出分割约定，对不明的债权债务、财产就作出概括性的约定，如马某和刘某的"双方各自名下的其他财产归各自享有"，但因马某和刘某对不明财产没有约定，造成刘某发现马某新的财产后要求分割已经没有证据。因为新的财产也包括在没有列举的其他财产里了，所以即便是另一方发现还有共同所有的其他财产没有分割，也因有上述约定而无法要求分割。吉林省某市某区法院经审理后认为：离婚协议中关于财产分割的条款适用离婚双方当事人。原、被告在2014年8月的离婚协议中，已然约定"双方各自名下的其他财产归各自所有"，现原告又不能举证证明在签订该离婚协议时并不知被告隐藏有上海房产而作出该意思表示，因此，最终对原告诉讼请求不予支持。

可见，离婚协议中某些概括性条款过于宽泛，可能会伤害弱势方。比如，协议规定："男女双方名下的其他财产归各自所有"或"男女双方无其他财产争议"等。一般情况下，在协议离婚时双方签订的协议，是建立在签订时双方已知对方财产情况下的意思表示，但离婚后，一方发现另一方隐匿财产的，根据这一条款，就极有可能失去了索要财产胜诉的机会。这样的条款风险很大，所以离婚时对共同分割的财产要有财产清单，以防后患。

第三节　协议离婚后因债务承担产生的纠纷的实务处理

一、关于夫妻债务认定的相关规定

（1）2017 年 2 月 28 日发布的《婚姻法司法解释（二）》在第 24 条的基础上增加两款，分别作为该条第 2 款和第 3 款："夫妻一方与第三人串通，虚构债务，第三人主张权利的，人民法院不予支持。夫妻一方在从事赌博、吸毒等违法犯罪活动中所负债务，第三人主张权利的，人民法院不予支持。"补充后第 24 条的完整条文为："债权人就婚姻关系存续期间夫妻一方以个人名义所负债务主张权利的，应当按夫妻共同债务处理。但夫妻一方能够证明债权人与债务人明确约定为个人债务，或者能够证明属于婚姻法第十九条第三款规定情形的除外。夫妻一方与第三人串通，虚构债务，第三人起诉主张权利的，人民法院不予支持。夫妻一方在从事赌博、吸毒等违法犯罪活动中所负债务，第三人主张权利的，人民法院不予支持。"

（2）《夫妻债务司法解释》。第 1 条 "夫妻双方共同签字或者夫妻一方事后追认等共同意思表示所负的债务，应当认定为夫妻共同债务。" 第 2 条 "夫妻一方在婚姻关系存续期间以个人名义为家庭日常生活需要所负的债务，债权人以属于夫妻共同债务为由主张权利的，人民法院应予支持。" 第 3 条 "夫妻一方在婚姻关系存续期间以个人名义超出家庭日常生活需要所负的债务，债权人以属于夫妻共同债务为由主张权利的，人民法院不予支持，但债权人能够证明该债务用于夫妻共同生活、共同生产经营或者基于夫妻双方共同意思表示的除外。"

（3）《婚姻法》第 41 条规定："离婚时，原为夫妻共同生活所负的债务，应当共同偿还。共同财产不足清偿的，或财产归各自所有的，由双方协议清偿；协议不成时，由人民法院判决。"

（4）《婚姻法司法解释（二）》第 23 条规定："债权人就一方婚前所负个人债务向债务人的配偶主张权利的，人民法院不予支持。但债权人能够证明所负债务用于婚后家庭共同生活的除外。"

（5）《婚姻法司法解释（二）》第 25 条规定："当事人的离婚协议或者人民法院的判决书、裁定书、调解书已经对夫妻财产分割问题作出处理的，债权人仍有权就夫妻共同债务向男女双方主张权利。一方就共同债务承担连带清偿责任后，基于离婚协议或者人民法院的法律文书向另一方主张追偿的，人民法院应当支持。"

（6）《婚姻法司法解释（二）》第26条规定："夫或妻一方死亡的，生存一方应当对婚姻关系存续期间的共同债务承担连带清偿责任。"

二、法律规定的理解

（1）夫妻共同债务的概念："夫妻共同债务应定义为：夫妻共同负债、夫妻为共同生活所负债务以及夫妻因管理共同财产所负债务，夫妻二人需共同担负清偿责任，债权人不仅可以要求夫妻用共同财产偿还债务，也可以对夫妻任何一方的个人财产提出偿还请求。"[1]

（2）确认是否为夫妻共同债务的认定标准：确认婚姻关系存续期间的债务属于夫妻个人债务还是夫妻共同债务一般以夫妻有无共同举债的合意以及有无共享债务的利益为判断标准：如果夫妻有共同举债之合意，则不论该债务所带来的利益是否为夫妻共享，该债务均应视为共同债务。尽管夫妻事先或事后均没有共同举债的合意，但该债务发生后，夫妻双方共同分享了该债务所带来的利益，则同样应视其为共同债务。[2]

三、司法实务处理

（一）夫妻为逃避债务假离婚，仍需共同承担连带还款的义务

陈某于2006年娶黄某为妻，婚后生有一女。夫妻二人在外打拼，日子过得颇为红火。2014年，为了扩大生意，夫妻双方协商向朋友袁某借款50万元用于投资，初期生意确实不错，但随着市场形势的变化，生意越来越不好做，最终导致生意亏本，债台高筑，无力偿还。为躲避债务，两人决定假离婚，转移财产。2017年1月，两人签订《离婚协议》，并办理了离婚手续，约定女儿由黄某抚养，房屋等财产全部归黄某所有，所欠一切债务由陈某负责偿还。离婚后，双方仍在一起共同生活，并以夫妻名义出入各种场所。后来，

---

〔1〕 朱凡："我国夫妻债务制度的缺陷与完善"，载陈苇主编：《家事法研究》（2007年卷），群众出版社2008年版，第74页。

〔2〕 关于夫妻债务的具体认定可见本书第三章第二节"婚内夫妻财产关系纠纷的实务处理"中的共同债务的认定分析。

债权人袁某向法院起诉，要求黄某与陈某连带偿还二人夫妻关系存续期间陈某向其所借的 50 万元。黄某辩称，夫妻双方离婚时，已经协议约定，所欠一切债务由陈某负责偿还，所以自己不应该承担还款的责任。本案的核心问题是：黄某能否以离婚财产协议的约定对抗债权人袁某？她是否需要承担连带还款的义务？

从法理角度分析：不愿偿还债务的夫妻因此钻了空子，他们假借离婚，通过协商或调解，打着"照顾妇女、儿童、老人利益"的幌子，将夫妻共同财产大部分或全部转让给对方和子女，而主动要求承担全部债务。这样夫妻双方一旦离婚，要承担债务的一方履行清偿债务的义务，实际上是一句空话，因为他（她）根本就没有清偿能力。有的夫妻在离婚时，不申报债务，故意恶意地隐瞒债务，离婚后，债务人主张债务，要求他们偿还债务时，他们便以没有赔偿能力为由相互推诿。这些规避债务的行为严重损害了债务人的合法权益。从法律上看，债务人通过假离婚分割财产的手段逃避债务、规避法律的行为，属《民法通则》第 58 条及《民法总则》第 146 条、第 154 条规定的无效民事行为的范畴。因为行为人的行为具有以下四个特征：①意思表示不真实；②恶意串通、损害国家、集体或者第三人的利益；③违反法律和社会公共利益；④以合法形式掩盖非法的目的。根据《民法通则》第 58 条第 2 款的规定，这种民事行为从开始起就没有法律约束力，并不需要等待当事人或其他利害关系人主张无效或者法院裁定无效，它是不附条件的当然无效。所以在处理这类债务案件时，不应受这种虚假的民事行为（财产分割协议）束缚，更不能承认它的合法性和有效性，而应当依法判断该债务是否属于夫妻共同债务。如果属于双方共同债务，就应该用债务人原来的夫妻共同财产清偿共同债务，即该债务由债务人与原配偶共同偿还。本案的起诉时间在 2017 年，按照修订后的《婚姻法司法解释（二）》第 24 条的规定："债权人就婚姻关系存续期间夫妻一方以个人名义所负债务主张权利的，应当按夫妻共同债务处理。但夫妻一方能够证明债权人与债务人明确约定为个人债务，或者能够证明属于婚姻法第十九条第三款规定情形的除外。夫妻一方与第三人串通，虚构债务，第三人起诉主张权利的，人民法院不予支持。夫妻一方在从事赌博、吸毒等违法犯罪活动中所负债务，第三人主张权利的，人民法院不予支持。"按照以上规定，因为黄某没有提供该债务为陈某个人债务的证据，法院最后于 2017 年 6 月判决，认定该债务属于夫妻双方的共同债务，根据《婚姻法司法解释（二）》第25条的规定，黄某与陈某要承担连带还款的义务。

2. 假协议离婚，规避债务执行，应该如何看待？

陈某与王某1996年登记结婚，1997年生一男孩，2013年在县农行贷款10万元购买汽车经营个体运输业务。2015年又以贷新还旧的方式向该行贷款35万元，贷期一年。当年陈某用贷款在三亚市买了一栋旧楼房约400平方米，经装修后房产所有权证登记在孩子的名下，然后将楼房出租给他人营利。贷款逾期后，银行起诉陈某还债胜诉，但陈某在法定期限内仍未主动履行，银行申请强制执行。当法院执行人员找到陈某及其家属要求其按生效法律文书履行义务时，他们却说："我们已在银行起诉前到民政部门办理了协议离婚手续，还签订了财产分割协议书。财产分割协议约定三亚市房产归孩子，家里的旧房及一切家私用品均分给妻子王某，货车一辆给陈某使用，对外的一切债务均由陈某承担。"经查双方离婚后始终一起吃住共同生活，即使在法院执行时，他们仍未分居。陈某直言到："就是为了逃避债务才离婚，我把财产都给女方，债务我自己承担，欠债是我个人行为，我没钱，法院能把我怎么样？要扣工资我每月给孩子400元抚养费，剩下不到200元，国家有规定，生活费不能还债，啥时有钱啥时还。"不难看出这就是通过行政程序办理假离婚手续以逃避债务的典型案例。本案的焦点问题是：法院能否对离婚后约定归女方及孩子的财产进行执行？

从法理角度分析：对这类案件的处理，会有两种不同的意见：一种意见认为，债务人通过假离婚分割财产、逃避债务、规避法律的行为，属《民法通则》第58条及《民法总则》第146条、第154条规定的无效民事行为的范畴。因为行为人的行为具有以下四个特征：①意思表示不真实；②恶意串通，损害国家、集体或者第三人的利益；③违反法律和社会公共利益；④以合法形式掩盖非法的目的。根据以上规定，这种民事行为从开始起就没有法律约束力，并不需要等待当事人或其他利害关系人主张无效或者法院裁定无效，它是不附条件的当然无效。所以人民法院在审理或执行这类债务案件时，不应受这种虚假的民事行为（财产分割协议）束缚，更不能承认它的合法性和有效性，而应当依法将债务人原来的夫妻共同财产清偿共同债务，即该债务由债务人与原配偶共同偿还。另一种意见认为，尽管债务人以假离婚分割财产等手段逃避债务、规避法律，但他们离婚并不违背《婚姻法》第31条规定：

"男女双方自愿离婚的，准予离婚。双方必须到婚姻登记机关申请离婚。婚姻登记机关查明双方确实是自愿并对子女和财产问题已有适当处理时，发给离婚证。"也就是说，无论行为人的内心是真离婚还是假离婚，只要他们当时都表示"自愿"，并到婚姻登记机关领取了离婚证，就终止了夫妻之间的权利和义务关系。就当事人签订的财产分割协议而言，一般情况都是男方以照顾女方和小孩为由，将财产全部或者多数分给女方或子女，并在协议上写明债务由男方负担。从协议的内容看，协议并不违背法律。换言之，由于财产已分割，形成财产所有权发生转移的法律事实，因此分给女方或子女的财产，理所当然受法律保护。法院在审理或执行这类案件时，不能将财产抵偿债务，债务应由男方一人偿还。[1]

笔者同意第一种意见，主要理由是：债务人与配偶在夫妻关系存续期间所从事家庭经营及用于家庭生活的债务，是夫妻共同债务。《婚姻法》第41条规定："离婚时，原为夫妻共同生活所负的债务，应当共同偿还。共同财产不足清偿的，或财产归各自所有的，由双方协议清偿；协议不成时，由人民法院判决。"由此可见，通过行政或诉讼程序离婚的，应当先以共同财产清偿债务。如债务人在离婚时先分割共同财产，形式上对共同债务明确为一人偿还，而实际上义务人因无偿还能力，而使债务难以清偿。那么，这种民事行为既违背《婚姻法》第41条规定的债务清偿的程序和原则，又侵害了债权人合法的民事权益。再者，有时这种离婚并非是行为人真实的意思表示，即离婚是假，规避法律是真，与《婚姻法》第31条的规定相悖。总而言之，以照顾女方和子女或以其他借口约定将财产全部或多数分给女方或子女，应当认为离婚财产约定无效。《婚姻法司法解释（二）》第24条第1款规定："债权人就婚姻关系存续期间夫妻一方以个人名义所负债务主张权利的，应当按夫妻共同债务处理。但夫妻一方能够证明债权人与债务人明确约定为个人债务，或者能够证明属于婚姻法第十九条第三款规定的情形除外。"第25条规定："当事人的离婚协议或者人民法院的判决书、裁定书、调解书已经对夫妻财产分割问题作出处理的，债权人仍有权就夫妻共同债务向男女双方主张权利。一方就共同债务承担连带清偿责任后，基于离婚协议或者人民法院的法律文

---

〔1〕 参见 http://www.110.com/falv/hunyin/lihun/lihuntiaojian/2010/0629/464.html，2018 年 7 月 21 日访问。

书向另一方主张追偿的，人民法院应当支持。"从以上规定可以看出，对于假借离婚以逃避债务的案件，法院在审理中一般无须对离婚协议中有关财产的处理条款加以否定，因为如果债务是夫妻共同债务的话，双方均有偿还的义务，而不论双方离婚与否。因此，法院在审理中只需列双方为共同被告，判决由双方共同偿还债务即可。对于通过行政程序协议离婚的借夫妻假离婚逃避债务的案件，人民法院在执行过程中可以径行对其在夫妻关系存续期间所得的财产依法采取查封、扣押等强制执行措施。

第四节　离婚协议涉及房产纠纷的实务处理

一、离婚协议涉及房产纠纷的法律规定及实践把握

（一）相关法律规定

（1）《婚姻法》第 19 条第 1、2 款规定："夫妻可以约定婚姻关系存续期间所得的财产以及婚前财产归各自所有、共同所有或部分各自所有、部分共同所有。约定应当采用书面形式。没有约定或约定不明确的，适用本法第十七条、第十八条的规定。夫妻对婚姻关系存续期间所得的财产以及婚前财产的约定，对双方具有约束力。"

（2）《婚姻法司法解释（二）》第 8 条规定："离婚协议中关于财产分割的条款或者当事人因离婚就财产分割达成的协议，对男女双方具有法律约束力。当事人因履行上述财产分割协议发生纠纷提起诉讼的，人民法院应当受理。"

（3）《婚姻法司法解释（二）》第 9 条规定："男女双方协议离婚后一年内就财产分割问题反悔，请求变更或者撤销财产分割协议的，人民法院应当受理。人民法院审理后，未发现订立财产分割协议时存在欺诈、胁迫等情形的，应当依法驳回当事人的诉讼请求。"

（4）《婚姻法司法解释（三）》第 6 条规定："婚前或者婚姻关系存续期间，当事人约定将一方所有的房产赠与另一方，赠与方在赠与房产变更登记之前撤销赠与，另一方请求判令继续履行的，人民法院可以按照合同法第一百八十六条的规定处理。"

（5）《合同法》第 186 条规定："赠与人在赠与财产的权利转移之前可以

撤销赠与。具有救灾、扶贫等社会公益、道德义务性质的赠与合同或者经过公证的赠与合同，不适用前款规定。"

（6）《物权法》第 9 条第 1 款规定："不动产物权的设立、变更、转让和消灭，经依法登记，发生效力；未经登记，不发生效力，但法律另有规定的除外。"第 15 条规定："当事人之间订立有关设立、变更、转让和消灭不动产物权的合同，除法律另有规定或者合同另有约定外，自合同成立时生效；未办理物权登记的，不影响合同效力。"第 23 条规定："动产物权的设立和转让，自交付时发生效力，但法律另有规定的除外。"

（二）协议离婚涉及房屋变更登记的处理方式

（1）一般情况下，只要夫妻双方就房产分割达成离婚协议而变更主贷款人，银行一般会同意，并配合协助办理贷款合同变更手续。但如果还款周期很长（30 年），且变更后的贷款人工资又不足贷款全额 2 倍的，银行一般不会同意变更，除非当事人另行提供担保人或采取其他担保措施。另外，在办理银行贷款变更手续时，一般要求双方到场，仅一方到场银行会拒绝办理。

（2）如不涉及银行贷款的，当事人可以直接到房地产交易中心办理产权变更手续（一般要求夫妻双方到场）。因此，离婚协议的签订固然重要，但离婚协议的执行更为重要。离婚后的双方当事人应当以诚信为本，相互配合。但在很多时候诚信只是一句空话，特别是有时因离婚而产生怨恨的一方当事人根本不配合办理相关变更手续。因此，离婚协议中应当明确一方没有履行义务的惩罚性措施，这样才能促使义务人履行义务。

（3）因夫妻财产分割而将原共有房产变更为一方所有的，不是现行契税政策规定的征税的产权转移行为。

（4）如果一方坚决不配合履行协议中约定的房屋产权过户手续，可以去法院起诉，凭借法院的判决及协助执行通知办理过户手续。

二、协议离婚约定了房产归属，但未过户登记情形下房产归属争议的实务处理

（一）离婚协议约定房产归属，离婚后反悔的处理

1. 离婚协议约定共同房产归子女，离婚后反悔不能获支持

于某某与高某某于 2001 年 11 月 11 日登记结婚，婚后于 2003 年 9 月生育

一子高某。因感情不和，双方于2009年9月2日在法院调解离婚。双方离婚时对于共同共有的位于北京市某小区59号房屋未予以分割，而是通过协议约定该房屋所有权在高某某付清贷款后归双方之子高某所有。2013年1月，于某某起诉至北京市东城区人民法院称：59号房屋贷款尚未还清，房屋产权亦未变更至高某名下，即还未实际赠与高某，目前还处于于某某、高某某共有财产状态，故不计划再将该房屋属于自己的部分赠给高某，主张撤销之前的赠与行为，由法院依法分割59号房屋。高某某则认为：离婚时双方已经将房屋协议赠与高某，正是因为于某某同意将房屋赠与高某，自己才同意离婚协议中其他加重其义务的条款，例如在离婚后单独偿还夫妻共同债务4.5万元。高某某认为离婚已经对孩子造成巨大伤害，出于对未成年人的考虑，不应该支持于某某的诉讼请求。本案双方争议的焦点问题是：在离婚协议中约定将夫妻共同共有的房产赠与未成年子女，离婚后一方在赠与房产变更登记之前是否有权予以撤销？

从法理角度分析：在离婚协议中双方将共同财产赠与未成年子女的约定与解除婚姻关系、子女抚养、共同财产分割、共同债务清偿、离婚损害赔偿等内容互为前提、互为结果，构成了一个整体，是"一揽子"的解决方案。如果允许一方反悔，那么男女双方离婚协议的整体性将被破坏。在婚姻关系已经解除且不可逆的情况下，如果允许当事人对于财产部分反悔将助长先离婚再恶意占有财产之有违诚实信用的行为，也不利于保护未成年子女的权益。因此，在离婚后一方欲根据《婚姻法司法解释（三）》第6条和《合同法》第186条第1款之规定，单方撤销赠与时亦应取得双方合意，在未征得作为共同共有人的另一方同意的情况下，无权单方撤销赠与。法院生效裁判认为：双方在婚姻关系存续期间均知悉59号房屋系夫妻共同财产，对于诉争房屋的处理，于某某与高某某早已达成约定，且该约定系双方在离婚时达成，即双方约定将59号房屋赠与其子是建立在双方夫妻身份关系解除的基础之上。在于某某与高某某离婚后，于某某不同意履行对诉争房屋的处理约定，并要求分割诉争房屋，其诉讼请求法律依据不足，亦有违诚信。故对于某某的诉讼请求，法院不予支持。驳回于某某的诉讼请求。宣判后，于某某提起上诉，二审法院作出判决：驳回上诉，维持原判。[1]

---

〔1〕 吴晓芳主编：《婚姻家庭 继承案件裁判要点与观点》，法律出版社2016年版，第142~143页。

2. 协议离婚约定将房产归一方，房产未过户，一方反悔主张撤销的处理

原告吴小姐提出诉讼请求：依法判决北京市西城区闹市口大街×号院×号楼×号房屋归原告所有，并责令被告孙先生协助原告办理更名手续。理由是，原告与被告于 2014 年 10 月 15 日登记结婚，后因被告原因提出离婚，双方于 2015 年 6 月 24 日签订离婚协议书，并于当日到婚姻登记部门办理了离婚登记。离婚协议书第 2 条约定："房产处理：男方孙先生同意将现有名下的北京市西城区闹市口大街×号院×号楼×号的房屋产权变更至女方吴小姐名下，此处房产所有权及房内家具电器归女方吴小姐一人所有，房屋产权证姓名变更手续自离婚后 60 天内办理完毕。在办理北京市西城区闹市口大街×号院×号楼×号房屋变更手续前，男方孙先生负责将此房屋余下贷款全部偿还完毕。男方必须协助女方变更一切手续，一切手续费及过户费由男方负责承担。男方因上述房屋处理中发生的借款属于个人债务，女方没有返还义务。"但后来被告拒不履行离婚协议书的约定，原告一直等待被告主动履行合同义务，为此还曾委托律师于 2016 年 5 月 18 日向被告发了一份律师函，善意提醒被告按照双方签订的离婚协议书的约定履行义务，但被告仍未履约。为维护原告的合法权益，特向贵院提起诉讼，请求法院依法判决。孙先生辩称，不同意原告的诉讼请求。认为本案离婚是原告方主动提出，被告方被迫同意，赠予房屋并非被告的真实意思表示，赠予房屋并非目的性赠予，与公益道德义务无关。依据《婚姻法司法解释（三）》第 6 条规定，过户前被告可以撤销。第三人招商银行称对于原告吴小姐的诉讼请求与被告孙先生的答辩意见，均不发表意见。而对本案争议的房屋所有权，无论法庭判归谁所有，只要能一次性结清全部剩余贷款本息，银行即可配合出具解押手续。本案争议的焦点问题是：离婚协议书中约定房产归女方所有，在没有办理产权变更登记手续的情况下，男方能否撤销约定？

从法理角度分析：笔者认为男女双方自愿离婚的，应准予离婚。但双方必须到婚姻登记机关申请离婚。婚姻登记机关查明双方确实是自愿并对子女和财产问题已有适当处理时，发给离婚证。当事人对自己提出的主张，有责任提供证据，对自己提出的诉讼请求所依据的事实或者反驳对方诉讼请求所依据的事实有责任提供证据加以证明。在作出判决前，当事人未能提供证据或者证据不足以证明其事实主张的，由负有举证证明责任的当事人承担不利的后果。原告吴小姐与被告孙先生原系夫妻关系。2014 年 6 月 24 日，吴小姐

与孙先生向婚姻登记机关提交了双方签署的自愿离婚并对财产等问题达成一致意见的离婚协议书，经审查后办理了离婚登记手续。现双方已经离婚，二人于 2014 年 6 月 24 日签订的离婚协议书已经发生法律效力，且该离婚协议书已经由生效的法律文书认定为有效，故双方均应依照该协议内容履行约定。现双方当事人因离婚协议的履行发生争议起诉至法院，孙先生认为本案案由应为赠予纠纷的主张没有事实和法律依据。现涉案房产登记在孙先生名下，故孙先生应依照离婚协议书的约定协助吴小姐办理涉案房屋过户变更事宜。虽然孙先生主张涉案房产系与父母共同出资购买，并非其个人财产，其无权在离婚时自行处分，并向本院提交了其母亲向其银行账户转账 9 万元的证据。但该证据不足以证明孙先生与其父母对涉案房屋的产权共同共有，孙先生亦未提交证据证明与父母在购买涉案房屋时就权属问题有过特别约定，故其认为涉案房屋系与父母共同所有，其无权处分的主张没有事实和法律依据，并不成立，法院不会予以支持。吴小姐请求人民法院判决涉案房屋归其所有，并责令孙先生协助其办理更名手续的诉讼请求于法有据，符合法律和事实。但因涉案房屋尚未还清银行贷款，鉴于孙先生不同意吴小姐的诉讼请求，结合第三人招商银行的答辩意见，故吴小姐可代孙先生按照招商银行的要求一次性还清涉案房屋的剩余贷款后，由招商银行为吴小姐办理涉案房屋的解除抵押手续，再由孙先生协助吴小姐办理涉案房屋的过户手续。吴小姐代孙先生偿还的银行贷款本息及房屋办理变更过户过程中发生的一切费用，吴小姐可按照离婚协议书的约定向孙先生另行主张。法院审理后判决：①判决生效之日起 15 日内，吴小姐代孙先生向招商银行股份有限公司北京东三环支行一次性还清北京市西城区闹市口大街×号院×号楼×房屋的剩余贷款本息（具体贷款本金金额以招商银行股份有限公司北京东三环支行于实际清偿之日出具的金额为准）；②本判决第 2 项涉及的房屋剩余贷款本息清偿之日起 7 日内，招商银行股份有限公司北京东三环支行为吴小姐办理房屋的解除抵押手续；③本判决第 2 项涉及的房屋解除抵押手续办理完毕后 7 日内，孙先生协助吴小姐办理北京市西城区闹市口大街×号院×号楼×房屋的过户手续；④驳回孙先生的诉讼请求。[1]

以上两个案例的典型意义在于：离婚协议中约定将夫妻共有房产赠与未

---

[1] 参见 http://mengbo.findlaw.cn/lawyer/jdal/d163794.html，2018 年 7 月 30 日访问。

成年子女或归属另一方，在离婚后房产一直没有办理产权变更登记手续的情况下，是否可以撤销赠与？司法实践的倾向是不允许撤销。因为如果允许一方撤销，那么男女双方离婚协议的整体性将被破坏。在婚姻关系已经解除且不可逆的情况下，如果允许当事人对房产约定部分反悔，将会助长先离婚再恶意占有财产之有违诚实信用的行为，也不利于保护弱势方的权益。

三、离婚协议约定房产归一方，未办理产权变更登记，是否发生物权变动效力的实务处理

（一）认为不发生物权变动效力的典型案例：付某华诉吕某白、刘某锋案外人执行异议之诉案

原告付某华与第三人刘某锋于 1989 年 10 月登记结婚，婚后于 2000 年购买了某市松江区中山二路×弄×号×室房屋（以下简称中山二路房屋），于 2003 年购买了某市松江区北翠路×弄×号房屋（以下简称北翠路房屋）。双方于 2007 年 10 月 29 日登记离婚，在离婚协议中约定，该二处房屋的所有权均归原告付某华所有。但两人为减少按揭贷款转贷手续费和缓缴交易契税，暂未办理不动产变更过户手续。原告离婚后一直居住于上述中山二路房屋中。因第三人与被告吕某白于 2012 年发生股权转让纠纷并诉至法院，被告依据生效的民事判决书向法院申请执行，法院查封了登记于该案被执行人刘某锋名下的中山二路房屋及登记于原告和第三人名下的北翠路房屋。原告就此查封向该案执行部门提出执行异议，被裁定驳回。原告认为，尽管上述房屋的所有权尚未变更登记至原告一人名下，但已有充分证据证明原告对上述 2 处房产有合法物权。第三人与被告的债务是其与原告离婚后所发生的个人债务，原告仅是该执行案件的案外人。故请求法院判令：①确认中山二路房屋、北翠路房屋的所有权属于原告；②解除对前述两房地产的司法查封，停止对该房地产的执行。被告吕某白辩称：原告付某华和第三人刘某锋在离婚协议中的约定不能对抗《物权法》第 9 条和第 14 条的规定。房产权利人要以登记为准，不能因当事人的私自约定而改变。故不同意原告的诉讼请求。第三人刘某锋表示其同意原告付某华的诉讼请求。

法院查明：原告付某华与第三人刘某锋夫妻关系存续期间购买了中山二路房屋及北翠路房屋。其中中山二路房屋的房屋产权登记在第三人名下，北翠路房屋产权共同登记在原告与第三人名下。北翠路房屋名下尚有银行抵押

贷款，主贷人为第三人。2007 年 10 月 29 日，原告付某华与第三人刘某锋在民政部门登记离婚。2007 年 10 月 31 日，原告与第三人签订离婚协议，约定："大儿子刘洋（化名）归女方，小儿子刘海（化名）归男方；两套房屋归女方；公司股份分给第三人 21.125%、刘洋 21.125%、刘海 21.125%、原告 16%，刘洋的股份由女方代管。"该离婚协议目前留存于民政部门。上述离婚协议签订后，协议所涉的房屋产权及公司股份均未发生变更登记。

第三人刘某锋于 2008 年 3 月 12 日与案外人领取了结婚证，并于 2012 年 10 月 30 日经法院调解达成离婚协议并由法院出具民事调解书。第三人刘某锋因与被告吕某白之间的股权转让纠纷，经法院审理并作出民事判决，判令第三人于判决生效之日起 10 日内归还被告人民币 2000 万元并支付相应的利息，利展纺织（浙江）有限公司、浙江宏展新材料有限公司对第三人承担连带还款责任。该案生效后，因第三人及利展纺织（浙江）有限公司、浙江宏展新材料有限公司未履行生效判决所确定的还款义务，故被告向法院申请执行。在执行过程中，法院依法查封了上述中山二路房屋及北翠路房屋。

原告付某华在上述房屋被查封后，向法院执行部门提出异议，其主要理由是，在与第三人刘某锋的离婚协议中已约定了上述两套房屋的所有权归原告所有，仅未办理过户手续。故要求法院解除对系争房屋的查封并中止执行。

法院执行部门对此依法组成合议庭进行了听证审查，并于 2014 年 6 月 19 日作出执行裁定书，裁定驳回付某华提出的异议。原告付某华遂提起本案诉讼，要求判如所请。

法院认为：本案系争房屋是原告付某华与第三人刘某锋夫妻关系存续期间所购买，根据婚姻法相关规定，系争房屋应属原告与第三人的夫妻共同财产。我国《物权法》第 9 条明确规定："不动产物权的设立、变更、转让和消灭，经依法登记，发生效力；未经登记，不发生效力……"双方在离婚协议中约定上述房屋产权均归原告所有，这是第三人对自己在系争房屋产权中所拥有份额的处分，该处分行为未经产权变更登记并不直接发生物权变动的法律效果，也不具有对抗第三人的法律效力。因系争房屋的产权未发生变更登记，第三人刘某锋仍为系争房屋的登记产权人，其在系争房屋中的产权份额尚未变动至原告名下，故在第三人对外尚存未履行债务的情况下，被告吕某白作为第三人的债权人，要求对第三人名下的财产予以司法查封并申请强制执行符合法律规定。原告依据离婚协议书对系争房屋产权的约定，要求确认系争房屋的所有权属其所有并要求解除对系争房屋的司法查封，停止对系争房屋执行的诉讼请求于法无据，法院不予支持。

综上，法院依照《物权法》第 6 条、第 9 条的规定作出判决：驳回原告付某华的诉讼请求。一审判决后，各方当事人均未提起上诉，一审判决已经发生法律效力。[1]

本案的典型意义在于：对于夫妻离婚协议中，约定将登记在一方名下的夫妻共有房产归另一方所有的，如果房屋产权没有办理过户登记，应根据《物权法》中不动产登记生效主义原则认定协议书并未实际履行，并不当然发生物权变动效力，房屋仍然属于登记方名下的个人财产。

（二）认为发生物权变动效力的案例：臧某执行异议审查案——离婚协议具有物权变更效力[2]

2012 年，广州市越秀区法院在依生效刑事判决追缴被告人杨某违法所得 35 万元过程中，裁定查封杨某名下一房产。臧某以 2007 年与杨某协议离婚时约定该房归其所有为由提出异议，并提交了由民政局盖章的离婚登记审查处理表及离婚协议复印件等证据材料。法院裁判：涉案房产虽然登记在被执行人杨某名下，但臧某向法院提供的证据证实，其与杨某在杨某被羁押执行前的 2007 年 1 月已经离婚，双方的离婚协议约定涉案房产归臧某所有，该离婚协议在民政局已备案登记，法院确认该协议合法有效。鉴于杨某与臧某在 2007 年离婚时已经对夫妻共有财产进行了分割，涉案房产归臧某所有，且臧某实际使用涉案房产，因此不应对涉案房屋执行。具体理由如下：其一，《婚姻法》第 19 条第 1、2 款规定："夫妻可以约定婚姻关系存续期间所得的财产以及婚前财产归各自所有、共同所有或部分各自所有、部分共同所有。约定应当采用书面形式。没有约定或约定不明确的，适用本法第十七条、第十八条的规定。夫妻对婚姻关系存续期间所得的财产以及婚前财产的约定，对双方具有约束力。"且双方签订的离婚协议已备案登记，合法有效。《婚姻法》立法原意为尊重夫妻间的真实意思表示，夫妻间的约定无需另行经过物权变动，在婚姻关系内部已经发生法律效力。其二，虽然《物权法》规定，不动

---

〔1〕　"付某华诉吕某白、刘某锋案外人执行异议之诉案"，载《最高人民法院公报》2017 年第 3 期，第 47～48 页。

〔2〕　载《人民法院案例选》2016 年第 2 辑，第 145～149 页。

产物权的设立、变更、转让和消灭应当经过登记和公示，方能产生物权效力，否则不具有对抗第三人的效力。但第 15 条同时规定，当事人之间设立、变更、转让和消灭不动产物权的合同，除法律另有规定或者合同另有约定外，自合同成立时生效；未办理物权登记的，不影响合同效力。离婚协议关于不动产归属约定虽未办理变更登记，但不影响其效力。其三，《合同法》第 2 条第 2 款原则性规定了："婚姻、收养、监护等有关身份关系的协议，适用其他法律的规定。"经登记备案的离婚协议作为身份关系协议，则应适用婚姻法规定。就不动产物权的转移、变动而言，《物权法》及《合同法》的规定是一般规定，《婚姻法》对夫妻财产关系的规定是特殊规定。因此，约定房屋的所有权在夫妻间应尊重当事人的意思。其四，根据物权大于债权的法律原则，物权发生变动而未履行登记和公示程序的，所不能对抗的是善意第三人主张的物权，而非债权。本案中，双方所签离婚协议已备案登记，合法有效，且臧某对房屋实际占有，不存在善意第三人，应认定双方合意真实有效，发生物权变更效力，臧某应为实际产权人，故裁定解除对涉案房屋查封。

本案的典型意义：离婚协议具有人身属性，离婚协议约定房屋所有权后虽未经登记，但在夫妻间应适用亲属法规定，在不存在善意第三人时，应当认定发生物权变动效力。

（三）理论界的争议

近些年来，夫妻之间协议约定财产所有权归属尤其是不动产所有权归属的纠纷日益增多。司法实践中，在审判内容涉及夫妻财产约定的离婚案件时，对于判断约定的不动产是否发生物权变动效力的法律适用出现了争议。争议观点大体呈对立趋势，即有的学者认为判定夫妻财产约定中的不动产是否发生物权变动的法律，应当严格适用《物权法》中不动产登记生效主义原则，登记发生物权变动效力，未经登记，不发生物权变动效力；反之有的学者则认为其应当特别适用《婚姻法》的相关特殊规定，认为《婚姻法》中关于规范夫妻之间约定不动产物权变动的法律规定，实际上应属于《物权法》第 9 条第 1 款中的"法律另有规定"的情形。即使没有《物权法》上规定的必须要进行的不动产物权登记，仅有夫妻之间对于不动产所有权归属的约定也会产生不动产物权变动的法律效力。夫妻财产归属约定属于夫妻财产制契约的范畴，因为夫妻身份的特殊性，所以涉及夫妻财产约定的问题，应该优先使用婚姻法的规则而非财产法的规则。[1]笔者同意第二种观点。

第五节　其他财产约定纠纷的实务处理

一、银行存款约定纠纷的实务处理

（一）银行存款约定和处理应注意的问题

（1）夫妻共同生活中，任何一方的合法收入都属于双方的共同财产。但实际生活中，一般银行存款主要存在一方名下，而另一方，特别是有些整日忙于事业的男士，往往还不知道家里的积蓄被存于哪个银行，甚至家里有多少存款都不知道。为了使财产分割透明化，以及防止财产的漏分，在离婚协议中明确共同存款的数额，以及现存于谁的名下、存于哪一个银行也是非常有必要的。如果给付义务方在离婚后不履行义务，另一方也好及时到法院起诉，根据离婚协议记载的存款信息及时查到存款的支取情况及钱款的去向。

（2）在很多离婚协议中，对于银行存款的处理往往这样约定："各自名下的存款归各自所有。"笔者认为这样约定有好有坏，好处在于这样简单写省事儿又省力，节约墨水；不利之处在于，如果一方还有另一方不知道的存款，这样约定处理方法，即使离婚后另一方再次知道一方还有银行存款，也很难要求分割，毕竟已经同意"离婚时各自名下的存款归各自所有"。而这样的约定对有钱不报者有利，可能会使夫妻的财产分割实际上不公平。因此，为达到公正公平的目的，也防止离婚后，对对方隐瞒、藏匿的财产因举证困难而失去胜诉的机会，笔者还是建议夫妻在离婚协议中，将截至离婚协议签订之时，双方名下的银行存款情况详细列出，包括开户行、开户名、账号、存款余额、币种等。这样，离婚后一方若发现另一方没有记载在离婚协议上的存款，便可以通过诉讼形式要求分割甚至要求故意隐匿一方予以少分甚至不分。

（二）司法实务分析

李女士与刘先生 2008 年结婚，婚后男方将自己的工资卡交给女方管理安排家庭支出使用。2012 年开始双方因为家庭琐事发生矛盾，并于 2013 年 5 月，双方协议离婚。由于李女士自认为对男方的收入情况比较了解，认为男

---

[1]　"《婚姻法》司法解释（三）实施三周年反思｜最高院关于第 6 条'夫妻赠与'与'夫妻约定'的界定观点集成"，载家事法苑微信公众号，2018 年 7 月 16 日访问。

方基本没有自己独立的存款，所以在离婚协议中就银行存款问题约定为："各自名下银行存款归各自所有，其他财产平均分割。"协议签好后，男方很痛快地和女方办理了离婚手续。然而，取得离婚证后女方发现男方很快便在北京购买了一套价值 280 万元的房产并再婚。男方的经济实力顿时让女方产生了怀疑。经过一番调查才发现男方在婚姻关系存续期间除了将工资交给女方外，还有很多其他收入并未告知女方，离婚后男方即用自己名下的存款 280 万元购买了新房。对此，李女士感觉自己受到了欺骗，造成对银行存款没有作出公平的分割。女方随即向法院起诉男方，要求分割男方离婚时已经拥有的个人存款 280 万元。本案的焦点问题是：女方的请求能不能得到法院的支持？为什么？

从法理角度分析：女方的请求得不到法院的支持。虽然李女士的情况值得同情，但由于双方在离婚协议书中明确约定了"各自名下的银行存款归各自所有"。这个约定意味着女方对于男方名下所有的存款都认可了归男方所有。所以这位女士不能简单地直接提起诉讼，尚需要收集证据证明离婚协议书中的这句话并不包含男方在离婚时隐瞒的银行存款，但收集该证据显然是很困难的，男方很可能会矢口否认。这样女方就失去了举证的机会。李女士的遭遇显然是由于在协议离婚时没能运用好协议的措辞，导致自己的利益受损。但是反过来看，男方却很好地运用了协议的措辞，为自己在离婚时成功隐瞒财产铺平了道路。

二、股票约定纠纷的实务处理

（一）股票收益处理的法律依据

（1）《婚姻法司法解释（三）》第 5 条规定："夫妻一方个人财产在婚后产生的收益，除孳息和自然增值外，应认定为夫妻共同财产。"

（2）《婚姻法司法解释（二）》第 11 条规定："婚姻关系存续期间，下列财产属于婚姻法第十七条规定的'其他应当归共同所有的财产'：（一）一方以个人财产投资取得的收益；（二）男女双方实际取得或者应当取得的住房补贴、住房公积金；（三）男女双方实际取得或者应当取得的养老保险金、破产安置补偿费。"

（3）《婚姻法司法解释（二）》第 15 条规定："夫妻双方分割共同财产中的股票、债券、投资基金份额等有价证券以及未上市股份有限公司股份时，协商不成或者按市价分配有困难的，人民法院可以根据数量按比例分配。"

（二）股票约定和处理应注意的问题

离婚协议中，当事人一般只会笼统地约定一方名下股票的总市值，这样如果一方不履行给付义务，而另一方再起诉到法院，由于不知对方的具体股市信息，查询起来就会比较麻烦和困难。因此，在签订离婚协议时，如果写明股东代码、账号，以及在何证券交易所开户，将会大大省去不必要的麻烦。

另外，现实中常常有请他人代为炒股的情况，即夫妻一方用共同财产炒股，但不是以自己的名字开户，而是借他人的名义，在他人账号下用夫妻双方共有的资金进行股票操作。很多当事人在离婚协议中注意到这一点，并明确约定这部分股金为共同财产。但是，这样的约定不能被法院直接采纳，如果代炒人不承认代炒关系或户头借用关系，或对代炒的资金数额、股票种类有异议，法院将很难支持夫妻一方的要求。因此，在离婚协议中制订必要的条款让代炒人签字，甚至另行制订一个关于股票情况的协议由三方签字，是完全必要的。

（三）实务分析

莉莉在结婚之前曾经有一个股票账户，她把婚前的一部分存款放在里面，一共是15万元，但婚后她将这个账户交给丈夫进行操作。如今这个股票账户的股票价值达到60万元。在协议离婚中，双方未就这部分股票及增值部分的分割进行约定。离婚后夫妻双方对股票增值部分的归属发生分歧。本案的焦点问题是：双方应该如何分割股票及其增值部分？

从法理角度分析：《婚姻法司法解释（三）》第5条规定："夫妻一方个人财产在婚后产生的收益，除孳息和自然增值外，应认定为夫妻共同财产。"《婚姻法司法解释（二）》第11条也规定："婚姻关系存续期间，下列财产属于婚姻法第十七条规定的'其他应当归共同所有的财产'：（一）一方以个人财产投资取得的收益；……"这两个条文从表面观察，并不适用于夫妻共同财产在离婚后的分配。但这两个司法解释所体现的财产认定原则具有共通性，即财产本身的性质不因婚姻关系的存废而改变：原属个人财产的，其财产及自然增值、孳息不因婚姻关系的缔结而转化为共同财产；原属共同财产的，其财产及自然增值、孳息也不应该因婚姻关系的解除而转化为个人财产；不论是个人财产还是共同财产，以其为基础在婚内产生的投资与经营收益，都应当作为共同财产；不论是个人财产还是共同财产，以其为基础在婚外产生的投资经营性收益，不应作为共同财产。一方以婚前财产进行股票投资的分割根据我国法律的规定，如果财产是基于原个人财产的自然增值而增值，如房产、债券、基金、黄金或古董等财产，那么这部分增值财产本身仅是个人财产的形态变化，性质上仍属于个人所有财产，抛售后增值的部分是基于原物交换价值的上升所致，仍应依原物所有权归属为个人财产。但就股票而言，这其中会存在技术操作问题，如果是一方以婚前财产出资入股，婚后自行操作或由另一方通过经营操作使股票增值，那么原股票价值属于婚前财产，而增值部分中因为凝结了夫妻的共同劳动，就应属于婚后夫妻共同财产了。上述案件中，由于莉莉是以婚前财产购买的股票，但婚后是由丈夫操作，所以，法院认定股票原始价值属于莉莉的婚前财产，但股票增值部分属双方共同财产，对增值部分应当共同分割。

三、公司股权约定纠纷的实务处理

（一）处理的法律依据

越来越多的婚姻纠纷涉及公司股权的分割。现行法定财产制下，在婚姻关系存续期间，夫妻双方合意以夫妻共同财产投资取得的股权类资产，资产本身及其收益均属于夫妻共同财产。如果遇到夫妻一方或双方在公司拥有股份时，通常的做法是，夫妻共同约定一方持股，给予另一方补偿。如果这样约定，只需双方协议并明确价款及支付方式即可。但需要提醒的是，如果夫妻双方经过约定，决定将一方拥有的公司股权部分或全部给另一方的，还必须符合《公司法》等法规关于股权转让的规定。具体的法律依据是：

《婚姻法司法解释（二）》第 16 条第 1 款规定："人民审理离婚案件，涉及分割夫妻共同财产中以一方名义在有限责任公司的出资额，另一方不是该公司股东的，按以下情形分别处理：（一）夫妻双方协商一致将出资额部分或者全部转让给该股东的配偶，过半数股东同意、其他股东明确表示放弃优先购买权的，该股东的配偶可以成为该公司股东；（二）夫妻双方就出资额转让份额和转让价格等事项协商一致后，过半数股东不同意转让，但愿意以同等价格购买该出资额的，人民法院可以对转让出资所得财产进行分割。过半数股东不同意转让，也不愿意以同等价格购买该出资额的，视为其同意转让，该股东的配偶可以成为该公司股东。"

（二）司法实务分析

夫妻离婚自行约定股权分割的，约定无效。在 2010 年 1 月份，刚就业的小伙子张晓（化名）经家人介绍，认识女孩刘扬（化名），不久两位新人喜结连理，步入婚姻的殿堂。张晓是不甘平淡的年轻人，感觉自己成家了，小生活不精彩。于是，5 月份张晓和姐姐张红依法注册一家服装有限责任公司，注册资本为 10 万元，其中张晓出资 2 万元，姐姐出资 8 万元。公司成立后，因经营得当所以生意非常红火，姐弟也非常努力，不断扩大自己的服装公司规模。由于张晓一心扑在生意上，无暇顾及刘扬的感受，时间久了，俩人的感情出现问题。于是，俩人在 2012 年 12 月份办理协议离婚，并签订离婚协议书，其中约定："服装公司的 10% 的股份分给女方刘扬。"但该公司没有召开股东会议及变更股权会议，也没有去工商局办理变更手续。之后，刘扬去找张晓询问关于股权的事情，张晓没有理睬。无奈刘扬起诉张晓，要求张晓将服装公司 10% 的股权变更至刘扬名下，并注明股权价值为 5 万元。本案的焦点问题是：刘扬的请求能否得到法院的支持？理由是什么？

从法理角度分析：本案中的当事人在离婚协议书中关于股权分割的约定，既违反了《公司法》的相关规定，也违反了公司章程的内容，侵犯了其他股东的"优先购买权"。并且，我国《婚姻法司法解释（二）》第 16 条第 1 款规定："人民法院审理离婚案件，涉及分割夫妻共同财产中以一方名义在有限责任公司的出资额，另一方不是该公司股东的，按以下情形分别处理：（一）夫妻双方协商一致将出资额部分或者全部转让给该股东的配偶，过半数股东同意、其他股东明确表示放弃优先购买权的，该股东的配偶可以成为该公司股东；（二）夫妻双方就出资额转让份额和转让价格等事项协商一致后，过半数股东不同意转让，但愿意以同等价格购买该出资额的，人民法院可以对转让出资所得财产进行分割。过半数股东不同意转让，也不愿意以同等价格购买该出资额的，视为其同意转让，该股东的配偶可以成为该公司股东。"该案中张晓和刘扬签订的离婚协议关于股权的分割，根本没有征求其他股东的意见，侵害了其他股东的优先购买权。故法院认定该协议无效，不予支持。

四、离婚协议约定赔偿纠纷的实务处理

现实中，一些急于离婚的一方当事人，为了达到尽快解除婚姻关系的目的，往往未考虑清楚就答应对方提出的合理或不合理的条件，作出自己有能

力或没有能力兑现的承诺。甚至还有一些人天真地认为，离婚后只要自己称离婚协议书中的那些条款，是对方强加的，并非本人真实意思的表达，协议对自己就没有约束力。即使对方告上法庭，也不会得到法律的支持。

然而，这种想法错了。除非其有证据证明该离婚协议是对方胁迫自己所签，或者该协议内容违反法律法规的强制性规定，否则，其在离婚协议书上作出的承诺就必须兑现。

此外，为了敦促对方尽快履行给付义务维护自己的合法权益，在签订赔偿条款时要注意技巧和方法。一般在离婚协议中，涉及赔偿的约定，夫妻双方仅对给付另一方的数额和给付期限做了约定。比如："男方在办理完离婚手续后的一个月内向女方支付赔偿金人民币 10 万元"。可是，这样的约定对于故意迟延履行一方没有惩罚措施，因此，建议再加上一句："若不按期支付，延期给付部分按同期银行贷款利率的双倍计算罚息"，这样，若给付义务人不按期履行，其就会感到罚息的压力，从而可以达到督促对方履行义务的目的，或者因对方不履行义务达到惩戒的目的。

比如，北京市的陈先生与李女士原本是夫妻，后因感情不和自愿协议离婚。双方在离婚协议书中，除了对子女抚养权、共同财产分割、债权债务处理等作出约定外，还约定了补偿条款，内容为："因离婚为陈先生提出，所以陈先生自愿向李女士支付 60 万元人民币的精神损害赔偿金。期限为离婚后一个月内履行"。此约定没有明确不履行约定的惩罚性措施。结果，双方离婚后，陈先生只给了李女士 10 万元精神损害赔偿金。经李女士多次讨要后，陈先生又给李女士写了张"陈先生欠李女士人民币伍拾万元整"的欠条。虽然欠条上有陈先生的签字和日期，但并未注明所欠的是什么钱，也没注明还款最后期限及不履行约定的惩罚性条款。后来李女士再次讨要，陈先生竟然反悔且不认账。无奈，李女士将陈先生告上法院。庭审中，陈先生承认欠条是他本人所写，但不同意给付李女士 50 万元，理由是本案不能按欠款纠纷审理，而应按离婚后损害赔偿责任纠纷审理。陈先生称，离婚协议中他自愿支付李女士的 60 万元，明确注明是精神损害赔偿。而按法律规定，法院在确定精神损害赔偿数额时，须根据赔偿方的过错程度和赔偿能力综合判断。而自己在离婚中并无过错，也没有能力赔偿李女士 60 万元，因此请求法院驳回李女士的诉讼请求。那么本案中，李女士的主张能否得到法院的支持呢？

从法理角度分析：《婚姻法》第 46 条赋予离婚纠纷中无过错的当事人享

有损害赔偿请求权，该请求权可以在提起离婚诉讼时主张，也可以在人民法院判决离婚、调解离婚后的特定期限内提出，或者在婚姻登记机关办理离婚登记手续后的特定期限内提出。《婚姻法司法解释（二）》第 27 条规定："当事人在婚姻登记机关办理离婚登记手续后，以婚姻法第四十六条规定为由向人民法院提出损害赔偿请求的，人民法院应当受理。但当事人在协议离婚时已经明确表示放弃该项请求，或者在办理离婚登记手续一年后提出的，不予支持。"由此可见，双方协商一致在离婚协议书中达成的补偿条款，系一方自愿给付另一方的赔偿，不应适用离婚后损害赔偿责任纠纷的案由。而离婚协议中自愿给付的赔偿款，与《最高人民法院关于确定民事侵权精神损害赔偿责任若干问题的解释》中的精神损害赔偿不同。精神损害赔偿强调必须与过错方的过错程度、经济能力等相匹配，而离婚协议系双方的真实意思表示，自愿给付赔偿款的约定不违反法律、行政法规的强制性规定，应为合法有效。李女士和陈先生签订的离婚协议作为双方意思自治的体现，应该得到充分的尊重，自愿补偿的性质是不容否定的，如果仅仅因为字面上的"精神损害赔偿"字眼就否认了自愿补偿的性质，解释为只有具有了《婚姻法》第 46 条规定的严重过错才能给予赔偿，并且认为是法定之债，给付金额要求按照司法解释的标准，这就违背了双方离婚协议的约定本义，亦不利于维护在婚姻中实际受到损害一方的利益。

法院审理后认为，陈先生为离婚与李女士自愿达成离婚协议，双方签订的离婚协议书系双方真实意思表示，且不违反法律、行政法规的强制性规定，该约定合法有效。其中，双方签订的补偿条款，也是双方为离婚而自愿达成的协议内容之一，其实质是陈先生自愿给付李女士的补偿，而非精神损害赔偿款。该补偿条款作为离婚协议书的一部分亦合法有效，陈先生应按照补偿条款的约定履行给付义务。据此，判决陈先生支付李女士欠款 50 万元。[1]因为协议中没有约定延期给付的惩罚性负担，所以对于陈先生延期给付的 50 万元李女士将无法得到惩罚性利息的补偿，该协议也没有达到敦促对方及时履行义务的目的，还为此带来一场官司。

---

〔1〕　参见 http://www.lawtime.cn/article/lll109934534109939628oo508132，2018 年 7 月 24 日访问。

五、协议离婚后遗漏财产分割纠纷的实务处理

（一）法律依据及理解

通过协议离婚解除夫妻关系的，要求对于婚姻关系存续期间的财产和子女抚养问题达成一致意见，否则，民政部门不予办理离婚手续。一般在子女抚养问题上，不会存在遗漏问题，但是对财产的分割，确实容易遗漏。因为①夫妻共同财产可能长期由一方掌管，另一方并不知晓或存在对方故意隐瞒、转移夫妻共同财产的情况。②可能在离婚协议上财产分割条款过于笼统，没有详细将财产及处理方式写明，比如仅写财产已分割完毕、其他财产归男方所有等。对此，要区别情况依法解决。

1. 关于遗漏财产的分割规定

我国《婚姻法》第 47 条作出了对隐藏、转移共同财产的处理规定："离婚时，一方隐藏、转移、变卖、毁损夫妻共同财产，或伪造债务企图侵占另一方财产的，分割夫妻共同财产时，对隐藏、转移、变卖、毁损夫妻共同财产或伪造债务的一方，可以少分或不分。离婚后，另一方发现有上述行为的，可以向人民法院提起诉讼，请求再次分割夫妻共同财产。"《婚姻法司法解释（一）》第 31 条规定，当事人依照《婚姻法》第 47 条的规定向人民法院提起诉讼，请求再次分割夫妻共同财产的诉讼时效为 2 年，从当事人发现之日起计算。

2. 实践中的把握

首先需要说明的是，如果当事人明知或应当知道该财产的存在和实际占有状况，却不提出分割要求的，应视为其默认对方对该财产的所有权放弃分割要求。如果当事人确实不知道该财产存在，而导致当事人未提出分割请求，引起遗漏分割的，应依法支持当事人的诉讼请求，但应当在知道或应当知道有遗漏财产之日 2 年内起诉分割。夫妻离婚后，对于财产的划分可以说是寸金不让，想尽一切办法为自己争取最大的利益。在现实生活中，夫妻签订离婚协议时，对财产处理的部分并未载明实际的财产分割情况十分常见，只是约定笼统的财产分割协议，如"财产已分割完毕"条款。这样的条款意味着双方对财产的数额、分割方案、分配数目已协议一致，并处置完结，只要没有违反法律的规定，对当事人也是有约束力的，法院也不会轻易否定该离婚协议的效力。此外还有在离婚协议签署时约定"各自名下的财产归各自所有"

这样的概括性表述，这样的约定可能使将来一方虽然发现对方有隐匿的财产但失去举证及胜诉的机会。当然，如果笼统分割财产协议中有《婚姻法》第47条规定情形的，该笼统财产分割协议就可能被否定，另一方可以向人民法院提起诉讼，请求再次分割夫妻共同财产。重新分割时需要有充分的证据加以证明，法院才会支持。没有证据的，即便确实有遗漏的财产，对方不承认而自己又没有证据，法院也无法支持。

3. 司法实务分析

离婚后发现对方的公积金没有分割，起诉请求重新分割获支持。原告杨玲（化名）与被告陈峰（化名）经他人介绍于2008年结婚，婚后双方感情尚可，可随着女儿婷婷的出生，家庭开销不断增大，为此，双方常因家庭琐事发生争执，甚至发生厮打。2012年3月份，双方感觉彼此在一起实在没意思，没有生活情调以至无法继续共同生活。为不给双方家庭带来压力，二人于同年4月22日到民政局协议离婚，并签订离婚协议书，约定"女儿婷婷抚养权归男方所有，女方不再支付抚养费；双方共同所有的楼房在女儿成年前归男方所有，成年后归女儿婷婷所有；男方支付女方5万元；双方共同所有的该栋房屋贷款12万元由男方偿还"。离婚后，原告杨玲从家中搬出，要求被告陈峰支付补偿款5万元。但被告无正当理由拒不支付。后原告杨玲又发现被告陈峰还有住房公积金一直未分割，于是再次一纸诉状将前夫告到法院，要求确认双方离婚协议有效，被告给付原告房屋补偿款5万元；并要求分割至离婚当天的被告住房公积金78 470元。在诉讼中，被告陈峰认为双方在民政局签署的离婚协议合法有效，杨玲在协议中放弃了对其他财产的主张，陈峰自己独立承担了婚内的债务12万元，双方是一种利益的交换和平衡，并无不公平和违法，依法应该维护双方协议的真实自愿，所以请求法院依法驳回原告的其他诉讼请求。本案的焦点问题是：原告的请求能不能得到法院的支持？

从法理角度分析：夫妻在婚姻关系存续期间所得的财产归夫妻共同所有。夫妻关系存续期间的住房公积金属夫妻共同财产，夫妻有平等的处理权。离婚后，双方任何一方发现未经分割的夫妻共同财产，仍有权主张分割。我国《婚姻法》第47条作出了对隐藏、转移共同财产的处理规定："离婚时，一方隐藏、转移、变卖、毁损夫妻共同财产，或伪造债务企图侵占另一方财产的，分割夫妻共同财产时，对隐藏、转移、变卖、毁损夫妻共同财产或伪造债务的一方，可以少分或不分。离婚后，另一方发现有上述行为的，可以向人民法院提起诉讼，请求再次分割夫妻共同财产。"《婚姻法司法解释（一）》第31条规定，当事人依照《婚姻法》第47条的规定向人民法院提起诉讼，请求再次分割夫妻共同财产的诉讼时效为2年，从当事人发现之日起计算。原告请求分割遗漏财产的主张是在法定期限内提出，请求合法，人民法院应该支持。法院经审理后认为，原、被告签订的离婚协议系双方真实意思表示，均应当按照约定履行各自义务，因此，被告应当按照协议约定支付原告房屋补偿款50 000元。因双方在离婚时对被告公积金没有分割，所以原告要求分割公积金的请求法院予以支持，原告应分得数额为39 235元。关于被告辩称原告增加诉讼请求违反法定期限的理由，根据法律规定，原告有权在一审法庭调查结束前变更诉讼请求，且法院根据被告申请给予其相应的答辩及举证期限，符合法律规定。因此，被告上述辩解理由法院不予采信。关于被告提出双方是在离婚时约定由被告承担共同债务，且原告不支付子女抚养费的情况下，才没有分割被告公积金的辩解理由，因其没有相应证据证明其主张，法院无法认定，因此对该辩解理由不予采信。鉴于上述情况，故法院作出了支持原告诉讼请求的判决。[1]

六、离婚协议书的效力引发的财产纠纷的实务处理

（一）离婚协议的效力认定

1. 一般协议的效力

离婚协议是协议离婚在法律上的体现，或者说是办理登记离婚的前提和基础。而在现实生活中，存在大量的诉前离婚协议，也就是男女双方当事人在协商离婚的过程中，达成书面离婚协议并在其中已对子女抚养、财产分割全部或部分作出相应的约定。但由于种种原因，一方或双方反悔没能在民政部门婚姻登记处办理正式离婚登记手续，双方诉诸人民法院寻求终局判决。对于该类协议其性质及效力的认定，笔者的观点是，诉前离婚当事人所达成的离婚协议，其实质为单一的涉及身份关系的协议，仅为离婚意向，国家应从确保离婚时双方真实意愿、减少冲动离婚、保护子女利益等角度出发，对夫妻双方协议离婚进行必要的限制，即在没有经过婚姻登记机关正式登记备案的前提下，应允许双方具有反悔的权利。人民法院审理该类案件，除非双

---

〔1〕 参见 http://blog.sina.com.cn/s/blog_ a17483040102wufw.html，2018 年 7 月 26 日访问。

方当事人追认，否则该协议未生效，对双方当事人均不产生法律约束力，也不能作为人民法院处理离婚案件的直接依据。因为离婚协议中关于子女抚养、财产分割的约定实际上是附条件的，即以离婚为生效条件，若离了婚，协议内容有效；若还没有离婚，条件不成就，协议当然不能生效。这也符合《婚姻法司法解释（三）》的规定。《婚姻法司法解释（三）》第14条规定："当事人达成的以登记离婚或者到人民法院协议离婚为条件的财产分割协议，如果双方协议离婚未成，一方在离婚诉讼中反悔的，人民法院应当认定该财产分割协议没有生效，并根据实际情况依法对夫妻共同财产进行分割。"

2. 前后有几份离婚协议书的效力认定问题

有的当事人离婚过程是痛苦和漫长的，在反复拉锯式的讨价还价的过程中，可能产生两份甚至若干份离婚协议，那么怎么认定多份协议的效力呢？首先应该强调，在民政局备案的那份离婚协议应具有最强的效力，除非当事人在之后另有约定。如果民政局备案的离婚协议书中涉及财产的约定，以民政局备案的协议书中的约定为准；如果民政局备案的离婚协议约定没有涉及财产分割，而之后的离婚补充协议书有详细的可操作的具体描述，应该说该约定也为有效，对双方具有约束力。

（二）司法实务分析

1. 协议离婚后又签订离婚补充协议反悔，法院认定补充协议有效

王某（男）与李某（女）2008年在上海市某区民政局登记结婚，于2014年6月12日在上海某区民政局登记离婚。在从2014年3月开始协议离婚始到2014年12月产生诉讼争议时止，共签订过3份离婚协议。

第一份离婚协议：签订时间，2014年5月12日。协议内容：①双方自愿离婚；②双方无子女，不存在抚养争议；③关于房产，将上海市某路某号房产权份额及房内物品归女方李某所有；将上海市某区某路某号房产权份额及房内物品归男方王某所有；④关于股票和现金：男方王某名下的股票归男方所有；男方一次性补给女方李某10万元补偿款；双方各自名下的存款和现金归各自所有。第二份离婚协议，签订时间：2014年6月12日，在办理离婚登记时达成的协议，内容如下：①双方自愿离婚；②双方无子女，不存在抚养争议；③位于上海市××区××路××弄××号的房屋产权份额及房内物品归女方李某所有；位于上海市××区××路××弄××号××室的房屋产权份额及房内物品归男方王某所有；④双方各自名下的其他财产归各自所有。第三份离婚补充协

议，签订时间：2014年12月2日离婚登记之后，协议内容：双方已于2014年6月12日办理离婚登记手续，现男方考虑女方收入较少，所以自愿另行给付女方人民币10万元，并于协议签订之日起30日内付清。结果协议签订后，男方迟迟不履行给付义务。现女方向法院起诉称：原、被告于2014年6月12日办理离婚登记手续后，原、被告又签订了补充协议一份，根据该补充协议，男方应向女方一次性给付10万元，并在30日内付清。但现在时间早已超过几个月有余，男方仍不支付，故女方起诉要求男方支付。男方则辩称：原、被告双方就离婚问题已在2014年6月12日达成离婚协议，且办理完毕了离婚。但在办理完离婚手续后，女方以短信等方式，向男方朋友和家人散布侮辱、诽谤男方的言语。为此，在女方这种卑劣手段的威逼下，男方不得已答应女方付款10万元的条件，因此，付款并不是男方的本意，请法院驳回原告的诉讼请求。本案的焦点问题是：离婚后的补充协议是否有效？女方的请求能否得到法院的支持？

从法理角度分析：虽然离婚协议书是经过民政局备案的文件，双方离婚有关子女抚养、财产分割应该以此份离婚协议书为准。但离婚后的补充协议是在双方完全自愿的基础之上签订的，基于契约自由原则，只要其内容未违反国家法律、行政法规的强制性规定，也应认定为合法有效。因此，补充协议与之前签订的离婚协议书相关约定不一致之处，应视为后签的协议对之前所签协议的变更。既然如此，李女士完全有理由要求男方按补充协议的规定履行义务，除非男方能够证明其确实是在受欺诈、胁迫的情况下签订的协议。法院经审理后认为：离婚协议及离婚后补充协议是当事人真实的意思表示，理应遵守，离婚协议与离婚补充协议并不矛盾。现被告辩称该协议是在原告威逼迫使情况下签订，并未向法院提供相关证据佐证，法院不予采信。故判令被告向原告支付10万元。

2. 离婚时签订有两份离婚协议，离婚后发生分歧，法院认定民政局备案的离婚协议最为有效

两份内容截然相反的离婚协议，第一份约定了财产的分割，第二份又约定了无财产分割，对"无财产分割"的理解，双方产生了歧义。那么，无财产分割是认可了第一份协议之外再无财产分割，还是对第一份协议完全否定的本来就无财产分割呢？现年34岁的赵某（女）是江苏省无锡市人，2011年与长自己4岁的李某结婚，由于双方婚前了解不够，婚后又不注意培养夫妻

感情，常为琐事发生争吵，结婚不到一年，夫妻关系便出现了危机。赵某与李某文化素养较高，决定以协议方式友好分手，双方于 2012 年 4 月 12 日自行签订了离婚协议，约定男方自愿给付女方人民币 18 万元，办理离婚登记时支付 10 万元，其余的在 2 年内付清；以男方名义购买的海南马自达汽车 1 辆，归女方所有，汽车贷款合同项下贷款余额仍由男方继续支付。离婚协议签订后，双方想到从此就要分道扬镳，没想到一股莫名的惆怅涌上了两人的心头。因此，他们谁也没有主动提出去办理离婚手续，而是默默地将离婚协议收起，仍然生活在同一屋檐下，希望能够接受彼此。可是，双方终因性格脾气不合，2012 年底还是决定离婚，双方到无锡市崇安区民政局办理协议离婚登记手续，离婚时约定：双方无生育子女，双方无财产分割，双方无债权债务。离婚后，赵某多次找到李某，要求李某按照第一份离婚协议履行承诺，李某却以没有财产分割为由一口回绝了赵某的要求。协议上不是写得明明白白的，怎么会没有财产分割呢？他葫芦里到底卖的什么药？赵某怎么想也想不明白："为了离婚，话说得那么漂亮，离婚了，就耍赖！"赵某越想越气，在多次索要无果的情况下，于 2013 年初来到法院，以李某未交付财产为由，一纸民事诉状将前夫李某推上了被告席，要求法院判令李某交付财产。赵某诉称，本人与李某原系夫妻，双方一年前协议离婚签订了离婚协议，并在当年正式办理了离婚手续。离婚后，李某并未将应支付的财产给本人，现要求李某支付钱款和海南马自达轿车。在诉讼中，赵某将支付数额减少到了 12 万余元。为了证明自己的主张，赵某向法庭提供了离婚前签订的"自愿离婚协议书"和民政局办理离婚时签订的"离婚协议"。李某对两份协议无异议，也认可钱和车子未给付赵某。但对于赵某的起诉，李某气愤难抑。法庭上，他愤愤地说："18 万元及车子均是我的婚前财产，同意给予赵某是赠与，现在经济能力恶化，无力给付，且因双方婚姻存续期间较短，没有共同财产，所以在离婚协议书中我们才一致认可'无财产分割'。"李某还说："在双方协议离婚时已经明确了'无财产分割，无债权债务'，这是双方真实意思的表示，赵某的诉讼请求于法无据。"

李某向法庭提供了离婚处理表、结婚证复印件，证明"无财产分割"系双方真实意思表示。对于李某提供的证据，赵某没有异议。但对李某的辩解，赵某感到十分伤心。她说："因为有了前一份协议，且李某也同意那样处理，在离婚时只是为了方便才写的'无财产分割'，并非真的无财产也非本人放弃财产。"对于为何如此轻率地签下这份无财产分割的协议，赵某是一脸的懊恼和愤慨，她说："我们那天没有带上自愿离婚协议书，李某说再回去拿太麻烦了，反正我们已经签订了协议书，白纸黑字又变不了，而且，协议书对财产已经分割了，不如我们就签上无财产分割。我当时为了方便，也就同意了。"说到这里，赵某伤心得两眼噙泪："毕竟夫妻一场，没想到李某是这么一个不守信的人，太让人失望了。"本案的焦点问题是：双方的财产分割应该以哪份协议为准？赵某的请求能否得到支持？

从法理角度分析：双方签订了第一份离婚协议，但没能在民政部门婚姻登记处办理正式离婚登记手续，这样的协议书称为诉前离婚协议。这样的诉前离婚协议，其实质为单一的涉及身份关系的协议，在没有经过婚姻登记机关正式登记备案前提下，双方都有反悔的权利，除非双方当事人追认，否则该协议未生效，对双方当事人均不产生法律约束力。《婚姻法司法解释（三）》第 14 条也明确规定："当事人达成的以登记离婚或者到人民法院协议离婚为条件的财产分割协议，如果双方协议离婚未成，一方在离婚诉讼中反悔的，人民法院应当认定该财产分割协议没有生效，并根据实际情况依法对夫妻共同财产进行分割。"本案中双方签订的诉前离婚协议因男方反悔，并不具有效力。所以双方的财产分割应以民政局备案的那份离婚协议的约定为准。现女方按照第一份未生效的离婚协议要求男方兑现承诺，得不到法院的支持。无锡中院经审理后认为，本案应当审理的是双方在离婚登记时达成的自愿离婚协议书是否真实有效，是否存在欺诈、胁迫、隐瞒等情形。李某与赵某签订的两份离婚协议均系双方当事人的真实意思表示，但后一份在民政部门协议离婚时所签订的离婚协议实际是对前一份离婚协议的变更，该协议明确了"双方无财产分割""双方无债权债务"。而从本案所查明的事实看，双方在签订该协议时，赵某对夫妻共同财产是清楚的，而李某亦存在债务，如房屋、车辆的按揭贷款等。因此，本协议应理解为赵某对夫妻共同财产不分割，对债务亦不承担，双方对夫妻共同财产的分割达成了一致意见。李某在签订该协议时未有欺诈、胁迫、隐瞒等情形，现赵某反悔，要求重新分割财产是没有道理的，依法不应支持。

第五章

判决离婚所涉财产纠纷的法律实务

第一节　离婚中的经济救济纠纷的实务处理

一、离婚中的损害赔偿纠纷的实务处理

（一）法律依据

（1）《婚姻法》第46条规定："有下列情形之一，导致离婚的，无过错方有权请求损害赔偿：（一）重婚的；（二）有配偶者与他人同居的；（三）实施家庭暴力的；（四）虐待、遗弃家庭成员的。"

（2）《婚姻法司法解释（一）》第28条规定："婚姻法第四十六条规定的'损害赔偿'，包括物质损害赔偿和精神损害赔偿。涉及精神损害赔偿的，适用最高人民法院《关于确定民事侵权精神损害赔偿责任若干问题的解释》的有关规定。"

（3）《婚姻法司法解释（一）》第29条规定："承担婚姻法第四十六条规定的损害赔偿责任的主体，为离婚诉讼当事人中无过错方的配偶。人民法院判决不准离婚的案件，对于当事人基于婚姻法第四十六条提出的损害赔偿请求，不予支持。在婚姻关系存续期间，当事人不起诉离婚而单独依据该条规定提起损害赔偿请求的，人民法院不予受理。"

（4）《婚姻法司法解释（一）》第30条规定："人民法院受理离婚案件时，应当将婚姻法第四十六条等规定中当事人的有关权利义务，书面告知当事人。在适用婚姻法第四十六条时，应当区分以下不同情况：（一）符合婚姻法第四十六条规定的无过错方作为原告基于该条规定向人民法院提起损害赔偿请求的，必须在离婚诉讼的同时提出。（二）符合婚姻法第四十六条规定的无过错方作为被告的离婚诉讼案件，如果被告不同意离婚也不基于该条规定

提起损害赔偿请求的，可以在离婚后一年内就此单独提起诉讼。（三）无过错方作为被告的离婚诉讼案件，一审时被告未基于婚姻法第四十六条规定提出损害赔偿请求，二审期间提出的，人民法院应当进行调解，调解不成的，告知当事人在离婚后一年内另行起诉。"

（5）《婚姻法司法解释（三）》第 17 条规定："夫妻双方均有婚姻法第四十六条规定的过错情形，一方或者双方向对方提出离婚损害赔偿请求的，人民法院不予支持。"

（二）离婚损害赔偿构成的理解

夫妻离婚时，无过错方请求过错方损害赔偿的，必须符合以下四个条件：

（1）双方具有合法的夫妻身份。合法夫妻身份是指男女双方经结婚登记已取得结婚证；同时也包括 1994 年 2 月 1 日民政部公布实施《婚姻登记管理条例》以前男女双方已经符合结婚实质要件的事实婚姻。因此，凡男女双方未经结婚登记而以夫妻名义同居的，或者不符合上述事实婚姻条件的男女，他们因分手引起的人身和财产纠纷，不适用离婚损害赔偿制度。

（2）双方已进入离婚诉讼程序。离婚损害赔偿请求权的前提是离婚诉讼。因此，凡是人民法院判决不准离婚的案件，对于当事人基于《婚姻法》第 46 条提出的损害赔偿请求，法院不予支持；在婚姻关系存续期间，当事人不起诉离婚而单独依据该条规定提起损害赔偿的，人民法院不予受理。

（3）夫妻一方因法定的过错而导致离婚。在通常情况下，离婚的发生有其复杂的主客观原因，而且夫妻双方往往都有主次不等的责任。但是，只要一方存在重婚、与他人同居、实施家庭暴力、虐待和遗弃家庭成员这四种法律规定的重大过错而导致离婚的情况，过错方就成为承担损害赔偿的主体，无过错方不能向与过错方重婚或同居的"第三人"提出损害赔偿请求。而通奸等婚外性行为，则被排除在外。这里所称的"无过错"仅限于上面列举的四种过错而言，至于其他过错在婚姻家庭生活中在所难免，因此对"无过错"不能作扩大理解。

（4）《婚姻法司法解释（一）》第 29 条、第 30 条规定，符合《婚姻法》第 46 条规定的无过错方作为原告向人民法院提起损害赔偿请求的，必须在离婚诉讼的同时提出。在婚姻关系存续期间，当事人不起诉离婚而单独依据该条规定提起损害赔偿请求的，人民法院不予受理。

（三）因重婚请求损害赔偿的纠纷处理

1. 概念

重婚是指有配偶者或者明知他人有配偶而与之结婚的行为。它包括两方面的内容：一是"有配偶而与他人结婚"，是指已经结婚的人，在婚姻关系存续期间，又与他人结婚；二是"明知他人有配偶而与之结婚"，指没有配偶的人，明知他人有配偶而与之结婚。在第二种情况下当事人必须是"明知"，否则不构成重婚。

（1）法律上的重婚：（法学理论上称为"法律婚"），即有配偶的人与他人登记结婚，指到婚姻登记机关进行结婚登记。

（2）事实上的重婚：（法学理论上称为"事实婚"），即有配偶的人与他人以夫妻名义共同生活。

2. 重婚的认定

一般来讲法律上的重婚很容易认定。而事实上的重婚在实践中很难认定，但有下列证据或情况可以证明双方以夫妻名义共同生活：

（1）同居住所地的邻居或居委会的证言或证明可以证明双方以夫妻名义同居；或者有知情的证人证词，且证据内容足以证实重婚事实存在；或者有其他证据印证，比如重婚者的书信往来、聊天记录等也可以证明双方的关系。

（2）要证明同居，首先要证明同居双方居住一处，且已经共同居住了较长一段时间，比如2至3个月以上等。这方面的证据可以是双方租赁房屋的合同或房东的证言，而且要证明双方同居时间比较稳定地持续了至少2至3个月。

（3）有配偶的人虽然没有与他人举行结婚仪式，但以夫妻相称或者对外以夫妻自居的。如女方生病，男方以丈夫名义签字陪同的；女方生育孩子，男方以父亲名义在医院签字的，当事人以父母的名义为子女庆祝满月的等，均可认定为以夫妻名义同居生活。

3. 司法实务分析

自诉人毛某与被告人何某于1997年办理结婚登记手续。原告毛某2011年8月9日向宁远县人民法院提起离婚诉讼，并要求何某支付离婚过错赔偿金8万元。案件审理当中，自诉人毛某于2011年10月16日向法院刑事庭提起诉讼，指控被告人何某于2009年与罗某非法同居，并于2010年生育一私生子罗某某，且2011年在宁远县九狮岭建了一座房屋。2010年1月被告人与罗某在柏家坪镇柏家坪村租住了李某的房屋，以夫妻名义共同生活。被告人何某在罗某购买房屋及修建过程中为其代缴过一次房款。自诉人提供了郑某、李某、赵某的证言及柏家坪村委会的证明，证明被告人何某与罗某以夫妻名义共同生活。被告人对自诉人的指控予以否认。本案的焦点问题是：毛某请求的8万元离婚损害赔偿金能否得到支持？被告人何某与罗某之间是否构成重婚？理由是什么？

从法理角度分析：要想理清毛某请求的8万元离婚过错损害赔偿金能否得到支持，关键要看何某和罗某同居的行为能否构成法定的过错"重婚"。《婚姻法》第4条规定，"夫妻应当互相忠实，互相尊重"。本条规定了夫妻双方应当遵循的法律上的权利和义务，也是道德和法律对夫妻的约束，同时将重婚与婚外恋行为置于违法的地位。互相忠实是多方面的，最重要的是要求双方的感情专一，不能有背叛夫妻感情和关系的行为。互相忠实应当建立在互相尊重、互相信任的基础之上。《婚姻法》第46条规定："有下列情形之一，导致离婚的，无过错方有权请求损害赔偿：（一）重婚的；（二）有配偶者与他人同居的；（三）实施家庭暴力的；（四）虐待、遗弃家庭成员的。"本条是关于离婚时无过错方请求损害赔偿条件的规定，体现了离婚过错赔偿原则，即由过错方承担损害赔偿责任。夫妻离婚时，无过错一方享有损害赔偿请求权的前提条件：一是自己没有过失。也就是说，在夫妻关系中，自己没有存在什么过错，离婚的原因也不是因为自己的行为造成的。二是对方存在过错，即存在重婚或与他人同居、实施家庭暴力或虐待、遗弃家庭成员的行为。夫妻自结婚以后，双方之间即形成法律上的夫妻关系，互负忠实义务，但如果再与他人结婚或者与他人以夫妻名义同居，实际上是违反了夫妻间的相互忠实义务。本案中自诉人毛某提供的郑某、李某、赵某的证言及柏家坪村委会的证明，说明被告人何某与罗某确实长期以夫妻名义共同生活，并生有一子，显然构成事实上的重婚，这是导致夫妻感情破裂的主要原因。这一过错给自诉人毛某的身心造成了一定的伤害，违反了夫妻间的相互忠实义务，符合《婚姻法》第46条规定的法定过错。在毛某自己没有什么过错的情况下，她享有精神损害赔偿请求权。因此，其请求何某给与过错损害赔偿的请求是合法的，应该得到法院的支持。受诉法院经过审理后认为：何某在夫妻关系存续期间与异性以夫妻名义共同生活，致使夫妻感情破裂，准许双方离婚。毛某和与何某之间感情破裂的过错在于何某不忠于夫妻感情，非法与他人以夫妻名义同居，使无过错方毛某精神上受到严重伤害，应当赔偿毛某精神损害抚慰金，考虑到双方均在农村，毛某提出的精神损害抚慰金 8 万元过高，应予适当地降低。故判决毛某和何某离婚，何某赔偿毛某精神损害抚慰金 3 万元。

（四）因有配偶者与他人同居请求损害赔偿的纠纷处理

1. 法律依据

（1）《婚姻法》第 46 条规定："有下列情形之一，导致离婚的，无过错方有权请求损害赔偿：（一）重婚的；（二）有配偶者与他人同居的；（三）实施家庭暴力的；（四）虐待、遗弃家庭成员的。"

（2）《婚姻法司法解释（一）》第 2 条规定："婚姻法第三条、第三十二条、第四十六条规定的'有配偶者与他人同居'的情形，是指有配偶者与婚外异性，不以夫妻名义，持续、稳定地共同居住。"该条文规定的内容是法定的离婚理由之一，也是无过错方请求精神损害赔偿的理由之一，如果能证明存在有配偶者与他人同居的事实，法院可以判决双方离婚。

2. "有配偶者与他人同居"的认定和把握

根据以上条文的规定，要达到司法上认定的"有配偶者与他人同居"的标准，笔者认为需要有三个条件：①必须是有配偶者，也就是其本人已婚，在没离婚的情况下，又与他人同居；②不能以夫妻名义同居，如果以夫妻名义同居，可能构成重婚，这是有配偶与他人同居和重婚的区别；③必须是有配偶者与他人持续、稳定地居住在一起，这是区别于一夜情、通奸等婚外不正当男女关系的行为。

但最高人民法院对"共同居住"的认定无具体标准，使许多婚外同居的事实无法甄别。在实践中，无过错方能提供下列材料的，可以作为认定同居的证据：①同居者的同居地基层组织关于双方同居的证明；同居者的同居地邻居，包括同居者共同居住的租赁房屋的户主提供的关于双方同居的证言。②同居者共同生活的照片、音像资料。③其他足以说明同居双方共同生活的证据材料。④此外还要证明双方同居持续了一定时间，比如 2 至 3 个月以上。

3. 司法实务处理分析

（1）离婚半年前夫与新婚妻子生一足月男孩，起诉要求过错损害赔偿获支持。2005 年 4 月 9 日，江苏某地市民秦某宏（男）与第二任妻子奚某娟生育一男孩。秦某宏的前妻吴某得知后，于 2005 年 9 月向当地法院提起诉讼。

诉状中称：自己与前夫 2001 年 4 月登记结婚，2004 年 11 月协议离婚。当时，秦某宏声称离婚的原因是婆媳关系紧张，导致夫妻感情破裂。没想到离婚后不到一个月时间，秦某宏再次结婚。2005 年 4 月秦某宏与现任妻子生一足月男孩，证明秦某宏在与自己婚姻关系存续期间，即与现任妻子同居且导致其怀孕，给自己造成精神损害，因此要求前夫秦某宏给付自己精神损害赔偿金 20 000 元。本案的焦点问题是：吴某的请求能否获支持？

从法理角度分析：要看吴某的请求能否获支持？首先要看双方离婚的真实原因是否为前夫秦某宏与第二任妻子奚某娟在第一次婚姻关系存续期间就存在同居关系；其次要看吴某提出请求的时间是否在法定期间。近年来，离婚率逐年攀升，其中婚外恋是引起离婚的主要原因之一。这种因为第三方介入导致的离婚，大多数情况下离婚的提出常常伴随着一方对另一方感情的不忠、有过错等。由于一方有第三者，不论是在感情方面抑或生活方面，给配偶方带来的伤害均是巨大的。实践诉讼中，大部分受到此类伤害的一方在离婚时都会提出精神损害赔偿。离婚精神损害赔偿，是指有配偶一方因过错导致婚姻关系破裂，离婚时向无过错配偶遭受的精神利益的损害和精神创伤所承担的民事责任。2001 年 4 月 28 日公布施行的《婚姻法》首次确立了我国的离婚损害赔偿法律制度，其中第 46 条规定："有下列情形之一，导致离婚的，无过错方有权请求损害赔偿：（一）重婚的；（二）有配偶者与他人同居的；（三）实施家庭暴力的；（四）虐待、遗弃家庭成员的。"有符合上述规定的过错，离婚时无过错方有权向过错方提出精神损害赔偿要求。那么，离婚精神损害赔偿请求权何时行使呢？因为法律和社会道德对于发生婚外恋一方均有制裁，本着趋利避害之原则，当事人大多会掩饰否认。现实中许多无过错者因为感情的疏远或本人的疏忽以及对方的巧妙掩饰，离婚之前并不知道对方有第三者的情况，很多人是离婚后才发现对方离异原因真相的。甚至有一些当事者直至离婚，也不知道对方移情别恋的事实。我国《婚姻法司法解释（一）》第 30 条规定："……（一）符合婚姻法第四十六条规定的无过错方作为原告基于该条规定向人民法院提起损害赔偿请求的，必须在离婚诉讼的同时提出；（二）符合婚姻法第四十六条规定的无过错方作为被告的离婚诉讼案件，如果被告不同意离婚也不基于该条规定提起损害赔偿请求的，可以在离婚后一年内就此单独提起诉讼；（三）无过错方作为被告的离婚诉讼案件，一审时被告未基于婚姻法第四十六条规定提出损害赔偿请求，二审期间提出的，人民法院应当进行调解，调解不成的，告知当事人在离婚后一年内另行起诉。"可见，如果当事人已经知道对方有过错，应仅限于在离婚时行使请求权，这样可以促使当事人及时行使权利。那么，离婚时因为不知情，以后就不能提起损害赔偿了吗？从立法本意上看，离婚精神损害赔偿的宗旨在于填补损失，抚慰无过错方的精神，并制裁违法行为。如果在离婚时当事人并不知情，未提起离婚精神损害赔偿的，笔者认为，应适用当时《民法总则》中关于时效的规定，即当事人在知道或应当知道其权利被侵害之日起3年内提起损害赔偿之诉，这样才能保证无过错方权益的真正实现。

另外，本案涉及了举证责任的问题。民事诉讼以证据为核心，整个诉讼过程围绕证据进行，举证责任分配关系到当事人能否胜诉的问题，因此在民事诉讼中，举证责任的分配非常重要。一般情况下，按照"谁主张，谁举证"的原则分配举证责任。但也有其他情形或在某些案件中，由于特殊事件或特定的人，举证责任的分配会发生变化，有可能转化为举证责任的倒置。本案中，男孩出生的事实与男孩的身份关系对查清事实起着决定性的作用，吴某申请法院委托鉴定机构对男孩与秦某宏之间进行亲子鉴定，但秦某宏拒绝鉴定。根据《最高人民法院关于民事诉讼证据的若干规定》第75条的规定："有证据证明一方当事人持有证据无正当理由拒不提供，如果对方当事人主张该证据的内容不利于证据持有人，可以推定该主张成立。"据此规定，秦某宏应该配合做亲子鉴定，来证明其与男孩究竟有没有血缘关系，而他拒绝前往，应该推定吴某的主张成立，秦某宏应承担举证不能的不利后果。既然秦某宏不能证明小孩与自己之间不存在亲子关系，就说明男方在第一次婚姻关系存续期间已经出轨，导致第二任妻子怀孕一般需要相对稳定的一段时间同居，所以男方与第二任妻子在第一次婚姻关系存续期间已经存在有配偶者与他人同居的事实。所以吴某的请求既是在《民法总则》规定的诉讼时效内提出，又符合《婚姻法》第46条的规定，那么她的请求应该得到法院的支持。最后法院认为，从原、被告离婚的时间与被告再婚的时间看，对比秦某宏生下一男孩的时间可以判定，秦某宏现任妻子奚某娟受孕时间处于原、被告婚姻关系存续期间。按照举证分配原则，法院认为被告秦某宏对此未完成举证责任，认定该男孩系被告秦某宏与奚某娟所生。按照人类生育繁衍的一般正常生理过程，奚某娟的受孕条件在一般情况下离不开与被告持续、稳定地共同居住生活。法院认定被告在与原告婚姻关系存续期间有在外与他人不以夫妻名义同居生活的行为，并认定该行为是导致原告与被告协议离婚的原因之一，且给原告造成一定程度的精神损害。因此，按照《婚姻法》第 46 条的规定，法院判令被告向原告支付精神损害抚慰金 15 000 元。[1]

（2）有配偶者与他人发生婚外情，以此为由请求精神损害赔偿不支持。罗某（男）与习某（女）于 2009 年 8 月登记结婚，婚后夫妻感情较好，并生育一男孩。2012 年 6 月，罗某与另一女子周某发生婚外情，并在宾馆内多次私通，后被公安机关抓获，罗某被行政处罚。此后，罗某与习某的夫妻感情出现了裂痕，2013 年 12 月，习某向法院起诉与罗某离婚，同时，习某认为罗某与他人的婚外情行为给她造成了精神上的损害，要求罗某赔偿精神损失抚慰金 20 000 元。习某为证明其主张的事实，提供了以下证据：①公安局的行政处罚决定书，证明被告与周某存在婚外情；②照片 9 张，证明被告与周某在公开场合亲密，说明两人关系超出男女朋友的界限；③录音笔录，证明罗某承认自己出轨周某，双方之间是同居关系。本案的焦点问题是：罗某的婚外情行为是否属于法定过错？习某请求精神抚慰金 20 000 元能不能得到法院支持？为什么？

从法理角度分析：实践中一旦有配偶者婚内与第三者发生不正当两性关系，很多当事人理所当然地认为自己是受害者，可以证明对方是存在有配偶者与他人同居的过错的，法院应当支持自己的损害赔偿请求。其实不然，如仅有证据证明有配偶者婚内与他人发生了不正当关系，却证明不了是重婚的行为，也证明不了是属于有配偶者与他人同居的行为，离婚损害赔偿请求往往是得不到法院支持的。当事人可能觉得很委屈，但是也很无奈。本案中，原告习某提供的三个证据的内容并不能相互印证，形成合理的证据链，不能充分证实原告存在与第三者长期同居的情形，所以被告诉请原告支付精神损害赔偿金的请求不会得到支持。法院在审理中，对于原告主张被告存在严重过错的问题，进行了质证，被告对证据 1 的真实性、合法性予以确认，关联性不予确认；证据 2 的真实性不予确认；证据 3 的三性均不予确认。所以，法院认为：①关于离婚问题。原、被告虽自主结婚，但在婚后生活中，没有正确处理好夫妻、家庭关系，意见产生后没有得到疏导，现原告坚持要求离婚，被告亦同意离婚。本案经调解和好无效，法院认为夫妻感情确已破裂，

---

[1] 参见 http://www.lihun66.com/hyanli/psanli/93344.html，2018 年 6 月 15 日访问。

应准予离婚。②有关原告主张被告为过错方，并据此要求被告赔偿 20 000 元的诉请。根据《婚姻法》第 46 条的规定："有下列情形之一，导致离婚的，无过错方有权请求损害赔偿：（一）重婚的；（二）有配偶者与他人同居的；（三）实施家庭暴力的；（四）虐待、遗弃家庭成员的。"《婚姻法司法解释（一）》第 2 条规定，《婚姻法》第 3 条、第 32 条、第 46 条规定的"有配偶者与他人同居"的情形，是指有配偶者与婚外异性，不以夫妻名义，持续、稳定地共同居住。本案中，原告习某提供的有关被告与第三者发生不正当关系的证据内容并不能相互印证，形成合理的证据链，不足以证实原告存在与第三者长期同居的情形，故对被告诉请原告支付精神损害赔偿金的请求，本院不予支持。[1]

（五）因家庭暴力请求损害赔偿的纠纷处理

1. 法律依据

（1）《婚姻法》第 46 条规定："有下列情形之一，导致离婚的，无过错方有权请求损害赔偿：（一）重婚的；（二）有配偶者与他人同居的；（三）实施家庭暴力的；（四）虐待、遗弃家庭成员的。"

（2）《婚姻法司法解释（一）》第 1 条规定："婚姻法第三条、第三十二条、第四十三条、第四十五条、第四十六条所称的'家庭暴力'，是指行为人以殴打、捆绑、残害、强行限制人身自由或者其他手段，给其家庭成员的身体、精神等方面造成一定伤害后果的行为。持续性、经常性的家庭暴力，构成虐待。"

家庭暴力常见的情形有两种：一种是身体暴力，具体行为是：殴打致残、重伤的，夫妻间经常性的拳打脚踢、咬、掐、拧、推、扇耳光等行为；精神暴力是：威胁、恫吓、辱骂、贬低、羞辱、挖苦、嘲笑、谩骂、刁难、干涉、猜忌、阻止、带第三者回家同居等行为。

《反家庭暴力法》第 2 条规定："本法所称家庭暴力，是指家庭成员之间以殴打、捆绑、残害、限制人身自由以及经常性谩骂、恐吓等方式实施的身体、精神等侵害行为。"

2. 家庭暴力的实践把握

（1）家庭暴力形式既包括殴打、罚跪、捆绑、拘禁等体罚形式，也包括威胁、恐吓、辱骂等精神虐待。家庭暴力直接作用于受害者身体，使受害者

---

〔1〕　参见 http://blog.sina.com.cn/s/blog_16f0a44d80102xyzl.html，2018 年 5 月 28 日访问。

身体上或精神上感到痛苦，损害其身体健康和人格尊严。家庭暴力发生于有血缘、婚姻、收养关系而生活在一起的家庭成员间，如丈夫对妻子，父母对子女，成年子女对父母等，但妇女受丈夫的暴力侵害是最普遍的，她们受到的身心伤害也最大，家庭暴力尤其指丈夫对妻子施暴。

（2）家庭中存在暴力现象是较为普遍的，但不是所有的家庭中的打骂、争执行为都能构成家庭暴力，法律要求构成家庭暴力必须造成身体上、精神上的一定伤害后果。比如说，仅仅是软组织轻微挫伤，或者说仅仅是暂时的皮肉之苦，次数又不多，很难让法院定性为家庭暴力。

（3）法院在认定是否存在家庭暴力行为时，一般从以下几个方面考虑：一是实施暴力行为的原因。一方实施暴力行为的原因有很多。有的是酗酒导致，有的是因生活琐事发生争吵导致，有的是另一方存在婚外恋导致，法院在查明暴力行为引发原因时会考虑实施暴力方行为的诱因；二是实施家庭暴力的次数或频率。暴力行为应当是持续性、经常性的才构成家庭暴力，因此法院一般会审查家庭暴力的次数或发生的频率；三是实施家庭暴力是否造成严重损害后果。如果仅是轻微的打骂，没有造成一定程度的损害后果，法院一般不会认定家庭暴力的存在，法院一般会以医院的诊断证明或公安机关有关部门的鉴定结论来认定损害后果是否严重。

3. 司法实务处理分析

（1）家庭暴力导致离婚可以获得损害赔偿。原告系女方，名叫马筠（化名），十年前经人介绍与大自己8岁的徐力（化名）结婚，两人生养了一个儿子，如今8岁。婚后，徐力做个体生意，一直比较忙。马筠为照顾家庭和孩子，辞去了工作。随着徐力生意越做越好，他在家的时间越来越少，夫妻之间的交流沟通随之逐步减少，而徐力暴躁的性格也日渐显露，稍不顺心就对马筠实施暴力。2019年7月3日，徐力又因琐事在家中殴打马筠。马筠不堪忍受，当月16日向法院起诉，要求与徐力离婚。不料，徐力收到诉状后，顿时怒火中烧，再次对马筠拳打脚踢。马筠被打得难以忍受，拨打110报警。民警赶来后，才得以制止徐力施暴。这次殴打，导致马筠头部、唇部等多处软组织挫伤。次日，派出所对徐力上述实施家庭暴力的行为进行调查，并作出《公安行政处罚决定书》，决定给予徐力警告的处罚。事后，徐力在众亲戚的陪同下向马筠出具不再殴打她的承诺书，而马筠也因为儿子的央求，向法院撤回起诉。让马筠意想不到的是，就在她撤诉后，徐力又恢复本来面目，动不动就殴打她，甚至还瞒着她与别的女人购买了一套住宅房。2018 年 1 月 1 日起，马筠觉得跟徐力的日子实在过不下去，夫妻双方开始分居。8 月 5 日，马筠再次起诉要求与徐力离婚，儿子由自己抚养，由徐力承担部分抚养费，同时要求徐力赔偿精神损害 6 万元。马筠同时向法庭提供了《公安行政处罚决定书》《商品房买卖合同》、徐力与陌生女性的合影照片、受伤后在医院的检查就诊治疗记录及徐力自己写的不再殴打她的保证书等证据材料。徐力在庭审中答辩称，派出所 2017 年 7 月 20 日给予自己警告的行政处罚过重。2018 年起双方开始分居是事实，但其和马筠之间的夫妻感情尚未彻底破裂，如果法院认定原、被告之间的夫妻感情已经破裂，那就离婚好了，儿子由其抚养。本案的焦点问题是：马筠起诉要求徐力赔偿精神损害 6 万元的请求能否得到支持？[1]

从法理角度分析：夫妻应当互敬互爱、和睦相处，但实践中家庭暴力经常存在。家庭暴力是一个影响家庭成员身心健康正常发展的暴力行为，施暴者不仅会承担民事责任，严重的还会构成犯罪。家庭暴力是离婚的法定理由，也是提出离婚损害赔偿的依据。家庭暴力作为法定离婚条件之一，在离婚诉讼中越来越多地被提及。一方主张对方存在家庭暴力，按照举证责任分配原则，应当对对方的暴力行为以及损害后果进行充分举证。如果举证不能，将影响法院对是否存在家庭暴力事实的认定。在司法实践中，暴力行为是否具有严重性、长期性、持续性以及反复性是法院在认定构成家庭暴力时的主要参考因素。哪些证据可以被法院认为是家庭暴力存在的证明呢？应该如何收集证据呢？①受害妇女遭受暴力侵害后，应及时、全面地收集、保存各种证据，包括：身上的伤痕、带血的衣物、被打掉的牙齿、揪掉的头发、撕破的衣服；施暴者的凶器如刀、针、铁棍、木棒、石头等；②平时注意保留书证、物证，如验伤病历记录、警察笔录、施暴者的忏悔书或保证书等；③受害人在遭遇家庭暴力后向妇联组织、人民调解组织、居民委员会或村民委员会、公安机关或其他组织求助或报警的相关的证明或书面记录，可作为证据使用；④家庭暴力的特殊性，使得一些证人不愿意出庭作证，这种情况下，为维护受害人的合法权益，可向法院申请调查相关证人的证言；⑤未成年家庭成员也可作证，只是应当采取有效措施以避免作证可能会给未成年人带来的伤害。

---

〔1〕　参见 http://china.findlaw.cn/ask/baike/109617.html，2018 年 7 月 19 日访问。

一旦在离婚诉讼中认定存在家庭暴力行为，受害一方可向另一方主张损害赔偿。本案中，徐力多次殴打马筠，马筠向法庭提供了《公安行政处罚决定书》、受伤后在医院的检查就诊治疗记录及徐力自己写的不再殴打她的保证书等证据材料，完全可以说明家庭暴力存在。所以女方的请求可以得到法院的支持。

法院经审理后认为，徐力因殴打马筠，被派出所给予警告的处罚，徐力的行为已构成家庭暴力。2018年1月1日，双方又发生争吵并开始分居至今，现马筠坚决要求与徐力离婚，原、被告之间的夫妻感情视为已经破裂，对于马筠要求与徐力离婚的请求应予准许。因两人的儿子一直随马筠共同生活，为有利于子女的健康成长，不改变孩子的生活环境，子女仍由马筠抚养为宜，徐力应承担孩子的抚养费，抚养费的数额参照本地的收入水平，结合徐力的经济状况及其意愿，酌定为每月1000元。对于马筠因徐力实施家庭暴力而要求徐力赔偿精神损害的请求，法院认为符合法律规定，应予支持。至于精神损害的具体赔偿数额，应根据被告徐力的过错程度及其经济承受能力，徐力对马筠造成的伤害程度等酌情确定，结合本案实际酌定为4万元。

（2）恶言扰妻，构成家庭暴力，离婚妻索要精神赔偿获支持。2008年，25岁的梁某与24岁的霍某相识，二人不久便确立了恋爱关系，几个月后，两人便迅速登记结婚，婚后生育一男孩。由于婚前缺乏了解，婚后夫妻间"战事"连连，最让丈夫梁某耿耿于怀的是，听说妻子婚前曾与他人同居生活，而这些妻子霍某一直隐瞒着自己。于是，梁某开始怀疑妻子的生活作风，在他看来，妻子是个道德败坏，不珍惜婚姻生活的人，婚后经常以加班为由与其他外地男人来往，但妻子霍某坚决否认有此事。由于对妻子的不信任，夫妻间经常因家庭小事引起矛盾。2012年，梁某以霍某搞婚外情导致夫妻感情破裂为由，向法院起诉要求离婚，但梁家二老认为儿子的怀疑没有理由缺乏证据，反对离婚，梁某只好撤诉。此后，梁某离家出走，长期在外打工，很少回家，撇下妻子霍某在家中料理家务，抚育小孩。

在梁某打工期间，他虽然来信不少，但没有一言半语是好话，反而经常在信中恶言骚扰妻子，说霍某婚前欺骗他，婚后不守妇道，甚至还将信寄到妻子的娘家，说霍家人没有管好自己的女儿霍某等。这一切，导致霍某丧失了对婚姻的信心，背负上沉重的心理压力。2015年12月8日，梁某从外地回家，再次向法院提起离婚。这一次，霍某没有丝毫想挽救婚姻的意思，非常干脆地同意离婚，但却提出高达10万元的精神损害赔偿，理由就是梁某经常利用信件对她及娘家人进行恶言中伤、骚扰，其行为对她及亲属的精神及人格利益造成了损害。写信给妻子也要赔偿精神损失？在法庭上，梁某对妻子的请求嗤之以鼻，认为自己写信是为了发泄一下，没有什么不妥当的。再者，妻子不仅没有如实告诉她婚前与他人同居的事情，还在婚后乱搞男女关系，霍家人也没有对此进行规劝，但是对于这些，梁某没有在法庭上举出具体的证据。[1]本案的焦点问题是：恶言扰妻算不算家庭暴力？女方诉请对方给与赔偿的主张能否获得支持？

从法理角度分析：①《婚姻法》第46条明确规定："有下列情形之一，导致离婚的，无过错方有权请求损害赔偿：（一）重婚的；（二）有配偶者与他人同居的；（三）实施家庭暴力的；（四）虐待、遗弃家庭成员的。"②《婚姻法司法解释（一）》第1条规定，"婚姻法第三条、第三十二条、第四十三条、第四十五条、第四十六条所称的'家庭暴力'，是指行为人以殴打、捆绑、残害、强行限制人身自由或者其他手段，给其家庭成员的身体、精神等方面造成一定伤害后果的行为……"可见婚姻法及其司法解释并没有明确将精神暴力作为家庭暴力来认定。事实上，生活中的暴力，不单单只有动手辱骂，也有精神家暴。常见的精神暴力是：①一方对另一方经常性的威胁、恫吓、辱骂造成对方精神疾患的；②以伤害相威胁，以损害家具、伤害动物、打骂孩子相恫吓造成对方精神恐惧、安全受到威胁的；③为达到精神控制的目的对配偶经常性的当众或私下恶意贬低、羞辱、挖苦、奚落、嘲笑、谩骂致对方不堪忍受的；④经常刁难、干涉、猜疑、阻止限制对方行动自由，影响对方正当工作生活的；⑤带第三者回家同居等行为。《反家庭暴力法》第2条规定："本法所称家庭暴力，是指家庭成员之间以殴打、捆绑、残害、限制人身自由以及经常性谩骂、恐吓等方式实施的身体、精神等侵害行为。"《反家庭暴力法》明确将精神性暴力包括进来，因为精神暴力一样会对受害人精神上造成严重伤害。本案中，男方无中生有，多年恶言嘲笑、辱骂女方及女方家人，给女方精神上造成了极大的痛苦，属于家庭暴力的范畴。对于女方的诉请应该支持。

到底丈夫写信骚扰妻子要不要承担精神损害赔偿？法院一审开庭审理后，法院认为，综合双方意见，夫妻感情确已破裂，应准许离婚。而对霍某提出的损害赔偿10万元请求，法院认为因梁某长期外出，不照顾家庭，未尽自己

---

[1]　参见 http://www.lhjflstc.com/art/view.asp？id＝919335416264，2018年3月9日访问。

的责任，致使夫妻双方关系名存实亡，夫妻感情破裂，梁某对此负有过错责任；此外，梁某还利用信件对霍某及霍某家人进行恶言中伤、骚扰，其行为对霍某及其亲属的精神及人格利益造成了损害，属于《婚姻法》规定的"家庭暴力"，应赔偿霍某精神损害费用1万元。一审判决后，梁某不服，提出上诉，二审法院审理后驳回梁某上诉，维持原判。

（六）因虐待、遗弃请求损害赔偿的纠纷处理

1. 虐待遗弃的概念

（1）虐待主要指打骂、冻饿、有病不给治疗等方法摧残、折磨家庭成员。使他们在肉体上、精神上遭受痛苦的行为。虐待家庭成员，破坏了家庭的和睦生活，违背了社会主义道德准则，亦为法律所不容。虐待家庭成员导致离婚的，过错方要承担离婚损害赔偿责任，情节恶劣的，即构成虐待罪，要受刑法所制裁。

（2）遗弃家庭成员，主要是指负有抚养、赡养、扶养义务的一方，对需要被抚养、赡养、扶养的另一方拒不履行义务。遗弃是以不作为的形式出现的，应该履行义务而不履行，致使被遗弃人的权益受到侵害。家庭成员间的遗弃，主要包括子女不履行赡养义务而遗弃老人，父母不履行抚养义务而遗弃子女，丈夫不履行扶养义务而遗弃妻子或者妻子不履行扶养义务而遗弃丈夫等行为。遗弃家庭成员是极端个人主义思想的反映，是违反社会公德的可耻行为。遗弃家庭成员导致离婚的，过错方不仅要承担离婚损害赔偿责任，情节恶劣构成遗弃罪的，要依《刑法》第261条的规定，处5年以下有期徒刑、拘役或者管制。

2. 法律依据

《婚姻法》第46条明确规定："有下列情形之一，导致离婚的，无过错方有权请求损害赔偿：（一）重婚的；（二）有配偶者与他人同居的；（三）实施家庭暴力的；（四）虐待、遗弃家庭成员的。"

3. 司法实务处理分析

（1）虐待岳母导致离婚的，无过错方可以请求离婚损害赔偿。吴某（男）与刘某（女）系夫妻，婚后两人将刘某母亲张某接到家中赡养，共同生活一段时间后，吴某便经常借故打骂虐待张某，情节十分恶劣，致使张某两次受伤住院。刘某多次劝阻，以维持平静的家庭生活，吴某置之不理。最终，刘某以吴某性格暴躁，实施家庭暴力，虐待老人致双方感情破裂为由向法院诉请离婚，并提出要求吴某支付离婚损害赔偿金5万元。本案的焦点

问题是：虐待岳母是否构成法定过错？刘某的请求应否得到支持？

从法理角度分析：《婚姻法》第 46 条明确规定："有下列情形之一，导致离婚的，无过错方有权请求损害赔偿：（一）重婚的；（二）有配偶者与他人同居的；（三）实施家庭暴力的；（四）虐待、遗弃家庭成员的。"本案中，吴某对岳母经常性的打骂构成虐待，属于《婚姻法》第 46 条规定的法定过错情形，所以刘某因此起诉和吴某离婚时，可以请求吴某给与精神损害赔偿，这一请求可以得到法院的支持。法院审理认为，本案中，吴某长期使用家庭暴力，虐待岳母情节严重，符合《婚姻法》第 46 条规定的情形，并导致离婚，无过错方刘某有权请求离婚损害赔偿。所以法院最后判决吴某支付刘某精神损害赔偿金 3 万元。

（2）对病妻弃置不顾，构成遗弃，要承担离婚过错损害赔偿责任。小王与丈夫小张于 2009 年结婚，婚后没有生育子女。婚前和婚后二人感情尚佳。但是后来因为种种原因，二人经常吵架。小张因犯罪被判刑，2011 年 5 月至 2012 年 5 月在监狱服刑，在服刑期间多次提出要与小王离婚，但是最后未能达成所愿。现小王身患糖尿病、糖尿病性周围神经病变、糖尿病性视网膜病变等多种疾病，为多重残疾人，无生活自理能力。小张出狱后，回家看到小王的病态，更是暗暗告诉自己，一定要离婚。小张不仅从家里搬了出来，而且对小王不管不顾，以至于小王病情恶化。随后，小张再次向法院提起离婚诉讼。在诉讼过程中小王同意离婚，但提出要求小张给与离婚损害赔偿金 8 万元。本案的焦点问题是：女方小王的请求能不能得到支持？

从法理角度分析：《婚姻法》第 46 条规定："有下列情形之一，导致离婚的，无过错方有权请求损害赔偿：（一）重婚的；（二）有配偶者与他人同居的；（三）实施家庭暴力的；（四）虐待、遗弃家庭成员的。"本案中，小张在婚姻存续期间对无生活自理能力的妻子小王有扶养义务，但是小张对小王拒不履行义务，造成小土的病情恶化，小张的行为构成遗弃家庭成员，小王在提出的离婚诉讼中要求小张给与过错损害赔偿的请求于法有据，应得到法院支持。最后，法院判决，二人夫妻感情破裂，准予离婚，同时小张给予小王 5 万元的损害赔偿金。

（七）离婚损害赔偿的数额的确定

1. 法律依据

《婚姻法司法解释（一）》第 28 条规定："婚姻法第四十六条规定的'损

害赔偿',包括物质损害赔偿和精神损害赔偿。涉及精神损害赔偿的,适用最高人民法院《关于确定民事侵权精神损害赔偿责任若干问题的解释》的有关规定。"

2. 离婚损害赔偿数额的确定

关于离婚过错方赔偿数额的标准我国现有法律没有明确规定。根据《最高人民法院关于确定民事侵权精神损害赔偿责任若干问题的解释》第10条的规定,在确定离婚过错损害赔偿的标准时,我国司法实践中主要借鉴民法中衡量侵权精神赔偿的几个法定因素来认定离婚损害赔偿,主要包括侵权人的过错程度、侵害的手段、场合、行为方式等具体情节、侵权行为所造成的后果、侵权人的获利情况、侵权人承担责任的经济能力、受诉法院所在地平均生活水平。但是,离婚损害中的精神损害赔偿不同于一般的民事精神损害赔偿,"侵权人"很少因此获利,侵权的后果也往往仅限于无过错方的感情伤害。因此,完全按照民法上的一套标准是无法达到离婚损害赔偿的目的的。由于离婚损害一般仅限于过错方和受害人之间,更多注重惩戒、制裁过错方并以此达到抚慰受害方的作用,在具体案件中,应当从过错方角度和受害人角度分别考虑。

(1) 从过错方角度分析,主要考虑三方面的因素:①考虑过错方的过错程度。过错程度可以通过过错方侵权的手段、场合、次数和持续时间等反映。这些具体情节反映其主观恶性的不同,不同情节所造成的受害人的精神损害程度也是不同的,因此所应受到惩罚的程度也不同。例如,过错方肆无忌惮地重婚、与他人同居或经常通奸,屡次劝诫却不思悔改,甚至因婚外恋情采用更加直接、暴力的方式虐待、遗弃受害人,给受害人精神和感情上造成的伤害要远远大于过错方采取隐秘的方式、存有愧疚心理给受害人造成的伤害。②考虑过错方的认错态度。过错方的事后态度直接影响到受害人的精神状态,如果过错方于事后积极承认错误并积极抚慰受害人,努力取得受害人的理解,受害人的精神痛苦必将减少并易于克服。相反,如果侵害行为发生后过错方仍然态度蛮横,无认错之意,甚至恶语相向,暴力遗弃,则必将加重受害人的精神痛苦。因此,在确定精神损害赔偿金时,要考虑过错方态度的因素。除了金钱等物质补偿,还可要求过错方采取赔礼道歉的方式,以期更好地达到抚慰受害方的目的。通过这种方式,也可从一个方面反映过错方的态度。③考虑过错方的经济能力。过错方的经济能力是比较容易衡量的一个标准,尤其是考虑我国法律对精神损害赔偿标准相对偏低的现实，应着重考虑过错方经济能力这一因素。在市场经济条件下，即使是同一地区的人，收入也是千差万别的，如果过分拘泥于形式上的平等，结果就会造成实质上的不平等。假如无论过错方的经济能力如何，认定事实就依照约定俗成甚至内部规章径行确定赔偿数额，会导致这样一种后果：富人可以对其而言微不足道金额的赔偿获得侵害他人的权利，甚至可以说支付很少的对价，就达到了继续伤害、侮辱受害人的目的，同时受害人并不能因数额较少的赔偿而完全获得心理上的抚慰，离婚损害赔偿的作用无从实现；而经济条件较差的过错方则可能会因数额巨大的赔偿金而导致以后的生活无法维持，从而对离婚望而却步，只好被迫维系已经毫无感情的婚姻，无法实现离婚自由的目的。另外，考虑过错方的经济能力也有利于判决的执行，维护法律的权威性。否则，不顾过错方状况，判以高额的精神损害赔偿金而在实际中又得不到执行，不仅有损法律的严肃性，而且无疑是对受害人的又一次伤害。[1]

（2）从受害方角度分析，主要考虑以下三个方面：①精神伤害的严重程度。不同性别、年龄段、性格的人对精神伤害的抗击能力和恢复能力是不同的，因此同样的过错行为，在不同的受害人身上会产生截然不同的后果。在考虑受害人所受伤害的严重程度时，一般认为，女性受到同等侵害时产生的精神痛苦要大于男性，正值壮年的人比老年人更容易从痛苦当中恢复，性格敏感、对感情严肃专一的人更容易受到伤害。这需要在具体案件中，通过对当事人和案情更加深入的了解，才能作出恰当的评判。②受害人自身、家庭经济状况。受害人自身、家庭经济状况不仅影响着一定数额的赔偿金能否达到他（她）的预期，达到抚慰的目的，有时甚至影响到受害人及其子女以后的生活。对于自己经济条件很好，对方经济条件也很好的受害人来说，较少的赔偿数额根本无法达到抚慰的目的，甚至是一种嘲讽；而如果受害人自身经济状况较差，主要收入依靠过错方获得，大多数情况下受害人还必须抚养孩子，数额很少的损害赔偿，可能会给受害人及子女以后的生活带来不利影响。[2]

---

〔1〕　参见 https://www.unjs.com/z/1717605.html，2018 年 8 月 22 日访问。
〔2〕　参见 http://www.66law.cn/laws/77900.aspx，2018 年 3 月 11 日访问。

二、离婚中经济帮助纠纷的实务处理

（一）离婚经济帮助的法律依据

（1）《婚姻法》第 42 条规定："离婚时，如一方生活困难，另一方应从其住房等个人财产中给予适当帮助。具体办法由双方协议；协议不成时，由人民法院判决。"

（2）《婚姻法司法解释（一）》第 27 条第 1、2 款规定："婚姻法第四十二条所称'一方生活困难'，是指依靠个人财产和离婚时分得的财产无法维持当地基本生活水平。一方离婚后没有住处的，属于生活困难。"

（二）离婚经济帮助制度的理解及把握

离婚时的经济帮助是指夫妻离婚时，一方生活确有困难，经双方协议或由人民法院判决，由经济条件较好的另一方给其必要的经济资助的制度。它不是夫妻间的扶养义务，而是为保障婚姻关系解除后困难方的生活需要所规定的法律保障措施。它的实施有利于离婚纠纷的圆满解决，有利于对婚姻自主权的保护，有利于防止因离婚带来的社会动荡，体现了法律对弱势方主要是妇女的特别保护。当然，男方生活困难的，也同样享有接受经济帮助的权利。经济帮助不以一方有过错或少尽义务或有过失为前提，也不以何方提起离婚为要件，具有纯粹的资助性质。同时《婚姻法》确定的经济帮助制度，具有强制性，所实现的是法律的调控功能，经济帮助制度与家务补偿和损害赔偿制度具有根本不同的性质。依据以上法律规定，离婚经济帮助必须具备以下条件：

（1）时间上的条件。生活困难必须发生在离婚当时。即在离婚时，其个人的财产和离婚分得的财产无法维持当地基本生活水平。如果离婚时其财产能够维持生活或离婚以后发生困难的，不能适用经济帮助。

（2）一方必须存在生活困难。按照《婚姻法司法解释（一）》第 27 条的规定，生活是否困难可以从两个方面来判断：一是离婚时的财产能否维持当地基本生活水平；二是离婚后有没有住处。其财产能维持生活，但离婚后无住处的属于生活困难；有住处但财产不能维持生活的，也属于生活困难。此外，如因残疾或患有重大疾病的，完全或大部分丧失劳动能力的，或一方因客观原因失业且收入低于本市城镇居民最低生活保障线的，也属于困难。

（3）提供帮助一方有负担能力。双方经济条件差异大的或另一方有帮助

能力的，离婚时一方生活困难，另一方应给予经济帮助。前提是另一方生活不困难，即有帮助能力。如果另一方也存在生活困难或者住房狭小，无法提供帮助，也不能强行要求其帮助。

（4）经济帮助的具体办法：《婚姻法》第 42 条规定，"具体办法由双方协议；协议不成时，由人民法院判决"。这种帮助着重考虑受助方的具体情况和实际需要来决定：主要分以下几种情况：①离婚时一方年轻有劳动力，暂有生活困难，无法维持生活的，另一方可给予短期的或一次性的经济帮助；至于帮助时间长短，可以考虑双方的经济条件、生存能力、夫妻关系存续期间生活水平、双方年龄状况、子女抚养等因素来确定；②对于老年人离婚的，一方年老体弱或病残、失去劳动能力而无生活来源的，另一方应在居住和生活方面给予适当安排；③一方以个人财产中的住房对生活困难者进行帮助的形式，可以是房屋的居住权或者房屋的所有权。但是人民法院在判决一方以住房给另一方进行帮助时，应从严掌握；④在经济帮助执行期间，受资助方另行结婚或经济收入已能够维持当地基本生活水平的，帮助即可终止。

离婚后，一方重新起诉要求对方给予帮助的，一般不予支持。经济帮助在离婚案件的审理过程中，要严格把握，既要保护经济困难的当事人，又要平衡当事人之间的经济利益，以达到立法的本意。[1]

（三）法律实务处理分析

女方出轨在前，受伤在后，男方仍要提供经济帮助。杨涛（化名）与沈红（化名）于 2012 年结婚，婚后不久杨涛因工作调动到外地，长时间不在家中，沈红在此期间与邻居李钟（化名）发生不正当关系，并在杨涛春节回家探亲时提出要与杨涛离婚。杨涛同意，但要求在春节回老家探望完老人后再去办理离婚登记。从杨涛老家回程途中，杨涛和沈红乘坐的公共汽车发生车祸，沈红受重伤，双腿严重残疾，杨涛亦受轻伤。2013 年春沈红出院后，杨涛要求与沈红办理离婚手续，但二人在经济补偿问题上发生纠纷，沈红已经无法再在原单位工作，没有其他经济来源，且每月需要大额医药费，沈红父母也没有收入来源，故要求杨涛看在以往情分上给予一定帮助。杨涛认为自己虽然每月收入颇丰，但离婚是由于沈红的过错导致的，自己没有义务再帮

---

〔1〕　刘忠杰："离婚时经济帮助的适用及方法"，载 http://www.law-lib.com/lw/lw_view.asp?no=22195，2018 年 7 月 26 日访问。

助沈红。本案的焦点问题是：杨涛的说法是否正确？经济帮助能否因为受助方有过错而免除帮助责任？

从法理角度分析：《婚姻法》第42条规定："离婚时，如一方生活困难，另一方应从其住房等个人财产中给予适当帮助。具体办法由双方协议；协议不成时，由人民法院判决。"《婚姻法司法解释（一）》第27条第1、2款规定："婚姻法第四十二条所称'一方生活困难'，是指依靠个人财产和离婚时分得的财产无法维持当地基本生活水平。一方离婚后没有住处的，属于生活困难。"按照这一规定，只要一方离婚时存在生活困难的情形，而另一方又有帮助能力的，就要承担给予经济帮助的责任。经济帮助不以一方有过错或少尽义务或有过失为前提，也不以何方提起离婚为要件，具有纯粹的资助性质。本案中，女方沈红虽有过错，但离婚时失去劳动能力，没有经济来源，属于《婚姻法》第42条规定的困难情形，所以杨涛有经济能力，应该承担对沈红的经济帮助。最后法院判决，杨涛一次性给付沈红经济帮助费用33 000元。

三、离婚中经济补偿纠纷的实务处理

（一）法律依据

《婚姻法》第40条规定："夫妻书面约定婚姻关系存续期间所得的财产归各自所有，一方因抚育子女、照料老人、协助另一方工作等付出较多义务的，离婚时有权向另一方请求补偿，另一方应当予以补偿。"

（二）经济补偿制度的理解与把握

"离婚经济补偿制度"的确立，依据的是男女平等原则。男女平等原则体现在家庭中，不应仅仅是权利地位的平等，还应当体现为对家庭承担平等的义务。当然，各个家庭有各自的不同情况，由于某种原因，夫妻的一方愿意将应由对方承担的家庭义务，如抚育子女、照顾老人、做饭、清洁卫生等家务劳动的一部分或全部承担过来，给对方更多的精力去进行个人深造、发展事业等，当然这种义务的承担是以维持夫妻关系的存续为前提和期望的，一旦离婚，这种多承担义务的期望值便骤减为零；而另一方因为对方多承担的义务却获得职位的升迁、学历的提升、职业声誉的提高和财富的积累等有形或无形的资产。这些资产中凝聚着对方的汗水和劳动，所谓"军功章，有我的一半，也有你的一半"，在婚姻关系解除时，把这部分从对方得到的资产补偿给对方，正是男女平等原则的体现，符合民法的公平原则。但离婚经济补

偿制度适用的条件很严格，具体必须满足以下几个条件：

（1）离婚经济补偿请求权适用的前提条件。离婚经济补偿请求权适用前提较为严格，即夫妻书面约定婚姻关系存续期间的财产归各自所有（即分别财产制）。既可以是夫妻在结婚登记时或在结婚以前就约定夫妻在婚姻存续期间所得的财产归各自所有，也可以是夫妻在婚姻存续期间才签订书面合同约定以后所得的财产归各自所有。只有在夫妻双方书面上约定婚姻关系存续期间的所得财产应当归属于双方各自所有的前提下，离婚时对家务劳动付出较多的一方才能向另一方提出经济补偿要求，这是适用《婚姻法》第40条关于离婚经济补偿请求权规定的前提条件。如夫妻实行的是共同财产制或无证据证明实行的是约定分别财产制，则承担家事较多一方同样无法向另一方主张经济补偿。在实践中，以女性主张此类补偿较多。

（2）夫妻一方因抚育子女、照料老人、协助另一方工作等付出了较多义务。较多的义务是指一方专门从事家务劳动或专门协助对方工作或一方从事的抚养子女、照料老人等家务劳动无论是数量上还是在所花费的时间上都比对方多，或一方协助另一方工作比自己在工作方面从对方得到的协助多。

（3）离婚经济补偿请求权行使的时间限制：离婚经济补偿请求权是离婚时由多付出义务的一方向另一方提出补偿的请求，其性质属于债权性的民事权利。该请求权的行使时间限于离婚之时。夫妻双方约定了婚姻关系存续期间所得财产归各自所有，即使一方对家庭付出了较多的义务，在离婚之前或者离婚之后，均不能向对方提出补偿。多付出义务的一方行使补偿请求权，应在离婚诉讼中向对方一并提出。如果在离婚时不请求对方补偿的，对方可以不予补偿。离婚后，该请求权随即消灭。

（4）司法实务分析：专职主妇，离婚可请求家务劳动补偿。原告李某利，女，37岁，无业。被告华某，男，40岁，某饭店经理。李某利与华某于1998年结婚，婚后生有一子华某某。婚前双方书面约定华某在外所做工程及其收入归华某自行处理，与李某利无关。因华某工作很忙，无暇顾及家庭事务，所以，结婚三年后，李某利辞去了工作，专心抚育儿子华某和照料婆婆史某，家里一切杂务全凭李某利打理，华某每月给李某利6000元家用。2012年李某利以华某对家庭和子女不尽义务且和另一女子在外同居影响了夫妻感情，双方已分居满两年为由起诉要求离婚；依法分割夫妻共同财产；儿子华某由自己抚养，华某每月支付1000元抚养费；同时认为，因其照顾孩子、赡养华某的母亲辞去了工作，要求华某补偿自己 30 万元。华某同意离婚，分割夫妻共同财产，但要求降低抚养费标准，并且辩称两人婚前有约在先，其在外所做工作收入完全归其个人所有，对李某利提出的 30 万元的补偿款不同意给付。本案的焦点问题是：李某利提出的经济补偿能否得到法院的支持？

从法理角度分析：《婚姻法》第 40 条规定："夫妻书面约定婚姻关系存续期间所得的财产归各自所有，一方因抚育子女、照料老人、协助另一方工作等付出较多义务的，离婚时有权向另一方请求补偿，另一方应当予以补偿。"在本案中，李某利与华某在结婚之初即签订了分别财产制的书面协议，符合离婚经济补偿制度适用的前提条件。此外，李某利为了照顾孩子和婆婆，辞掉了工作，回家做专职家庭主妇，家里的一切家务杂事都由李某利打理，显然李某利因抚育子女、照料老人、协助另一方工作等付出了较多义务。没有李某利的付出，华某的工作也无从很好地完成和发展，说明李某利协助另一方工作比自己在工作方面从对方得到的协助多得多。所以离婚时，有权要求华某给与家务劳动方面付出的补偿。法院在审理过程中查明：李某利在婚后生活中为抚育儿子、照料有病的婆婆、协助华某工作等付出了较多义务，并为此辞去了工作。正是由于李某利的付出，为华某的工作提供了种种方便，华某才能在完成本职工作之余，还在外边承揽工程，积累了财富。所以法院判决：准予离婚；分割夫妻共同财产；华某某由李某利抚养，华某每月支付抚育费 500 元至其独立生活时止；因双方有约在前，华某搞工程及其收入应归华某所有。但根据《婚姻法》第 40 条规定，判令华某给予李某利经济补偿人民币 15 万元。

第二节　夫妻共同财产的范围及分割原则

一、共同财产与个人财产的范围

（一）夫妻共同财产的法律依据

（1）《婚姻法》第 17 条规定："夫妻在婚姻关系存续期间所得的下列财产，归夫妻共同所有：（一）工资、奖金；（二）生产、经营的收益；（三）知识产权的收益；（四）继承或赠与所得的财产，但本法第十八条第三项规定的除外；（五）其他应当归共同所有的财产。夫妻对共同所有的财产，有平等的处理权。"

（2）《婚姻法司法解释（一）》第 17 条规定："婚姻法第十七条关于'夫或妻对夫妻共同所有的财产，有平等的处理权'的规定，应当理解为：（一）夫或妻在处理夫妻共同财产上的权利是平等的。因日常生活需要而处理夫妻共同财产的，任何一方均有权决定。（二）夫或妻非因日常生活需要对夫妻共同财产做重要处理决定，夫妻双方应当平等协商，取得一致意见。他人有理由相信其为夫妻双方共同意思表示的，另一方不得以不同意或不知道为由对抗善意第三人。"

（3）《婚姻法司法解释（二）》第 11 条规定："婚姻关系存续期间，下列财产属于婚姻法第十七条规定的'其他应当归共同所有的财产'：（一）一方以个人财产投资取得的收益；（二）男女双方实际取得或者应当取得的住房补贴、住房公积金；（三）男女双方实际取得或者应当取得的养老保险金、破产安置补偿费。"

（4）《婚姻法司法解释（三）》第 5 条规定："夫妻一方个人财产在婚后产生的收益，除孳息和自然增值外，应认定为夫妻共同财产。"

（5）《婚姻法司法解释（三）》第 10 条规定："夫妻一方婚前签订不动产买卖合同，以个人财产支付首付款并在银行贷款，婚后用夫妻共同财产还贷，不动产登记于首付款支付方名下的，离婚时该不动产由双方协议处理。依前款规定不能达成协议的，人民法院可以判决该不动产归产权登记一方，尚未归还的贷款为产权登记一方的个人债务。双方婚后共同还贷支付的款项及其相对应财产增值部分，离婚时应根据婚姻法第三十九条第一款规定的原则，由产权登记一方对另一方进行补偿。"

（6）《婚姻法司法解释（三）》第 12 条规定："婚姻关系存续期间，双方用夫妻共同财产出资购买以一方父母名义参加房改的房屋，产权登记在一方父母名下，离婚时另一方主张按照夫妻共同财产对该房屋进行分割的，人民法院不予支持。购买该房屋时的出资，可以作为债权处理。"

（7）《婚姻法司法解释（三）》第 13 条规定："离婚时夫妻一方尚未退休、不符合领取养老保险金条件，另一方请求按照夫妻共同财产分割养老保险金的，人民法院不予支持；婚后以夫妻共同财产缴付养老保险费，离婚时一方主张将养老金账户中婚姻关系存续期间个人实际缴付部分作为夫妻共同财产分割的，人民法院应予支持。"

（二）个人财产的法律依据

（1）《婚姻法》第18条规定："有下列情形之一的，为夫妻一方的财产：（一）一方的婚前财产；（二）一方因身体受到伤害获得的医疗费、残疾人生活补助费等费用；（三）遗嘱或赠与合同中确定只归夫或妻一方的财产；（四）一方专用的生活用品；（五）其他应当归一方的财产。"

（2）《婚姻法司法解释（二）》第13条规定："军人的伤亡保险金、伤残补助金、医药生活补助费属于个人财产。"

（3）《婚姻法司法解释（二）》第22条规定："当事人结婚前，父母为双方购置房屋出资的，该出资应当认定为对自己子女的个人赠与，但父母明确表示赠与双方的除外。当事人结婚后，父母为双方购置房屋出资的，该出资应当认定为对夫妻双方的赠与，但父母明确表示赠与一方的除外。"

（4）《婚姻法司法解释（三）》第7条规定："婚后由一方父母出资为子女购买的不动产，产权登记在出资人子女名下的，可按照婚姻法第十八条第（三）项的规定，视为只对自己子女一方的赠与，该不动产应认定为夫妻一方的个人财产。由双方父母出资购买的不动产，产权登记在一方子女名下的，该不动产可认定为双方按照各自父母的出资份额按份共有，但当事人另有约定的除外。"

（5）《婚姻法》第19条规定："夫妻可以约定婚姻关系存续期间所得的财产以及婚前财产归各自所有、共同所有或部分各自所有、部分共同所有。约定应当采用书面形式。没有约定或约定不明确的，适用本法第十七条、第十八条的规定。夫妻对婚姻关系存续期间所得的财产以及婚前财产的约定，对双方具有约束力。夫妻对婚姻关系存续期间所得的财产约定归各自所有的，夫或妻一方对外所负的债务，第三人知道该约定的，以夫或妻一方所有的财产清偿。"

二、夫妻共同财产的理解及分割

（一）共同财产的理解

按照《婚姻法》第17条的规定，我国的夫妻共同财产制采用的是婚后所得共同制，即在婚姻关系存续期间，除个人特有财产和夫妻另有约定外，夫妻双方或一方所得的财产，均归夫妻共同所有，夫妻双方享有平等的财产所有权的制度。这里的共同所有指的是共同共有，不是按份共有。根据本条的规定，我国的夫妻共同财产具有以下特征：

（1）夫妻共同财产的主体，是具有婚姻关系的夫妻，未形成婚姻关系的男女两性，如未婚同居、婚外同居等，以及无效或被撤销婚姻的男女双方，不能成为夫妻共同财产的主体。

（2）夫妻共同财产，是在婚姻关系存续期间取得的财产，婚前财产不属于夫妻共同财产。婚姻关系存续期间，自合法婚姻缔结之日起，至夫妻一方死亡或离婚生效之日止。

（3）夫妻共同财产的来源，为夫妻双方或一方所得的财产，既包括夫妻通过劳动所得的财产，也包括其他非劳动所得的合法财产。比如，从事生产、经营的收益，既包括劳动所得，也包括大量的资本性收入。这里的"生产、经营收益"，既包括农民的生产劳动收入，也包括工业、服务业、信息业等行业的生产、经营收益。随着市场经济的发展，有越来越多的人买卖股票和债券，投资于公司、企业经营，还有不少人依靠自己的资本或筹资兴办公司、企业，这些人成为大量资本的拥有者，经营收益丰厚。这些经营收益也属于夫妻共同财产。当然，法律直接规定为个人特有财产的和夫妻约定为个人财产的除外。这里讲的"所得"，是指对财产权利的取得，而不要求对财产实际占有，如果一方在婚前获得某项财产如稿费，但并未实际取得，而是在婚后出版社才支付稿费，此时这笔稿费不属于夫妻共同财产。同理，如果在婚后出版社答应支付一笔稿费，但直到婚姻关系终止前也没有得到这笔稿费，那么这笔稿费也属于夫妻共同财产。[1]

（4）夫妻对共同财产享有平等的处理权。这是关于夫妻如何对共同财产行使所有权的规定。如前所述，夫妻共同财产的性质是共同共有，不是按份共有，因此夫妻对全部共同财产，应当不分份额地享有同等的权利，承担同等的义务。不能根据夫妻双方经济收入的多少来确定其享有共同财产所有权的多少。夫妻双方对共同财产享有平等的占有、使用、收益和处分的权利。夫妻一方对共同财产的使用、处分，除另有约定外，应当在取得对方的同意之后进行。尤其是重大财产问题，未经对方同意，任何一方不得擅自处分，属于日常生活所需的处置除外。夫妻一方在处分共同财产时，另一方明知其行为而不作否认表示的，视为同意，事后不得以自己未参加处分为由否认处

---

〔1〕　参见 http://www.66law.cn/laws/124832.aspx，2018 年 5 月 16 日访问。

分的法律效力。夫妻一方未经对方同意擅自处分共同财产的，对方有权请求宣告该处分行为无效，但不得对抗善意第三人，即如果第三人不知道也无从知道夫妻一方的行为属于擅自处分行为的，该处分行为有效，以保护第三人的利益，维护交易安全。因为在多数情况下，夫妻在日常生活中互有代理权，第三人很难知道夫妻一方的行为是否经过对方同意，也不必知道。此时，一方因擅自处分行为给配偶造成损失的，应当予以赔偿；因一方擅自处分行为所负的债务，应由该方以个人财产清偿。

（5）不能证明属于夫妻一方的财产，推定为夫妻共同财产。《财产若干意见》第7条规定："对个人财产还是夫妻共同财产难以确定的，主张权利的一方有责任举证。当事人举不出有力证据，人民法院又无法查实的，按夫妻共同财产处理。"此规定即是这一原则在法律上的体现。

（6）夫妻一方死亡，如果分割遗产，应当先将夫妻共同财产的一半分归另一方所有，其余的财产为死者遗产，按照《继承法》处理。

（二）共同财产分割的原则

1. 协议分割

依《婚姻法》第39条第1款的规定"离婚时，夫妻的共同财产由双方协议处理"，也就是说，离婚时夫妻对财产的分割，双方应在协商一致的原则下进行，不能由一方决定，由双方自行协议决定，承认协议约定的效力。但有欺诈、胁迫者除外。

2. 判决分割

判决分割的原则：

（1）坚持男女平等原则。男女平等原则既反映在婚姻法的各条法律规范中，又是人民法院处理婚姻家庭案件的办案指南。该原则体现在离婚财产分割上，就是夫妻双方有平等地分割共同财产的权利，平等地承担共同债务的义务。

（2）照顾子女和女方权益的原则。依《婚姻法》第39条的规定，双方对共同财产的处理协商不成时，由人民法院根据财产的具体情况，以照顾子女和女方权益的原则判决。这里的"照顾"，既可以在财产份额上给予女方适当多分，也可以在财产种类上将某项生活特别需要的财产，比如住房，分配给女方。毕竟从习惯势力上，从传统因素的影响所造成的障碍上，从妇女的家务负担、生理特点上讲，一般离婚后妇女在寻找工作和谋生能力上也较男子要弱，更需要社会给予更多的帮助。同时，在分割夫妻共同财产时，要特别注意保护未成年人的合法财产权益，未成年人的合法财产不能列入夫妻共同财产进行分割。

（3）照顾无过错方原则。由一方的过错导致夫妻感情破裂而离婚的，无过错方有权提出婚姻损害赔偿。《婚姻法》第46条规定："有下列情形之一，导致离婚的，无过错方有权请求损害赔偿：（一）重婚的；（二）有配偶者与他人同居的；（三）实施家庭暴力的；（四）虐待、遗弃家庭成员的。"在离婚案件的处理过程中，在财产分割时无过错方不仅有权请求损害赔偿，还可以要求适当多分财产。

（4）有利生产，方便生活原则。在离婚分割共同财产时，不应损害财产效用、性能和经济价值。在对共同财产中的生产资料进行分割时，应尽可能分给需要该生产资料、能更好发挥该生产资料效用的一方；在对共同财产中的生活资料进行分割时，要尽量满足个人从事专业或职业的需要，以发挥物的使用价值。不可分物按实际需要和有利发挥效用原则归一方所有，分得方应依公平原则，按离婚时的实际价值给另一方相应的补偿。

（5）权利不得滥用原则。离婚分割夫妻共同财产时不得把属于国家、集体和他人所有的财产当作夫妻共同财产进行分割，不得借分割夫妻共同财产的名义损害他人合法利益；分割夫妻共同财产，双方在协议时应同时对债权、债务进行分割，不得因离婚而损害他人和国家、集体的利益，这不仅是法律的规定，也是道德的要求，每个公民都应自觉遵守。

第三节　离婚房产分割纠纷的实务处理

一、离婚房产分割的依据及实践把握

（一）离婚房产分割的依据

（1）《婚姻法司法解释（二）》第11条规定："婚姻关系存续期间，下列财产属于婚姻法第十七条规定的'其他应当归共同所有的财产'：（一）一方以个人财产投资取得的收益；（二）男女双方实际取得或者应当取得的住房补贴、住房公积金；（三）男女双方实际取得或者应当取得的养老保险金、破产安置补偿费。"

（2）《婚姻法司法解释二》第 21 条第 1 款规定："离婚时双方对尚未取得所有权或者尚未取得完全所有权的房屋有争议且协商不成的，人民法院不宜判决房屋所有权的归属，应当根据实际情况判决由当事人使用。"

（3）《婚姻法司法解释（二）》第 22 条规定："当事人结婚前，父母为双方购置房屋出资的，该出资应当认定为对自己子女的个人赠与，但父母明确表示赠与双方的除外。当事人结婚后，父母为双方购置房屋出资的，该出资应当认定为对夫妻双方的赠与，但父母明确表示赠与一方的除外。"

（4）《婚姻法司法解释（三）》第 5 条规定："夫妻一方个人财产在婚后产生的收益，除孳息和自然增值外，应认定为夫妻共同财产。"

（5）《婚姻法司法解释（三）》第 7 条规定："婚后由一方父母出资为子女购买的不动产，产权登记在出资人子女名下的，可按照婚姻法第十八条第（三）项的规定，视为只对自己子女一方的赠与，该不动产应认定为夫妻一方的个人财产。由双方父母出资购买的不动产，产权登记在一方子女名下的，该不动产可认定为双方按照各自父母的出资份额按份共有，但当事人另有约定的除外。"

（6）《婚姻法司法解释（三）》第 10 条规定："夫妻一方婚前签订不动产买卖合同，以个人财产支付首付款并在银行贷款，婚后用夫妻共同财产还贷，不动产登记于首付款支付方名下的，离婚时该不动产由双方协议处理。依前款规定不能达成协议的，人民法院可以判决该不动产归产权登记一方，尚未归还的贷款为产权登记一方的个人债务。双方婚后共同还贷支付的款项及其相对应财产增值部分，离婚时应根据婚姻法第三十九条第一款规定的原则，由产权登记一方对另一方进行补偿。"

（7）《婚姻法司法解释（三）》第 11 条规定："一方未经另一方同意出售夫妻共同共有的房屋，第三人善意购买、支付合理对价并办理产权登记手续，另一方主张追回该房屋的，人民法院不予支持。夫妻一方擅自处分共同共有的房屋造成另一方损失，离婚时另一方请求赔偿损失的，人民法院应予支持。"

（8）《婚姻法司法解释（三）》第 12 条规定："婚姻关系存续期间，双方用夫妻共同财产出资购买以一方父母名义参加房改的房屋，产权登记在一方父母名下，离婚时另一方主张按照夫妻共同财产对该房屋进行分割的，人民法院不予支持。购买该房屋时的出资，可以作为债权处理。"

（9）《民通意见》第 89 条规定："共同共有人对共有财产享有共同的权利，承担共同的义务。在共同共有关系存续期间，部分共有人擅自处分共有财产的，一般认定无效。但第三人善意、有偿取得该财产的，应当维护第三人的合法权益，对其他共有人的损失，由擅自处分共有财产的人赔偿。"

（10）《物权法》第 106 条相关规定，不动产善意取得的构成要件为：出让人无处分权；受让人为善意；合理价格有偿转让；依照法律规定已经办理物权变动登记。

（二）房屋产权归属界定的基本实践

（1）一方婚前购房，房款缴清，无论产权证办理在婚前或婚后，不管是房产本身，还是房产增值部分，根据物权原理，都应属于一方所有。

（2）双方婚后出资（包括贷款）取得的房屋。首先要明确产权，不论房产证上是一方的名字还是双方的名字，房产均为夫妻共同财产。其次要明确产值，即明确房屋价值，按照房屋现在的市场价值计算予以分割，而不是按照买房时的价值计算。再次要分清权益部分和债务部分，因为房屋可能涉及贷款，分割时要把未还贷的部分除去。

（3）夫妻一方婚前通过按揭贷款购房，婚后夫妻共同还贷已经取得房屋产权证的，离婚房产如何分割。虽然房屋是一方婚前购得，但婚后共同偿还贷款的部分及其对应的房屋增值部分，除夫妻双方另有约定外，应当视为共同财产。需要说明的是，共同还贷部分，不论是由一方用个人工资还贷，还是用双方工资还贷，均应认定为夫妻共有财产。当然，如果一方确能证实，其还贷资金来源于个人婚前财产，那么该部分不应认定为夫妻共有财产。

（4）夫妻一方婚前付了部分房款，婚后共同还贷，但房屋产权证未取得，离婚时，尚未取得房产证的房屋如何分割？根据《婚姻法司法解释（二）》第 21 条的规定，离婚时，双方对尚未取得所有权或者尚未完全取得所有权的房屋有争议且协商不了的，人民法院不宜判决房屋的所有权归属，应当根据实际情况判决当事人使用。待取得房屋产权证后，再由任何一方另行向法院起诉。另外，最高人民法院民一庭有关解释明确，法院不宜判决房屋所有权归属的范围包括：①购买福利性政策房屋；②购买商品房；③购买经济适用房。购买以上三种房屋，在离婚时，尚未取得房产证的，法院不宜就该房所有权直接判决。

（5）父母参与出资购买的房屋，子女离婚时，房屋如何分割？根据《婚姻法司法解释（二）》第 22 条规定，父母在双方结婚前的出资，视为对自己子女的赠与，另有约定除外；父母在双方结婚后的出资，视为对夫妻双方的赠与，另有约定除外。但如果婚后父母支付全额买房，房屋登记在自己子女名下的，可以认定为是对自己子女的赠与；如果登记在双方名下，就认定为是对双方的赠与；如果父母是部分出资，即使房屋登记在自己子女名下，也不应该认定为是对自己子女的赠与，该房屋应该认定为是夫妻共同财产。

（6）婚前双方出资购房，但婚前取得的房产证上只有一方的名字，离婚后房屋如何分割？在上述情况下离婚时，房产证上有名字一方，如果不承认另一方购房时出过资，认为房屋属于其婚前个人财产，不作分割。在不能证实自己有出资且不是赠与给一方的前提下，另一方的权益法院是无力保护的。也就是说，即使另一方出了钱，但不能证明出资行为，法院也无法判决一方给予适当补偿。[1]

二、父母出资买房分割纠纷的实务处理

1. 婚后父母出资买房，房产证上写了媳妇名字的房产分割

2011 年 4 月，张先生夫妇为替儿子筹办婚礼，订购了一套住房，并交付了 1 万元定金。媳妇娶过了门，张先生开心之余，又替儿子和媳妇付了新房的首期款 60 万元，并为该房每月还贷。谁知，结婚还不到 6 个月，张先生的儿子就提出离婚，但新房应该归谁，小两口争得不可开交。张先生的儿子认为，这套房子的定金与首期款是由自己的父母支付，房子理应归自己所有；但其妻却认为，房产证上有夫妻双方的名字且婚前只是交付了定金，首付款是结婚后父母给的，这套房子应该属于夫妻共同财产。本案的焦点问题是：这套房子到底属于不属于夫妻共同财产？女方有没有权利分割房产？

从法理角度分析：第一，《婚姻法司法解释（二）》第 22 条第 2 款规定："当事人结婚后，父母为双方购置房屋出资的，该出资应当认定为对夫妻双方的赠与，但父母明确表示赠与一方的除外。"《婚姻法司法解释（三）》第 7 条第 1 款规定："婚后由一方父母出资为子女购买的不动产，产权登记在出资人子女名下的，可按照婚姻法第十八条第（三）项的规定，视为只对自己子女一方的赠与，该不动产应认定为夫妻一方的个人财产。"而目前该房产登记

---

[1] 参见 http://gz.leju.com/scan/2014-09-24/17314478142.shtml，2018 年 4 月 11 日访问。

在夫妻双方名下不符合以上规定，所以难以认定为是张某个人财产；第二，既然房产登记在双方名下，应认定为是对双方的赠与，属于夫妻共同财产，应该平均分割。最后法院将该套房屋认定为夫妻共同财产，平均分割。

在此要特别注意：结婚后，父母完全出资并将产权证登记在自己子女的名下，无论是在实践中还是按照《婚姻法司法解释（三）》的规定，法院会认为这样的情况是向自己子女的单方赠与，出于维护家庭和睦的角度考虑，这种情况不会有书面的协议，但并不会妨碍实际出资时父母真实的意思表示。但一般来说，如果产权证登记在夫妻双方名下，往往就会推定为是对双方的赠与。

2. 一方父母出资购买的房子，婚后夫妻共同还贷的，认定为是夫妻共同财产

原告陈某某与被告薛某某于1999年6月13日经人介绍相识，2000年12月4日登记结婚，2002年5月生育一子陈某。陈某某于2013年1月诉至北京市丰台区人民法院要求离婚，陈某由其抚养并依法分割夫妻共同财产。薛某某当庭表示同意离婚。经查，2004年10月，陈某某与北京××房地产开发有限责任公司签订商品房买卖合同，购买位于北京市丰台区××园××号楼204号房屋（以下简称204号房屋），该房屋于2010年4月27日取得房屋所有权证。204号房屋的首付款18万元由陈某某父母出资，剩余房款以陈某某的名义按揭贷款，陈某某、薛某某共同偿还贷款24万余元，尚欠贷款37万元未还。此外，204号房屋的装修款10万元由薛某某之母出资。庭审中，陈某某称因首付款为其父母出资，并登记在其个人名下，故204号房屋应为其个人财产，不同意作为共同财产予以分割。薛某某则主张，因后续贷款为双方共同偿还，且借款合同中写明其为共有人，故要求将204号房屋作为共同财产依法进行分割，并向法院提交房屋评估申请。诉讼中，法院委托北京市××房地产咨询评估有限责任公司对204号房屋市场价格进行评估，确定该房屋现公开市场总价为326万元。本案的焦点问题：该房屋是否为陈某某个人房产？应该如何分割？

从法理角度分析：《婚姻法司法解释（三）》第7条第1款规定："婚后由一方父母出资为子女购买的不动产，产权登记在出资人子女名下的，可按照婚姻法第十八条第（三）项的规定，视为只对自己子女一方的赠与，该不动产应认定为夫妻一方的个人财产。"该规定并未区分父母系出全资还是仅支

付首付款的情形，故对于婚后由一方父母支付首付款为子女购房，产权登记在出资人子女名下，以夫妻共同财产偿还房屋贷款的情形，该房屋应认定为出资人子女一方的个人财产，还是夫妻共同财产存在较大争议。根据公平保护的立法意图，在确认不动产所有权时，应当对《婚姻法司法解释（三）》第7条第1款作严格解释，该条规定的婚后父母对子女赠与的标的物应指不动产而非出资，只有父母通过全资购买取得了不动产的所有权，并将不动产登记在自己子女名下时方可适用《婚姻法司法解释（三）》第7条第1款的规定，而对于父母部分出资购买房屋之情形，因此时父母并未支付购买房屋的全部对价，其尚未取得房屋的所有权，从而其无权决定将房屋赠与自己子女并将房屋登记在自己子女名下。因此，婚后一方父母支付首付款为子女购买不动产，产权登记在出资人子女名下，但由夫妻共同偿还贷款的情形，不适用《婚姻法司法解释（三）》第7条第1款的规定，该房屋无论登记在夫妻任何一方的名下，都应视为夫妻共同财产，在离婚时予以公平分割。[1]

北京市丰台区人民法院于2013年7月18日作出判决：①原告陈某某与被告薛某某离婚；……④坐落于北京市丰台区××园××号楼204号房屋归原告陈某某所有，该房屋的剩余贷款由陈某某自行偿还。被告薛某某于判决生效后7日内将该房内的家具自行拉走；⑤原告陈某某于本判决生效后10日内给付被告薛某某房屋折价款148万元……宣判后，陈某某向北京市第二中级人民法院提起上诉，北京市第二中级人民法院于2013年9月16日作出判决：驳回上诉，维持原判。裁判理由：关于204号房屋分割问题。首先，该套房屋系陈某某与薛某某婚后购买，并登记在陈某某名下，且陈某某与薛某某在此共同居住生活，说明购买该套房屋系为解决陈某某与薛某某共同居住问题；其次，购买该套房屋的首付款虽为陈某某父母所出，但现尚没有购房交纳首付款人即为所有人之相关规定，既然陈某某之父母并非该套房屋的所有人，故陈某某之父母亦不能将该套房屋赠与陈某某本人；再次，在诉讼中，陈某某认可薛某某的父母出资10万元装修费，后陈某某与薛某某又共同偿还贷款，说明薛某某与其父母亦对该套房屋有高额投入，如仅因陈某某父母支付首付款即认定房屋所有权人为陈某某个人，显然不符合民法的公平原则，无法得到普遍的社会认同；第四，《婚姻法司法解释（三）》第7条中所称婚后由一方父

---

〔1〕 吴晓芳主编：《婚姻家庭　继承案件裁判要点与观点》，法律出版社2016年版，第76页。

母出资为子女购买不动产，产权登记在出资人子女名下的情况，应指出全资购买，而非仅支付首付款的情况。综上，陈某某要求确认 204 号房屋为其个人财产的意见，缺乏事实与法律依据，204 号房屋应作为双方婚后取得的共同财产予以分割。[1]

3. 夫妻一方父母以其子女名义购房后又改为自己的名义，这样的房屋如何处理？

罗丽（化名）与黄林（化名）于 2002 年登记结婚，2006 年 7 月 17 日，罗丽的母亲以罗丽的名义与某公司签订房地产转让协议一份，约定转让某房产给罗丽，签订协议当天，罗丽的母亲向某公司交纳了 10 万元的房屋预付款，交款人的名字为罗丽，之后案外人代罗丽的母亲向某公司交纳房屋预付款 10 万元，用于归还其向罗丽的母亲的借款。2008 年 10 月 21 日，经罗丽母亲申请，在某公司的协助下，房地产转让协议上罗丽的名字变更为罗丽母亲的名字，上述房屋预付款的客户名称也变更为罗丽母亲的名字。2012 年法院判决罗丽与黄林离婚，对于上述已交纳的房屋预付款 20 万元的争议，法院告知另案起诉。

2013 年，黄林向法院主张上述房屋的预付款是罗丽支付的，罗丽为了剥夺其合法财产，将房屋转让给了其母亲，罗丽没有将其应得的一半转让款交付给自己，请求罗丽的母亲支付一半的房屋转让款给自己，并由罗丽承担连带偿付责任。罗丽答辩称，房屋的实际购买人为其母亲，房款也全部由其母亲支付，黄林既未参与签订合同也未付过房款，请求法院驳回黄林的诉讼请求。罗丽的母亲答辩称上述购房款均为其支付，请求法院驳回黄林的诉讼请求。本案的焦点问题是：对罗丽的母亲以罗丽的名义购房，之后又将罗丽的名字更改为自己的名字的行为如何定性？本案争议的房屋应该如何处理？理由是什么？

从法理角度分析：对罗丽的母亲以罗丽的名义购房，之后又将罗丽的名字更改为自己的名字的行为如何定性？一种意见认为，罗丽母亲以罗丽的名义签订协议的行为，根据《婚姻法司法解释（二）》第 22 条规定，当事人结婚后，父母为双方购置房屋出资的，该出资应认定为对夫妻双方的赠与，但父母明确表示赠与一方的除外。因此，本案应当认定为对罗丽和黄林的共同赠

与，之后罗丽的母亲私下将罗丽的名字更改为自己的名字无效。因此，应当支持黄林的诉讼请求；另一种意见认为，《婚姻法司法解释（三）》第7条第1款规定，婚后由一方父母出资为子女购买的不动产，产权登记在出资人子女名下的，可按照《婚姻法》第18条第（三）项的规定，视为只对自己子女的赠与，该不动产应当认定为夫妻一方的个人财产，所以应当驳回黄林的诉讼请求。本案涉及对上述《婚姻法司法解释（二）》《婚姻法司法解释（三）》规定的理解。首先本案罗丽的母亲以罗丽的名义去签订购房合同，以罗丽的名义支付了一部分的购房款的行为，从《婚姻法司法解释（二）》的规定看，罗丽母亲的行为应当视为对罗丽及黄林的共同赠予，从《婚姻法司法解释（三）》的规定看却不一定属于共同赠与，因为《婚姻法司法解释（三）》需要满足登记在一方子女名下的条件。但是两个解释都认定，罗丽母亲以罗丽的名义去签订合同支付购房款的行为属于赠予行为。《合同法》第186条第1款规定，"赠与人在赠与财产的权利转移之前可以撤销赠与。"第187条规定，赠与的财产依法需要进行登记所有权才发生转移的，应当办理登记手续。故本案罗丽母亲在其以罗丽的名义所购买的房屋办理产权登记交付之前，又将所涉房屋及罗丽的名字更改至自己的名下，视为其撤销了赠与，而赠与一经撤销即发生法律效力，因此，黄林的诉讼请求不应予以支持。最后，法院判决驳回了黄林的诉讼请求。

4. 双方父母出资购房的情形，房产如何分割？

2008年2月，王某与赵某登记结婚。为了置办住房，王某父母将自己省吃俭用的积蓄20万元给了王某，赵某的父母也出资10万元，双方用30万元作为首付购买了一套新房。新房登记在王某个人的名下，贷款由小夫妻双方一起归还。2011年9月，王某、赵某感情不和要离婚，双方为房子的归属发生了争议。本案的焦点问题是：这套房子应该如何分割？

从法理角度分析：《婚姻法司法解释（三）》第7条规定，婚后由双方父母出资购买的不动产，产权登记在一方子女名下的，该不动产可认定为双方按照各自父母的出资份额按份共有，但当事人另有约定的除外。依据此条规定，本案中，双方的出资比例为2:1，所以双方离婚时应按照2:1的比例分割房屋产权。最后，法院审理认为，在我国，父母有为子女购置结婚用房的习俗。从现实社会生活中反映的情况看，父母为子女购买房屋，出资的目的是为子女结婚，出资的真实意思也应是对自己子女的赠与。本案中，房屋虽然登记在王某个人名下，但从出资额来看，并不能认定是其个人财产，而应该按照夫妻共有财产处理。结合王某与赵某对该房屋的出资数额比例为 2：1 可知，王某享有该房屋 2/3 的份额，赵某享有 1/3 的份额。目前，该房屋登记在王某名下，并由其与家人居住。将房屋分割给王某，涉案双方均无意见。王某则需根据赵某所占的份额，结合房屋市值，给予赵某补偿。因该房屋评估价格为 93 万元，据此，法院一审判决，王某需补偿赵某 31 万元。判决后，王某不服提起上诉。目前，二审法院，维持原判。

三、婚前支付了部分房款，婚后继续还贷的房屋分割纠纷的实务处理

1. 一方婚前支付了部分房款，婚后共同还贷的房屋分割

张海（化名）与李兰（化名）2007 年 4 月在上海长宁区民政局登记结婚，婚后无子。张海婚前购总值 200 万元的房屋一套，首付 50 万元，按揭 150 万元，利息 38 万。婚后 4 年，夫妻双方按揭还贷 30 万元，房屋总值升至 400 万元。2011 年 9 月，张海向上海市某区人民法院起诉离婚，李兰同意离婚，但要求分割这套房产。她的理由是：虽然房屋的首付款是张海支付的，但结婚 4 年来自己也和张海一同参与了还贷，这个房子有属于自己的部分，所以主张分割。张海则认为，房屋首付款是自己支付的，产权证也记载在原告一人名下，房子当然应该属于自己所有，被告无权分割。但原告同意支付被告婚后共同还贷款的一半作为补偿。本案的焦点问题是：该房屋应该归谁？如果房屋判归男方，那么男方应该补偿女方多少钱款？

从法理角度分析：其一，房产权属。按照《婚姻法司法解释（三）》第 10 条规定："夫妻一方婚前签订不动产买卖合同，以个人财产支付首付款并在银行贷款，婚后用夫妻共同财产还贷，不动产登记于首付款支付方名下的，离婚时该不动产由双方协议处理。依前款规定不能达成协议的，人民法院可以判决该不动产归产权登记一方，尚未归还的贷款为产权登记一方的个人债务。双方婚后共同还贷支付的款项及其相对应财产增值部分，离婚时应根据婚姻法第三十九条第一款规定的原则，由产权登记一方对另一方进行补偿。"根据此规定：系争房产应为张海个人物权。其二，根据以上规定，本案诉争房产系婚后共同还贷，虽然房屋产权本身为张海的个人财产，但对于婚后共同还贷部分及相应房产比例的增值部分，为共同财产。李兰参与了还贷，就对该房屋共同还贷部分所占房产比例及相应的增值部分享有一半的权利。其三，

计算补偿款应首先掌握以下基本情况：①涉案房屋购买时的价款；②首付款及其在购房款全款中的比例；③按揭贷款数额及其利息总额；④当事人以夫妻共同财产还款累计数额（包括利息）及其占全部房款和利息的比例；⑤尚未归还贷款及利息总额。补偿款计算公式为：一方应得补偿款＝夫妻婚后共同还贷数额÷实际总房款（总房款本金＋利息）×离婚时房屋的市场价值÷2。本案中房屋总价：2 000 000＋380 000＝2 380 000 元。女方应得比例为：300 000÷2 380 000×4 000 000÷2＝252 100 元。最后法院判决，房屋归男方所有，剩余贷款由男方负责偿还，对于女方共同参与还贷的情形，男方张海应补偿李兰252 100 元。

2. 婚前双方出资，婚前办理产权证只有一方名字的房屋，离婚时的分割处理

实践中有这种情况，男女恋爱期间感情好，双方共同出资购房，但购房合同和产权证只有一方名字，婚后感情破裂，离婚时一方不承认另一方有出资，在不能证明自己有出资的情况下，一方的权益是无法保护的。也就是说，即使真有出资，但是没有证据证明自己的出资行为，法院是无法保护一方的合法权益的。此外，如果有证据证明另一方有出资的，房产也应该归产权登记一方所有，产权登记方要按照另一方参与还贷的款项及对应的增值部分给与另一方补偿，对于另一方的出资额要按照不当得利或借款予以返还。下面的案例就体现了这一点。

原告男方刘某与被告女方艾某于2011 年11 月18 日登记结婚，未生育。婚后因双方个性不能相容而产生矛盾，后彼此产生不信任而使矛盾加剧。2013 年8 月刘某起诉到法院，要求与艾某离婚。2011 年1 月签订预售合同，购买上海市四达路房屋产权登记在艾某名下。购房时总价2 279 120元，首付1 149 120 元，公积金贷款30 万元，商业贷款83 万元。2011 年1 月4 日刘某使用招商银行账户向开发商支付了22 万元，其余首付款由艾某支付。2012 年6 月一次性偿还贷款本金40 万元，2013 年6 月偿还贷款本金416 523.94 元，婚后共归还商业贷款本金825 191.03 元，结清银行商业贷款。婚后共归还公积金贷款本金15 128.11 元，目前尚余公积金贷款286 793.5 元。审理中经刘某申请，法院委托上海某土地房地产评估投资咨询有限公司对上海市四达路房屋价值进行了评估，结论为：2 966 300 元。刘某对评估结论无异议；艾某则认为不应兼用收益法评估，结论价格偏高。审理中刘某诉称，与艾某通过车友

会相识后，2011 年 11 月登记结婚，2013 年初艾某有了外遇，多次与其他男人一起出国旅游，还带至四达路家中过夜，艾某的行为伤透了刘某，夫妻感情剧烈恶化，要求与艾某离婚。刘某支付给开发商的 22 万元是用于购买房屋的款项，四达路房屋应是夫妻共同财产，要求按夫妻共同财产分割，刘某愿意获取折价款。艾某辩称，婚前刘某即脚踩两只船对感情不忠，婚后发现刘某脾气非常暴躁，婚后的生活一直处于争吵之中，2012 年 1 月刘某在网上与人协商开房，艾某提出分居而刘某也接受，现同意刘某的离婚请求。艾某要求认定四达路房屋属于自己的婚前财产，刘某支付 22 万元是结婚彩礼；购房时商业贷款 83 万元，公积金贷款 30 万元，商业贷款已还清，其中艾某婚前自行偿还了商业和公积金贷款共 98 660 元，婚后还清的商业贷款中 23 万元是艾某向他人借款归还的，婚后还贷主要是艾某归还，艾某对房屋作出完全贡献，离婚后，房屋不应分割。本案的焦点问题是：该套房屋到底属于双方共有还是属于女方的婚前个人财产？应该如何分割？

从法理角度分析：实践中经常会出现这种情形，男女双方在婚前共同出资购买房产用于结婚，但在办理购房合同及房产证时只写一方的名字。婚后双方又因感情破裂决定离婚时，一方却否认另一方在婚前购房时的出资，且认为房屋属于其婚前个人财产，不应作为夫妻共同财产来分割。在司法实务中，法院对于婚前由双方共同出资购买房屋而只登记于一方名下的离婚财产分割，通常以权属登记为主要认定标准，也就是说房屋产权登记在谁的名下即应属于谁，而对于另一方的出资损失，则多以不当得利进行补偿。若另一方当事人不能证明自己的出资，并证明该出资不是赠与或出借与另一方的，则该方当事人的权益是很难得到法律保障的。本案争议的焦点是婚前双方出资所购买的房产登记在女方艾某一人名下，该房产属于双方共同财产还是女方艾某的婚前个人财产？由双方共同出资购买，房屋产权却只登记在一方名下，即使当事人能够证明自己在婚前购买房屋时的出资，对此情形实践中也存在有两种看法：一是认为该房产属于登记方的婚前个人财产。不动产所有权的取得以登记为准，产权登记人在婚前就获得了该房屋的所有权，非产权登记人出资却放弃房屋登记，应视为对另一方的赠与或者借款；二是认为该房产是双方共有的婚前个人财产。产权登记人和非产权登记人共同出资购买的房屋，双方应当以出资金额为比例按份共有。本案当事人刘某虽然在婚前购房时也有出资，但系争房屋登记在艾某的名下，且艾某是房屋的主要付款人及贷款人，根据出资及还贷情况应认定系争房屋系艾某的婚前个人财产。刘某的出资依据《民法通则》第 92 条规定，"没有合法根据，取得不当利益，造成他人损失的，应当将取得的不当利益返还受损失的人。"艾某应当向刘某返还该款项。对于婚后共同还贷部分，依据《婚姻法司法解释（三）》第 10 条的规定，夫妻一方婚前签订不动产买卖合同，以个人财产支付首付款并在银行贷款，婚后用夫妻共同财产还贷，不动产登记于首付款支付方名下的，离婚时该不动产由双方协议处理，若双方无法协商一致，则法院可将房屋判归产权人一方所有，但其应根据双方婚后共同还贷支付的款项及其相对应财产增值部分，以《婚姻法》第 39 条第 1 款规定为原则对配偶进行补偿。《婚姻法》第 39 条第 1 款："离婚时，夫妻的共同财产由双方协议处理；协议不成时，由人民法院根据财产的具体情况，照顾子女和女方权益的原则判决。"故笔者认为，系争房屋应判归艾某所有，由艾某根据婚后共同还贷金额比例给予刘某相应房屋折价款，且艾某应向刘某返还购房款 22 万元。法院认为，上海市四达路房屋购买于婚前，当时双方已有交往和生活，虽现有证据表明刘某在购房时存在资金的投入，该资金投入的行为是发生在刘某对艾某购房行为明知的前提下，房屋产权仍登记在艾某一人名下，该房屋应为艾某个人财产。刘某投入的 22 万元，由于当时两人特殊的关系，双方对该款的性质并未作约定，但民事活动应当遵循自愿、公平、等价有偿、诚实信用的原则，离婚后艾某应当返还原告刘某 22 万元。艾某婚后偿还贷款的资金，双方均无个人出资的确实证据，应为夫妻共同财产。艾某主张借款还贷的资金，对此刘某予以否认，债权人亦无主张，本案不作处理。法院将考虑双方各自的出资金额以及房屋的增值因素，酌情确定房屋分割款的金额。裁判结果：上海市四达路房屋产权归艾某所有，该房屋剩余贷款由艾某负责偿还；艾某应于本判决生效之日起 10 日内支付刘某房屋分割款 54.6 万元；艾某另应于本判决生效之日起 10 日内返还刘某购房款 22 万元。[1]

四、离婚期间，一方擅自转让房产纠纷的实务处理

1. 离婚期间，一方擅自转让房产，第三人善意取得，转让有效

王某与邱某原系夫妻，双方婚后共同财产中有房屋一套，系邱某婚后操

---

〔1〕 参见 http://www.66law.cn/tiaoli/1940.aspx，2018 年 4 月 18 日访问。

作购买，故房屋产权证记载所有权人仅为邱某，无其他共有人。2013 年 1 月，王某起诉与邱某离婚。在离婚期间，邱某在没有征得王某同意的情况下，将共有房屋挂牌出售。孙某在某信息部看到邱某出售房屋的信息后，遂电话联系邱某，双方在 2013 年 2 月份最终商定房价 230 万元。后孙某付清 230 万元，并向房管部门提出过户申请。2013 年 4 月 21 日，孙某取得房屋的产权证。2013 年 3 月，王某在法院处理离婚财产时，方知共有房屋已被邱某出卖，遂诉至法院，请求确认邱某与孙某之间的房屋买卖行为无效。本案在审理过程中，经王某申请，法院委托有资质的评估鉴定所进行评估鉴定，确定讼争房屋的市场交易价为 2 389 251.2 元。本案的焦点问题是：王某的请求能否得到支持？理由是什么？

从法理角度分析：善意取得作为一项重要的民事法律制度，目的在于保护物权变动的公信力，鼓励交易，维护正常的交易秩序。《民通意见》第 89 条规定："共同共有人对共有财产享有共同的权利，承担共同的义务。在共同共有关系存续期间，部分共有人擅自处分共有财产的，一般认定无效。但第三人善意、有偿取得该财产的，应当维护第三人的合法权益，对其他共有人的损失，由擅自处分共有财产的人赔偿。"这是我国以司法解释的形式，第一次明确地确认善意取得制度。2007 年 10 月 1 日物权法施行后，对无权处分人处分财产后受让人是否取得财产所有权进行了明确规定。据《物权法》第 106 条规定，不动产善意取得的构成要件为：①出让人无处分权；②受让人为善意；③合理价格有偿转让；④依照法律规定已经办理物权变动登记。2011 年 8 月 13 日起施行的《婚姻法司法解释（三）》第 11 条也明确规定："一方未经另一方同意出售夫妻共同共有的房屋，第三人善意购买、支付合理对价并办理产权登记手续，另一方主张追回该房屋的，人民法院不予支持。夫妻一方擅自处分共同共有的房屋造成另一方损失，离婚时另一方请求赔偿损失的，人民法院应予支持。"由此可见，本案中，孙某取得房屋是否构成善意是解决本案焦点问题的关键。在审判实践和理论研讨中，多结合具体案情，采用推定方法，即由原权利人对受让人是否具有恶意进行举证；如果不能证明受让人为恶意，则推定受让人为善意。本案讼争房屋在转让时，其房产权证中的权利人仅登记为邱某一人，而无其他共有人。根据房产权证的物权法定和公示原则，孙某有理由相信房屋为邱某的个人财产。加上孙某是在看到某信息部的转让信息后才联系购买的讼争房屋，即使该房屋有其他共有人，孙某也有理由相信系其他共有人同意转让。而王某除了个人怀疑，并无充分证据证明孙某在交易时具有恶意，故本案应认定孙某系善意购买。[1]经评估鉴定，本案讼争房屋整套市场交易价为 2 389 251.2 元，而邱某与孙某买卖时的实际交易价 230 万元，基本达到了市场交易价，故可以认定孙某约定和实际交付的房款 230 万元是合理的。综上所述，本案中，孙某取得讼争房屋应认定构成善意取得，且讼争房屋已经办理了过户登记，故应认定邱某转让给孙某房屋的行为有效，法院应驳回王某的诉讼请求。最后法院判决，驳回了王某的诉讼请求。对于王某因邱某擅自转让共有房产给其造成的损失，王某只能请求邱某给与补偿。

2. 一方擅自转让房产，第三人恶意取得，转让无效

李先生与俞女士是夫妻，某市长阳路某处房产是两人婚后俞女士单位分配的公房。2000 年 7 月，俞女士将该房买下，产权证上登记的权利人仅俞女士一人。近年来，两人的夫妻感情日趋恶化。俞女士曾于 2013 年 7 月和 2014 年 3 月向法院提起离婚诉讼，但均未获准。2014 年 10 月 11 日，俞女士再次提起离婚诉讼。同日，俞女士以签订房屋买卖合同的形式，私自将房屋无偿转让给两人的儿子小李，并办理了房屋过户。直到 2014 年 12 月离婚分割夫妻共同财产时，李先生才发现房屋产权人已变为小李。李先生以俞女士和小李为被告，向法院另案诉讼，要求确认房屋转让合同无效。本案的焦点问题是：李先生的请求能否得到支持？

从法理角度分析：《婚姻法》第 17 条规定，"夫妻对共同所有的财产，有平等的处理权"。《婚姻法司法解释（一）》第 17 条规定："婚姻法第十七条关于'夫或妻对夫妻共同所有的财产，有平等的处理权'的规定，应当理解为：（一）夫或妻在处理夫妻共同财产上的权利是平等的。因日常生活需要而处理夫妻共同财产的，任何一方均有权决定。（二）夫或妻非因日常生活需要对夫妻共同财产做重要处理决定，夫妻双方应当平等协商，取得一致意见。他人有理由相信其为夫妻双方共同意思表示的，另一方不得以不同意或不知道为由对抗善意第三人。"按照以上规定，不能要求夫妻之间，对于一些鸡毛蒜皮的小事都要双方同意，但对于出卖房屋这样重大的财产决定，一方不与另一方商议，应当认定为对其财产处理权构成了侵害，构成"擅自处分"。

---

[1] 参见 http://www.66law.cn/goodcase/34730.aspx，2018 年 5 月 16 日访问。

《婚姻法司法解释（三）》第 11 条第 1 款规定："一方未经另一方同意出售夫妻共同共有的房屋，第三人善意购买、支付合理对价并办理产权登记手续，另一方主张追回该房屋的，人民法院不予支持。"本案中的房产属于夫妻共同财产，在处理该房产时，俞女士应当取得李先生的同意。俞女士擅自处分共同共有的房屋的行为，已经侵犯了李先生的合法权益。而在本案中小李也并非善意的第三人，更没有支付合理对价，不属于司法解释中规定的"善意购买、支付合理对价并办理产权登记手续"的情况。所以应该确认俞女士与小李的房屋买卖合同无效。法院审理后认为：虽然房产证上登记的是俞女士，但因是婚姻关系存续期间取得，应认定为夫妻共有财产。俞女士未经李先生同意，通过签订房地产买卖合同的形式将房屋无偿转让给小李，属无权处分的行为。小李明知房屋为父母共有财产，父母已多次发生离婚诉讼，且父母对房屋存有争议，在未得到父亲同意的情况下无偿取得该房，不属善意。根据法律规定，无权处分他人财产必须经过对财产享有处分权人的事后追认，现李先生拒绝追认，要求确认房屋转让行为无效，于法有据，应予支持。遂判决：俞女士和小李签订的房地产转让合同无效，并确认该房屋归李先生和俞女士共有。

3. 离婚中一方擅自转让房产情况下赔偿数额的计算方法

2004 年年初，原告赖某某与被告徐某甲双方通过网络结识，并于 2004 年 9 月 22 日登记结婚。次年 5 月 15 日女儿徐某乙出生，女儿出生后双方矛盾不断，后于 2008 年年底夫妻双方分居，女儿徐某乙一直跟随女方居住生活。2006 年 8 月 28 日，原被告双方曾以被告徐某甲的名义购买了布吉可园×号楼×单元×号房产，建筑面积 90.55 平方米，单价为 7608 元每平方米，房款总额为 531 165 元，采用了按揭贷款的方式购买物业，贷款总额为 370 000 元。2008 年 10 月 13 日，被告徐某甲以无力供楼为由，将上述物业以登记价 608 800 元的价格转卖给第三人，并办理了产权转移登记。原告称被告卖房时并未与其商议，经其同意。被告称这套房产虽是婚后购买，但买房的首期款及按揭款均来源于其卖掉婚前个人财产即横岗大康村花园路×号的宅基地所得款项，被告为此向法庭提交了大康社区居民小组出具的证明及银行汇款转账明细，证明在 2006 年 7 月将宅基地上自建房屋出售给李某某、何某某，价款为人民币 385 000 元，何某某于 2006 年 7 月 30 日向徐某甲的中国银行账户存款人民币 360 000 元。徐某甲的该银行账户显示，2006 年 8 月 28 日，徐某甲取款人民币13万元，于当日汇入佳兆业地产（深圳）有限公司（布吉可园的开发商）账户以缴交首期款。被告还认为，根据其提交的银行交易明细可知，每期的按揭款均由其从转卖自建房屋所得款项中支付，其姐姐徐某丙在其无力支付按揭款的情形下，多次借款给其偿还房贷。原告则认为，购房款是共同出资的，其也支付过房屋的按揭贷款，同时房屋的装修款也是由其支付的。2006年3月28日，被告徐某甲及其姐夫David联名（各占50%产权）购买了深圳市罗湖区草埔比华利山庄×栋×号房产，建筑面积133.16平方米，登记价格为人民币313 000元。2010年5月25日，被告徐某甲及其姐夫David又将上述房产转卖给第三人，并办理了过户登记，登记价格仍为人民币313 000元。被告辩称，其本人并没有购买能力，比华利山庄的房产实际上全部由其姐姐徐某丙、姐夫David出资购买，也完全由其姐姐和姐夫占有、使用、支配。2008年双方分居，2008年8月赖某某起诉与徐某甲离婚，并主张分割夫妻共同财产。双方争议的焦点问题是：比华利山庄的房产中徐某甲名下的份额是否属于夫妻共同财产？徐某甲是否存在擅自转让布吉可园×号楼×单元×号房产及比华利山庄的房产的问题？如果是，赖某某的损失应该如何计算？

从法理角度分析：夫妻一方出售夫妻共同房屋是否有效，物权法与婚姻法的规定是一致的，把受让人是否属于善意作为判断标准。一方出售房屋的有效条件是：第一，受让人需是善意的。如不知道出让人是无处分权人；第二，受让人支付了合理的价款；第三，转让的房屋已经进行转让登记。那么，不符合上述有效条件的，一方出售房屋当然无效。实践中应当注意的是，上述三项条件必须同时具备，否则，一方出售房屋无效。[1]《婚姻法司法解释（三）》第11条中"一方未经另一方同意出售夫妻共同所有的房屋"，"夫妻共同共有房屋"特指的是夫妻共同共有房屋，而不包含夫妻按份共有房屋在内。本条文的起草本意，是以夫妻一方出售行为是无权处分行为作为逻辑起点。该条所称同意应为夫妻另一方对配偶出售房屋的概括授权。也即只要有证据证明夫妻另一方曾作出统一出售房屋的意思表示，即应推定该同意为对其配偶自主决定出售价格、付款方式、交付时间等事项的概括同意。正确适用本条还需要第三人符合善意取得的构成要件，办理完产权登记。夫妻一方

---

〔1〕 王春辉、王礼仁："离婚案件房屋纠纷适用物权法若干问题研究"，载最高人民法院民事审判第一庭编：《民事审判指导与参考》（总第43集），法律出版社2011年版，第93页。

请求赔偿损失应以提起离婚诉讼为前提，这里的赔偿损失不涉及精神损害赔偿。[1]对于第一个问题的理解，不动产物权以登记公示为准，涉案房屋登记在徐某甲与其姐夫名下，购买于徐某甲夫妻关系存续期间，可见比华利山庄房屋徐某甲名下的份额属于徐某甲与赖某某的夫妻共同财产，符合法律规定。徐某甲2008年10月13日出售布吉可园×号楼×单元×号房产及2010年出售比华利山庄的房产的时候，均未征求赖某某的意见，显然属于擅自转让。因房屋均登记在徐某甲名下，所以第三人有理由相信徐某甲为有权出售房产人，所以第三人买受构成善意。而且第三人支付了合理对价，办理了产权变更登记手续，所以转让有效。但由此而给赖某某造成损失，徐某应该给与赔偿。

针对上述争议焦点，第一审人民法院判决（深圳市龙岗区人民法院［2012］深龙法横民初字第122号）：①准许原告赖某某与被告徐某甲离婚。②女儿徐某乙由原告赖某某抚养，被告徐某甲应于每月5日前支付抚养费1000元（给付期限从本判决生效之日起直至徐某乙年满18周岁时止）。③被告徐某甲于判决生效之日起10日内支付原告赖某某擅自转卖布吉可园×号楼×单元×号房产的损害赔偿款人民币248 025元。④被告徐某甲于判决生效之日起10日内支付原告赖某某擅自转卖深圳市罗湖区草埔比华利山庄×栋×号房产的损害赔偿款人民币266 320元。⑤驳回原告赖某某的其他诉讼请求。

徐某甲不服此判决，提出上诉。深圳市中级人民法院经审理后查明，对于比华利山庄房产，徐某甲二审提交了银行转账凭证、房地产买卖协议、居间合同、购房补充协议书、公证书、还贷证明书、客户还款清单，用以证明比华利山庄实际卖价为95万元，赎楼款为241 417.19元，担保费2000元，发生佣金6000元，税费5350.98元等。赖某某称确认比华利山庄实际卖价为95万元，对于其他赎楼的情况请法院核实。对于布吉可园房产，徐某甲二审提交了买卖合同、个人贷款还款通知单、个人贷款结清证明、委托书、补发入账证明申请书、账户明细、公证费发票、融资担保公司证明等，欲证明可园房屋实际卖价为68.8万元，赎楼款为333 553.99元，最初购买该房产发生担保费3700元、手续费500元等，赖某某对卖出布吉可园房产及赎楼证据的真实性无异议，但对关联性不予认可。二审法院认为，本案为离婚纠纷，双

---

〔1〕　最高人民法院民事审判第一庭编著：《最高人民法院婚姻法司法解释（三）理解与适用》，人民法院出版社2015年版，第176~184页。

方对原审判决双方离婚及子女抚养问题均未提出异议，二审法院予以确认。本案二审争议的焦点有三：一为比华利山庄房屋徐某甲名下的份额是否属于徐某甲与赖某某的夫妻共同财产；二为徐某甲是否存在隐瞒赖某某擅自转卖夫妻共同财产的事实，如存在，赖某某的损失如何计算；三为本案是否已过诉讼时效。对于争议焦点一，二审法院认为，不动产物权以登记公示为准，涉案房屋登记在徐某甲与其姐夫名下，购买于徐某甲夫妻关系存续期间，原审认定比华利山庄房屋徐某甲名下的份额属于徐某甲与赖某某的夫妻共同财产，符合法律规定，二审法院予以确认。徐某甲主张其姐姐、姐夫实际支付了购买及装修比华利山庄房屋的各项费用，其姐姐及姐夫可另循法律途径解决。对于争议焦点二，二审法院认为，涉案的房产均购买于夫妻关系存续期间，但未登记在赖某某名下。2008年赖某某与徐某甲分居，2008年8月，赖某某起诉离婚。2008年9月，徐某甲将布吉可园房屋卖出，2010年5月，徐某甲将比华利山庄房屋卖出。由上可以看出，首先，徐某甲具备在赖某某不知情的情况下独自卖房的条件，其次，双方均称曾在布吉可园房屋发生殴打，并导致公安机关出警解决，可见在双方分居期间，夫妻关系紧张。在此情况下，赖某某主张徐某甲擅自卖房转移夫妻共同财产，具有合理性，且徐某甲未举证证明赖某某曾参与卖房或者其卖房时赖某某知情，亦未举证其卖房后与赖某某共同使用了卖房款，原审采信赖某某的主张，认定徐某甲隐瞒赖某某，擅自转移夫妻共同财产，二审法院予以确认。《婚姻法司法解释（三）》第11条第2款规定，"夫妻一方擅自处分共同共有的房屋造成另一方损失，离婚时另一方请求赔偿损失的，人民法院应予支持。"《婚姻法》第47条规定，离婚时，一方隐藏、转移、变卖、毁损夫妻共同财产，或者伪造债务企图侵占另一方财产的，分割夫妻共同财产时，对隐藏、转移、变卖、毁损夫妻共同财产或者伪造债务的一方，可以少分或不分。对于赖某某损失数额的核定，二审认定为赖某某所受损失应为房屋价值增长可得利益的损失，故以两套房屋起诉时的市场价格作为计算依据。二审法院认为，在徐某甲擅自卖出房产时，变卖房屋的价值已经确定，徐某甲并不能在变卖房产时预测到房屋未来是升值或者贬值，原审以房屋价值增长可得利益来核算赖某某的损失，未考虑房屋亦可能在未来贬值的情况，增加了损失核算的不确定性，该计算方法是不客观的。赖某某的损失应以徐某甲卖房时的房屋价格为基础进行核算。徐某甲主张还应扣除税费、物业费、中介费、公证费、装修费等各种费用，二审法院认为，以上费用支出时间均在双方夫妻关系存续期间，徐某甲未举证证明其支出以上费用的来源系其个人财产，其资金来源亦为夫妻共同财产，故不应再行扣除。鉴于徐某甲存在隐瞒赖某某，擅自转移夫妻共同财产的行为，按照法律规定应少分或不分财产，二审法院酌定赖某某的损失按照徐某甲转移部分财产价值的70%计算。对于转移的这部分财产的价值，徐某甲提交了比华利山庄房屋及布吉可园房屋变卖的房地产买卖协议、居间合同、补充协议、转账记录、还贷证明等，能够证明比华利山庄房屋转让价格为95万元，赎楼款为241 417.19元，布吉可园房屋转让价格为68.8万元，赎楼款为333 553.99元，赖某某未提交相反证据予以证实，二审法院对徐某甲主张的上述两套房产的转让价格及赎楼情况予以采信。由此，对于比华利山庄房屋徐某甲应赔偿赖某某损失248 004元〔（950 000-241 417.19）÷2×0.7〕；对于布吉可园房屋徐某甲应赔偿赖某某损失为157 112元〔（688 000-333 553.99-130 000）×0.7〕。

对于争议焦点二，二审法院认为，婚姻法将夫妻财产共同共有作为原则，夫妻约定作为例外，在财产未分割之前，所有财产属于双方共同共有，也即夫妻一方对另一方的赔偿从来源到归处一般都是夫妻共同共有财产，婚内赔偿对一方的经济补偿性即失去意义，故夫妻一方提出财产损害赔偿应以离婚为前提。赖某某在离婚之诉中提出赔偿损失，符合法律规定，并未超过诉讼时效。对徐某甲的该上诉主张，二审法院不予支持。最后，二审法院作出终审判决（广东省深圳市中级人民法院〔2013〕深中法民终字第1795号）：①维持一审判决第一、二项；②撤销一审判决第五项；③变更一审判决第三项为：上诉人徐某甲于本判决生效之日起10日内支付被上诉人赖某某擅自转卖布吉可园×号楼×单元×号房产的损害赔偿款人民币157 112元；④变更一审判决第四项为：上诉人徐某甲于本判决生效之日起10日内支付被上诉人赖某某擅自转卖深圳市罗湖区草埔比华利山庄×栋×号房产的损害赔偿款人民币248 004元；⑤驳回被上诉人赖某某的其他诉讼请求。[1]

---

〔1〕　案例来源：吴晓芳主编：《婚姻家庭　继承案件裁判要点与观点》，法律出版社2016年版，第100~103页。

第四节　离婚其他财产分割纠纷的实务处理

一、财产保险及人身保险合同利益的分割处理

随着保险行业的迅速发展与人们保险意识的逐步提高，夫妻保险财产成为夫妻财产的重要内容之一，但是当事人在离婚分割夫妻共同财产时，往往将这部分财产内容忽视，甚至退保了之，造成了极大的损失。而关于夫妻保险财产的归属认定与离婚分割，在我国现行的法律法规以及司法解释中并没有予以规定，是立法上的空白。保险财产尤其是人寿保险涉及的财产数额往往较大，不可忽视，更加不可盲目退保，盲目退保不仅造成保障的空白更可能造成不必要的经济损失。《婚姻法司法解释（三）》颁布实施以后，对养老金、房产等财产作出了更加细致的规定，却对保险及其相关财产没有涉及。保险财产作为家庭财产的重要组成部分在我国现行《婚姻法》及其相关法律法规中却鲜有涉及。

夫妻保险财产是指夫妻一方或双方用其个人财产或夫妻共同财产出资购买各种类型的保险所获得的保险利益及其相关财产的总和，其外延包括：夫妻一方或双方在婚姻关系存续期间内已经获得或者确定能够获得的各项保险利益、夫妻离婚时尚处于有效期内的各项保险合同上的财产权利、返还型保险的保险储蓄金、投资型保险的投资金以及婚姻关系存续期间投资所取得的收益等。下面就财产保险利益与人身保险利益的分配来具体讨论。

（一）法律依据

（1）《婚姻法》第 17 条规定："夫妻在婚姻关系存续期间所得的下列财产，归夫妻共同所有：（一）工资、奖金；（二）生产、经营的收益；（三）知识产权的收益；（四）继承或赠与所得的财产，但本法第十八条第三项规定的除外；（五）其他应当归共同所有的财产……"

（2）《婚姻法》第 18 条规定："有下列情形之一的，为夫妻一方的财产：（一）一方的婚前财产；（二）一方因身体受到伤害获得的医疗费、残疾人生活补助费等费用；（三）遗嘱或赠与合同中确定只归夫或妻一方的财产；（四）一方专用的生活用品；（五）其他应当归一方的财产。"

（3）《婚姻法司法解释（二）》第 11 条规定："婚姻关系存续期间，下

列财产属于婚姻法第十七条规定的'其他应当归共同所有的财产'：（一）一方以个人财产投资取得的收益；（二）男女双方实际取得或者应当取得的住房补贴、住房公积金；（三）男女双方实际取得或者应当取得的养老保险金、破产安置补偿费。"

（4）《婚姻法司法解释（三）》第5条规定："夫妻一方个人财产在婚后产生的收益，除孳息和自然增值外，应认定为夫妻共同财产。"

（二）理解与实践把握

1. 保险属于夫妻共同财产吗？

从最终财产归属的角度来看，人寿保险合同中的投保人享有合同处置权（包括退保的现金价值）和收益权（红利和其他收益）；被保险人享有生存保险金、医疗保险金、残疾保险金、养老保险金和满期保险金；身故受益人包括指定受益人和法定受益人。

所以，在婚姻关系存续期间动用共同财产为一方投保所产生的利益，如果法律没有特别规定且夫妻双方没有特别约定的，包括现金价值、生存金、红利收益都应当视为夫妻共同财产。

2. 财产保险合同利益的分配要分三种情况来对待

（1）以夫妻共同财产为保险标的的情况。只要是在夫妻关系存续期间以一方或双方名义投保，而又在夫妻关系存续期间内取得的财产保险的保险金，根据《婚姻法》第17条的规定，应认定为夫妻共同财产来对待。

（2）以一方个人财产为保险标的的情况。如果保险是一方的婚前个人财产在婚姻关系存续期间投保，或保险金是一方的婚前个人财产在婚前投保而在婚后获得的，则不属于夫妻共同财产。

当然，在夫妻关系存续期间以夫妻共同财产为一方婚前个人财产缴纳保险费的，离婚时，应当以用来缴纳保险金所用去的夫妻共同财产的一半价值补偿另一方。

（3）离婚时仍处于有效期内的家庭财产保险合同的利益如何分配？

①离婚财产分割，如果该份投保的财产归一方所有，但这方不是原保险合同的签约当事人，或者夫妻均是原保险合同当事人，需要持法院的生效判决或调解书或签署的离婚协议书到保险公司办理合同变更或解除手续。②若解除保险合同，保险公司扣除已发生的保险费后剩余的保险费按夫妻共同财产分割。③如果经协商同意履行合同，可以办理相应的变更手续，由一方补

偿给另一方共同缴纳保险费的一半。④如果这份保险合同归一方所有，这方又是保险合同的投保人，该方与保险人之间的保险合同自动继续履行，但应以夫妻共同缴纳的保险费的一半补偿给另一方。[1]

3. 离婚时人身保险利益的处理

（1）离婚时已产生的保险金的分割。对于该问题又分三种情况：①以其中一方当事人为受益人的人身保险合同。对于该种合同，除非双方当事人约定该保险金为受益人一方所有，否则应按照《婚姻法》第17条规定的，夫妻在婚姻关系存续期间所得的财产作为夫妻共同财产的原则进行分割。②双方当事人均为受益人的人身保险合同，对于该情况按照夫妻共同财产对待即可。③夫妻双方为子女投保的人身保险视情况分割。子女未死亡的，所得保险金一律为子女所有；子女死亡的，作为遗产继承后分割；无论以个人财产还是共同财产购买的受益人为子女的保险，离婚时夫妻之间均无补偿问题，只需变更投保人或受益人（变为抚养方），不能变更的，对退保后的费用进行分割。

（2）离婚时，人身保险合同尚在履行期间的分割：①如果该人身保险合同的投保人是夫或妻一方，且指定受益人为夫或妻一方，那么对于这种情况下的人身保险合同，应当由人民法院判决确定由人身保险合同的当事人一方继续履行人身保险合同，告知当事人在该人身保险合同退保时或发生保险合同约定的保险事故后，方可根据产生的现金价值或产生的保险金进行分割。在具体分割时按夫妻关系存续期间已交的保险费占全部交纳的保险费的比例，再乘以人身保险合同产生的保险金或现金价值便是夫妻共同财产，最后再按夫妻共同财产的分割原则进行分割。②如果该人身保险合同投保人是夫或妻一方，而指定受益人是子女或夫、妻一方的亲属或对方亲属的。那么应当由人民法院判决确定该保险合同由一方当事人继续履行，如果发生了保险合同约定的保险事故，则保险金为受益人所有，不产生夫妻共同财产的分割问题，如果继续履行合同的一方当事人在离婚后退保，则按上述第一种情况的分割方法进行分割。

可见，"保险属于个人财产，离婚时不可分割"主要适用对象为获赔的保

---

[1] 潘熙："离婚时，财产保险合同的利益如何分配？"，载 http://www.110.com/ziliao/article-316006.html，2018年5月12日访问。

险金。

（三）司法实务处理分析

保险单属于夫妻共同财产，应平均分割。2012 年 1 月 18 日，被告蒋某在中国人寿（21.82 +0.41%，买入）（19.36 +0.21%）保险股份有限公司湖南省分公司投保了国寿新鸿泰两全保险（分红型），保险期间为 6 年，基本保险费为 45 000 元，到期保险金额为 48 510 元；2013 年 2 月 28 日，蒋某又在中国人寿保险股份有限公司湖南分公司投保了国寿安欣无忧两全保险（分红型），保险期间为 6 年，基本保险费为 19 674.9 元，到期保险金额为 21 000 元。两份保单的投保人、被保险人均为蒋某。两份保单基本保险费为 64 593 元，到期保单现金价值为 69 510 元。截至 2016 年 3 月底两份保单的现金价值为 63 020.69 元。2015 年 4 月 16 日，原、被告在民政部门协议离婚，离婚时，没有对其夫妻共同财产进行分割，故现原告向法院起诉，要求分割两份保单的现金价值。本案的焦点问题是：保险单是否属于夫妻共同财产，如何分割？

从法理角度分析：《婚姻法》第 17 条规定："夫妻在婚姻关系存续期间所得的下列财产，归夫妻共同所有：（一）工资、奖金；（二）生产、经营的收益；（三）知识产权的收益；（四）继承或赠与所得的财产，但本法第十八条第三项规定的除外；（五）其他应当归共同所有的财产……"《婚姻法司法解释（三）》第 5 条规定："夫妻一方个人财产在婚后产生的收益，除孳息和自然增值外，应认定为夫妻共同财产。"根据以上规定，一般在夫妻关系存续期间获得的保险金的分割原则是：①共同财产投保的，保险金为共同财产；②个人财产在婚前投保，保险金为个人财产；③个人财产在婚后以共同财产投保，保险金为个人财产，但已缴纳的保险费中有一半属于对方。本案中，被告蒋某在婚姻关系存续期间购买了两份分红型保险，如果蒋某不能证明购买保险的投保资金是用属于自己的个人财产购买的，就推定是用共同财产投资购买的保险，那么无论本金还是收益，均属于夫妻共同财产，应当平均分割。

法院经审理认为：被告在其婚姻关系存续期间，在保险公司购买了两份分红型保险，其具有一定的经济价值，应认定为原、被告的夫妻共同财产。原、被告于 2015 年 4 月 16 日在民政部门协议离婚，但离婚时，没有对上述夫妻财产进行分割，根据《婚姻法》第 17 条第 2 款"夫妻对共同所有的财产，有平等的处理权"，及《财产若干意见》第 8 条"夫妻共同财产，原则上均等分割"的规定，故对原告要求平均分割该两份保单截至 2016 年 3 月底的现金价值的诉求，予以支持。因两份保险合同的投保人及被保险人均为被告，为避免后续纠纷的发生，确定该两份保单权利归被告享有，由被告给予原告相当于保险单现金价值 50% 的补偿。人民法院依照《婚姻法》第 17 条第 2 款、《财产若干意见》第 8 条、《民事诉讼法》第 144 条的规定，作出如下判决：被告蒋某在中国人寿保险股份有限公司投保的两份保险合同的权益归被告蒋某享有，由被告蒋某在本判决生效之日起 10 日内给付原告邓某补偿款31 510.34 元。

二、公司、企业股权的分割实务

（一）夫妻以一方名义在有限责任公司出资的处理依据

《婚姻法司法解释（二）》第 16 条规定："人民法院审理离婚案件，涉及分割夫妻共同财产中以一方名义在有限责任公司的出资额，另一方不是该公司股东的，按以下情形分别处理：（一）夫妻双方协商一致将出资额部分或者全部转让给该股东的配偶，过半数股东同意、其他股东明确表示放弃优先购买权的，该股东的配偶可以成为该公司股东；（二）夫妻双方就出资额转让份额和转让价格等事项协商一致后，过半数股东不同意转让，但愿意以同等价格购买该出资额的，人民法院可以对转让出资所得财产进行分割。过半数股东不同意转让，也不愿意以同等价格购买该出资额的，视为其同意转让，该股东的配偶可以成为该公司股东。用于证明前款规定的过半数股东同意的证据，可以是股东会决议，也可以是当事人通过其他合法途径取得的股东的书面声明材料。"

根据有关司法机关的审判实践，对于夫妻共同出资与他人设立有限公司的情况，在离婚时处理原则与合伙情况类似。应当注意的是，在以股份转让形式处理夫妻共同出资时，应当符合公司法的相关规定，并办理相应的登记。对于双方共同投资购买的股票，应认定为夫妻共同财产，属于记名股票的，按照记名股票转让的程序分割；属于无记名股票的，由持有股票的一方将股票的一半交付给另一方即可。

（二）司法实务处理分析

1. 夫妻一方在有限公司出资的分割

原告陈冰（女，化名），被告林立平（男，化名）于 2009 年结婚。2013

年，被告以两人婚后的积蓄与王某合资成立了某有限公司，注册资金 400 万元。公司成立后，业务开展较为顺利，赢利可观。2016 年 10 月，原告以与被告感情不和为由提出离婚，并要求对包括某有限公司 51% 的股权在内的夫妻共同财产进行分割。被告同意离婚，但认为某有限公司是以自己的名义与他人合资创立的，原告一直未参与该公司的经营，且由于两人感情恶化，离婚后如果原告参与该公司经营，容易产生内部分歧，对公司发展不利。王某也不同意原告加入。被告提出给予原告当初出资的一半作为补偿。双方经协商未果，2017 年 11 月，原告向人民法院提出诉讼，要求离婚并分割财产。本案的焦点问题是：如何分割以上出资额？

从法理角度分析：①被告以婚后共同财产出资的股权，根据婚姻法及其司法解释应该属于共同财产，原告有权要求分割；②在王某不同意原告成为股东的前提下，股权的作价应该按出资及收益来计算，不能只按当时出资额计算。因为在公司经营中，资本会增值，原告方要求以司法评估作为计价的依据来进行分割合理合法。所以这部分出资额应该按照共同财产进行分割，但必须符合公司法的有关规定。法院审理认为，被告的抗辩理由不能成立，虽然原告未参与经营，但是对婚后出资的股权应该认定为共同财产，进而判决离婚的同时，还判决被告给付原告 960 万元人民币作为公司股权的补偿。

2. 夫妻离婚，未经其他股东同意的股权转让协议无效

张某（男）与艾某（女）2004 年 4 月协议离婚。根据离婚协议，张某将其名下的上海市某钢套厂 30% 的股权交给艾某，双方约定在离婚协议生效后的一个月内到工商局办理相关股权变更手续。2004 年 7 月，由于张某不配合艾某办理股权变更手续，艾某将张某告上法庭，要求其履行离婚协议。因为发生了官司，所以上海市某钢套厂的其他四名股东马上得知张某放弃股权这一情况。随即，其他四名股东对张某与艾某的转让协议提出异议，并提起诉讼，要求法院确认张某与艾某的离婚协议所涉及的股权转让部分无效，理由是侵犯了其他股东的优先受让权。本案的焦点问题是：张某与艾某的股权转让协议是否有效？为什么？

从法理角度分析：《婚姻法司法解释（二）》第 16 条规定，人民法院审理离婚案件，涉及分割夫妻共同财产中以一方名义在有限责任公司的出资额，另一方不是该公司股东的，另一方可以要求对方按其在公司中的出资额给予价值总额一半或适当的经济补偿；夫妻双方协商一致将出资额部分或者全部转

让给该股东的配偶的，按以下情形分别处理：①夫妻双方协商一致将出资额部分或者全部转让给该股东的配偶，过半数股东同意，其他股东明确表示放弃优先购买权的，该股东的配偶可以成为该公司股东。②夫妻双方就出资额转让份额和转让价格等事项协商一致后，过半数股东不同意转让，但愿意以同等价格购买该出资额的，人民法院可以对转让出资所得财产进行分割。过半数股东不同意转让，也不愿意以同等价格购买该出资额的，视为其同意转让，该股东的配偶可以成为该公司股东。用于证明前款规定的过半数股东同意的证据，可以是股东会决议，也可以是当事人通过其他合法途径取得的股东的书面声明材料。本案中，根据离婚协议，张某将其名下的上海市某钢套厂30%的股权交给艾某时，并没有征求其他股东的意见，更没有取得公司股东过半数的同意，侵害了其他股东的优先购买权，不符合公司法的有关规定，所以协议无效。最后法院经审理后认为，张某与艾某的离婚协议中关于张某将自己名下的股权无偿转让给艾某的条款，不能侵犯其他股东的优先购买权。如另有股东愿意以同等价格购买股权，法院应予以支持，现四名股东之一的赵某愿意以 30 万元的价格购买张某 30%的股权，其他三名股东也同意赵某购买。因此，法院判决张某 30%的股权转让给赵某所有，转让款由张某与艾某另案诉讼归属。

三、夫妻以一方名义投资设立独资企业及在合伙企业出资的分割处理

（一）夫妻以一方名义在合伙企业出资的处理

1. 法律依据

《婚姻法司法解释（二）》第 17 条规定："人民法院审理离婚案件，涉及分割夫妻共同财产中以一方名义在合伙企业中的出资，另一方不是该企业合伙人的，当夫妻双方协商一致，将其合伙企业中的财产份额全部或者部分转让给对方时，按以下情形分别处理：（一）其他合伙人一致同意的，该配偶依法取得合伙人地位；（二）其他合伙人不同意转让，在同等条件下行使优先受让权的，可以对转让所得的财产进行分割；（三）其他合伙人不同意转让，也不行使优先受让权，但同意该合伙人退伙或者退还部分财产份额的，可以对退还的财产进行分割；（四）其他合伙人既不同意转让，也不行使优先受让权，又不同意该合伙人退伙或者退还部分财产份额的，视为全体合伙人同意转让，该配偶依法取得合伙人地位。"

2. 理解与把握

根据相关司法机关的审判意见，夫妻共同出资与他人设立的合伙企业，如果夫妻双方都是合伙人，在双方均以各自所有的财产出资且都愿意继续参与合伙经营时，应尊重当事人的意思，由夫妻双方继续以各自的出资参与合伙企业的经营，按合伙协议的约定分配盈余，承担债务。如果一方不愿意继续参与经营，应按照退伙的有关规定处理。

如果一方以夫妻共同财产出资与他人设立合伙企业，除另有约定外，夫妻双方之间对该出资以及因该出资而产生的收益有共同的处分权。若未参与经营的一方想参与合伙企业的经营，应按入伙的有关规定处理，但是在具体操作上，可由参与经营的一方将其在合伙企业中出资的一半转让给另一方的形式，而不必由另一方再实际出资，这类似于合伙人向合伙人以外的人转让其在合伙中的份额的情形。如果未参与经营的一方不想参与合伙企业的经营，或者原合伙企业的其他合伙人不同意其入伙，则应由参与合伙的一方对另一方作出补偿。这种补偿不应以出资时的出资额为标准，因为个别合伙企业的经营状况处于不断的变化之中，原始的出资额外负担已经转化为基于出资而享有的权益，故在离婚时，应对这种权益的价值进行评估，将其价值的一半作价补偿给另一方。此时评估的价值可能多于出资额，也可能少于出资额。如果参与经营的一方不想继续经营而未参与经营的一方想参与到合伙企业的经营中来，应当由夫妻双方与其他合伙人共同协商，协商不成的，应当按照合伙份额转让的一般规定处理，实际操作中可以由参与经营的一方以给予另一方补偿的方式参与到合伙中。要注意依法保护其他合伙人的优先购买权，其他合伙人行使该权利时，夫妻一方转让合伙份额的所得应当作为夫妻共同财产分割。应当注意一方为逃避责任而转移合伙企业财产或者与其他合伙人串通转移合伙企业财产的情况，如果发现，应当按照妨碍民事诉讼的有关规定处理。[1]

3. 司法实务处理分析

张立文（化名）和何小莉（化名）结婚五年一直都分居两地，张立文为了事业长期驻扎在深圳，而何小莉则在陕西老家照顾孩子和老人。多年的分居使两人的沟通出现了问题，两人决定"好聚好散"。在办理离婚登记时，两

---

〔1〕　参见 http://www.fabao365.com/guquan/139897/，2018 年 6 月 22 日访问。

人在财产分配上遇到了难题：张立文在陕西西安一家普通合伙企业出资 30 万元，两人商量想把这个出资份额全部转让给何小莉，但是其他合伙人不同意。那该怎么办呢？

从法理角度分析：本案主要涉及如何分配夫妻以一方名义在合伙企业的出资额的法律问题。合伙企业，是指自然人、法人和其他组织依照《合伙企业法》在中国境内设立的，由两个或两个以上的合伙人订立合伙协议，为经营共同事业，共同出资、合伙经营、共享收益、共担风险的营利性组织，其包括普通合伙企业和有限合伙企业。在普通合伙企业里，合伙人均为普通合伙人，对合伙企业的债务承担无限连带责任，不以出资额为限。根据我国《婚姻法司法解释（二）》第 17 条的规定："……当夫妻双方协商一致，将其合伙企业中的财产份额全部或者部分转让给对方时，按以下情形分别处理：（一）其他合伙人一致同意的，该配偶依法取得合伙人地位。（二）其他合伙人不同意转让，在同等条件下行使优先受让权的，可以对转让所得的财产进行分割。（三）其他合伙人不同意转让，也不行使优先受让权，但同意该合伙人退伙或者退还部分财产份额的，可以对退还的财产进行分割。（四）其他合伙人既不同意转让，也不行使优先受让权，又不同意该合伙人退伙或者退还部分财产份额的，视为全体合伙人同意转让，该配偶依法取得合伙人地位。"本案中，张立文想把出资份额全部转让给何小莉，但是其他合伙人不同意，可采取如下三种处理办法：①其他合伙人不同意转让，在同等条件下行使优先购买权的，可以对转让所得的财产进行分割。②其他合伙人不同意转让，也不行使优先受让权，但同意张立文退伙或者退还部分财产份额的，可以对退还的财产进行分割。③其他合伙人既不同意转让，也不行使优先受让权，又不同意张立文退伙或者退还部分财产份额的，视为全体合伙人同意转让，何小莉依法取得合伙人地位。[1]

（二）夫妻以一方名义投资设立独资企业出资的处理

1. 法律依据

《婚姻法司法解释（二）》第 18 条规定："夫妻以一方名义投资设立独资企业的，人民法院分割夫妻在该独资企业中的共同财产时，应当按照以下情形分别处理：（一）一方主张经营该企业的，对企业资产进行评估后，由取

---

〔1〕 参见 http://www.hyw028.com/show.asp? id＝969，2018 年 6 月 13 日访问。

得企业一方给予另一方相应的补偿；（二）双方均主张经营该企业的，在双方竞价基础上，由取得企业的一方给予另一方相应的补偿；（三）双方均不愿意经营该企业的，按照《中华人民共和国个人独资企业法》等有关规定办理。"

2. 司法实务分析

王某（男）与李某（女）于 2003 年登记结婚，2004 年王某父亲去世，王某继承父亲的遗产 100 万元，2005 年王某用该 100 万元以个人名义投资成立了一家服装厂。由于王某经营有方，至 2008 年时服装厂盈利即高达 1000 万元，但由于王某忙于生意与李某的交流日渐减少，导致夫妻感情破裂，2009 年李某起诉至法院要求与王某离婚，王某同意李某的离婚要求，但不同意分割服装厂的所有权给李某。本案的焦点问题是：这一独资企业的资产应该如何分割？[1]

从法理角度分析：《婚姻法》第 17 条第 1 款规定："夫妻在婚姻关系存续期间所得的下列财产，归夫妻共同所有：（一）工资、奖金；（二）生产、经营的收益；（三）知识产权的收益；（四）继承或赠与所得的财产，但本法第十八条第三项规定的除外；（五）其他应当归共同所有的财产。"按照这一规定可见，王某在婚姻关系存续期间继承父亲遗产的 100 万元属于夫妻共同财产。对投资人以夫妻共同财产作为个人出资设立企业的，不仅经营所得为夫妻共同所有，企业财产也为夫妻共同财产。《婚姻法》第 17 条第 2 款规定："夫妻对共同所有的财产，有平等的处理权"，根据该规定，夫妻作为财产的共同共有人，对全部共同财产应当不分份额地享有同等的权利，承担同等的义务。夫妻以一方名义用共同财产投资设立个人独资企业的，企业财产仍属于夫妻共同财产。司法实践中，在离婚时引发的纠纷主要表现为三种情况，最高人民法院司法解释也作出了明确规定：①一方主张经营该企业的，对企业资产进行评估后，由取得企业一方给予另一方相应的补偿。②双方均主张经营该企业的，在双方竞价基础上，由取得企业的一方给予另一方相应的补偿。③双方均不愿意经营该企业的，按照《个人独资企业法》等有关规定处理。如将企业解散并清算，但个人独资企业解散后，原投资人对个人独资企业存续期间的债务仍应承担偿还责任。企业债务全部清偿完毕后的剩余财产，作为夫妻共同财产予以分割。人民法院经审理认为，王某在婚姻关系存续期

---

〔1〕　参见 http://www.66law.cn/topic2012/lhsgsgffg/142734.shtml，2018 年 6 月 18 日访问。

间用夫妻共同财产投资成立的独资企业——某某服装厂,虽由王某一人经营管理。该企业的所有资产仍应当认定为夫妻共同财产。考虑到独资企业的特殊性质,其所有权不可以分割,故法院判决服装厂不变更其法定代表人,仍归王某所有,但王某应给付李某相当于该服装厂总资产 1/2 的经济补偿。

四、特殊财产的分割处理

1. 婚前个人财产婚后购买房屋,其增值属于共同财产

李女士与赵先生于 2013 年 5 月 20 日登记结婚,婚后感情较好,但是一直未生育子女。后双方因家庭琐事不断吵架,甚至经常上演"全武行"。现李女士向法院起诉,要求法院判决离婚,并依法分割夫妻共同财产。

在庭审中,赵先生同意离婚,答辩时称其与李女士在结婚时曾口头约定实行分别财产制,但对此李女士不予认可。2014 年 5 月,赵先生以个人婚前存款出资购买了市中心的 A 房屋,总价款 90 万元,登记在赵先生名下,现在也由赵先生居住生活使用。2015 年 3 月,赵先生名下位于城乡接合处的房屋拆迁,赵先生获得拆迁补偿款共计 200 万元,随后赵先生以拆迁补偿款出资140 万分别购买了 B 房屋、C 房屋,均登记在赵先生的名下,现由赵先生用于出租。李女士认为,2014 年 5 月购买的 A 房屋、2015 年 3 月用拆迁补偿款购买的 B 房屋、C 房屋均在结婚后购买,故这三套房屋均应为夫妻共同财产,在离婚时应平均分割。

同时,赵先生用其拆迁补偿款中的 50 万元购买了中国农业银行的个人理财产品,现可以获得增值为 28 450 元。本案争议的焦点问题是:赵先生以婚前存款及婚后获得的拆迁补偿款购买的房屋和银行理财产品及相应增值部分是否属于夫妻共同财产?

从法理角度分析:首先,我国法律规定夫妻之间关于财产的约定应当采用书面形式。赵先生主张在双方结婚时口头约定婚姻关系存续期间取得的财产归各自所有,由于没有书面形式,李女士也不予认可,故对于赵先生的答辩意见法院不予支持。其次,根据《婚姻法司法解释(二)》第 11 条规定:"婚姻关系存续期间,下列财产属于婚姻法第十七条规定的'其他应当归共同所有的财产':(一)一方以个人财产投资取得的收益;……"以及《婚姻法司法解释(三)》第 5 条的规定:"夫妻一方个人财产在婚后产生的收益,除孳息和自然增值外,应认定为夫妻共同财产。"本案中,在李女士与赵先生婚

姻关系存续期间，赵先生用其结婚前个人存款及拆迁补偿款购买的房屋以及银行理财产品，均属于婚后的投资、经营行为，因此获得的经营收益，包括房屋的增值、租金，理财产品的增值，以及赵先生的工资收入等，均应当作为夫妻共同财产予以分割。[1]最后，法院在尊重现有财产格局的情况下，考虑到双方的实际生活情况，判决准予李女士与赵先生离婚；双方各自名下存款、理财产品等归各自所有；上述 3 套房屋中 B 房屋归李女士所有，A 房屋、C 房屋归赵先生所有，并由赵先生向李女士支付 98 万元作为补偿。赵先生不服一审判决，上诉至中级人民法院，经中级人民法院审理，最后判决：驳回赵先生上诉，维持原判。

2. 婚前购买的股票在婚后增值部分属于夫妻共同财产

张旭根（化名）与钱巧巧（化名）于 2009 年结婚。结婚前，张旭根名下有股票价值 25 万元，婚后，张旭根继续炒股。钱巧巧没有参加炒股，但将自己一部分工资收入投入进去，累计有 5 万元左右。2011 年，两人父母也各自投入了 4 万元。在投资时商定，每年付给两方父母 10% 的年息，盈亏不论。2013 年，钱巧巧与张旭根因感情不和提出离婚，要求将张旭根名下的股票（已增至 70 万元）作为夫妻共同财产分割。张旭根认为，该笔财产主要是自己婚前的股票的增值，因此其主体部分应当是自己的个人财产。双方父母可以按照当初的约定分得年息，至于钱巧巧以自己的工资收入投资的部分，可以按照比例获得一部分红利。双方无法达成一致，诉至法院。本案的焦点问题是：婚前购买的股票在婚后增值部分是否属于夫妻共同财产。

从法理角度分析：笔者认为，张旭根婚前所有的价值 25 万元的股票应当认定为张旭根的个人财产。双方父母投入的资金，在投资时双方有约定：每年付给两方的父母 10% 的年息，盈亏不论。因此，应当按照约定，划出本金的年息。钱巧巧以其工资收入投入的 5 万元，按照《婚姻法》第 17 条规定："夫妻在婚姻关系存续期间所得的下列财产，归夫妻共同所有：（一）工资、奖金；（二）生产经营的收益……"；《婚姻法司法解释（二）》第 11 条规定："婚姻关系存续期间，下列财产属于婚姻法第十七条规定的'其他应当归共同所有的财产'：（一）一方以个人财产投资取得的收益……"；《婚姻法司法解释（三）》第 5 条的规定："夫妻一方个人财产在婚后产生的收益，除孳

---

〔1〕 吴晓芳主编：《婚姻家庭 继承案件裁判要点与观点》，法律出版社 2016 年版，第 54 页。

息和自然增值外，应认定为夫妻共同财产。"一方用婚前个人财产购买股票基金等，如果婚姻关系存续期间进行了交易，其收益应当认定为夫妻共同财产。[1]所以，张旭根婚前所有的股票在婚后的增值部分，也可能包含钱巧巧投入的资金和相应的增值部分以及双方父母各自投入的4万元，故应当作为夫妻的共同财产。最后法院判决：①结婚前，张旭根名下有股票价值25万元，这部分财产属于其婚前个人财产；②现有股票总价值70万元减去25万元本金的45万元，分别给双方父母年息1万元后，余下的43万元属于夫妻的共同财产，应该平均分割。

3. 归一方使用的奢侈品应视为夫妻共同财产予以分割

涂某（男）与刘某（女）是高中同学，从大学开始谈恋爱，感情一直非常稳定。2012年6月，双方在民政局办理了结婚登记。2012年7月，涂某购买了一枚价值2万元的钻戒作为结婚戒指。2012年8月，涂某与刘某举办结婚仪式，并亲手给刘某戴上钻戒。2013年6月，因双方感情不和，涂某与刘某开始分居生活。2013年12月，涂某欲与刘某离婚并起诉至法院。在诉讼中，涂某认为钻戒是夫妻共同财产，应当按照夫妻共同财产进行分割；而刘某认为钻戒是她的个人财产。

那么本案焦点问题是：结婚钻戒是否属于夫妻共同财产？

从法理角度分析：《婚姻法》第18条规定："有下列情形之一的，为夫妻一方的财产：（一）一方的婚前财产；（二）一方因身体受到伤害获得的医疗费、残疾人生活补助费等费用；（三）遗嘱或赠与合同中确定只归夫或妻一方的财产；（四）一方专用的生活用品；（五）其他应当归一方的财产。"对于一方专用的生活用品法律没有明确的解释，在审判实践中，一般个人专用的生活用品归个人的原则一直适用。在婚姻关系存续期间，哪些生活用品归一方专用，是确定夫妻一方财产的一个主要标准之一。所谓归一方专用的生活用品，是指夫妻在日常生活中一方特别需要而购买的生活用品或另一方在日常生活中不方便或者不适宜使用的生活用品，具体而言，大致包含以下内容：①仅限于生活的用品，指夫妻日常生活中所需的物品，一般不指不动产、存款、无形财产，但不包含职业需要而购置的手提电脑、交通工具等。②财产价值不大，不属于贵重财产的日常生活用品，如鞋、帽、衣服及有些价值不

---

〔1〕 吴晓芳主编：《婚姻家庭 继承案件裁判要点与观点》，法律出版社2016年版，第56页。

大的图书、手机、专用的佩物、饰件等。③仅限于享有所有权的一方专用的物品，即夫妻一方特有的财产。④仅限于该生活用品由一方的单独利益使用的，如化妆品，但由一方使用，而为家庭生活共用服务的除外，如妻子单独使用的洗衣机、吸尘器等不能列入一方专用的生活用品。⑤由夫妻双方约定的、归一方专用的生活用品。确定哪些物品是归夫妻一方专用的物品，应视其财产价值和使用方的受益情况而定，不能只看该物品归谁使用。对于不是用于个人生活，而是用于收藏等价值较大的财产，就不能仅仅因为财产本身的男、女款式或归男女一方单独使用而认定为特有财产。所以用夫妻共同财产购买的且价值较大的生活用品，如贵重的首饰等，即使为一方专用，也应当属于夫妻共同财产。[1]本案中，结婚戒指平时是归女方使用，但物品的用途并非用于生活，故不属于生活用品，应该认定属于双方的共同财产。法院认为：钻戒是在婚姻关系存续期间为女方购买，但因价格较贵，除佩戴外还具有保值功能，并非单纯的生活用品，故应认定为夫妻共同财产进行分割。

4. 奖牌和奖金的财产性质认定

原告陈某茜（女）因与被告荫某武离婚及财产分割纠纷案，于2004年3月26日向某市人民法院提起诉讼。在庭审过程中原告陈某茜诉称：原、被告于1993年结婚，1994年10月生有一女荫某，现年9岁。自己与被告荫某武婚后性格不合，彼此对理想、事业、志趣均有所不同，结婚多年始终没有培养和建立起真正的夫妻感情。被告对自己参加社会活动横加阻拦、干涉，甚至连单位组织的春游等活动也不允许其参加。1994年以后，被告为了不让自己接触社会活动，硬是向单位提出只上夜班，白天他自己在家睡觉。原告下班，被告上班，带孩子、做家务全由原告一人承担。自1998年以来，原告克服了常人难以想象的困难，边带孩子，边参加围棋训练，并在全市各种围棋比赛中获奖。这些荣誉使被告心理反差增大，进而粗暴地干涉原告参加比赛。2000年3月，被告将原告打伤，导致其住院1个月。因此两人于2003年5月至今一直分居，夫妻感情确已破裂，现向人民法院提出离婚的诉讼请求：孩子由原告抚养；现有二居室住房可以归被告所有，但应当给原告一半的补偿金；在比赛中获得的奖金5万元应归原告所有，10万元共同存款原告与被告各一半。被告荫某武辩称：其与原告婚姻基础好，正是因为感情好，才不愿

---

〔1〕 吴晓芳主编：《婚姻家庭　继承案件裁判要点与观点》，法律出版社2016年版，第49页。

原告参加更多的活动。有了孩子之后，原告还要坚持参加围棋比赛，因为比赛，许多家务都是被告一个大男人承担。为了让原告收心其才坚决要求上夜班。那次将原告打伤是自己的不对，但从此后原告就不辞而别，搬回娘家住。被告多次让原告回家，原告就是不回。要是原告坚持离婚，被告也同意。但是，现居住的房子是被告家的祖房，跟原告没有任何关系；原告获得的奖金都是在我们结婚期间得到的，因此应当平均分割。本案争议的焦点问题是：婚姻关系存续期间所获得的奖牌、奖金是否属于夫妻共同财产？

从法理角度分析：《婚姻法》就离婚时夫妻共同财产的分割问题作出专门的规定。在夫妻未就婚姻关系存续期间所得财产的归属作出明确约定时，适用法定的夫妻财产制的分配原则。《婚姻法》第17条、第18对法定状态下的相关夫妻共同财产制和个人财产制作出规定，根据法律的规定和相关的司法解释，属于法定夫妻共同所有的财产有：工资、奖金；生产、经营的收益；知识产权的收益；继承或赠与所得的财产，但遗嘱或赠与合同中确定只归夫或妻一方的财产除外；一方以个人财产投资取得的收益；男女双方实际取得或者应当取得的住房补贴、住房公积金；男女双方实际取得或者应当取得的养老保险金、破产安置补偿费。属于夫妻个人财产的有：一方的婚前财产；一方因身体受到伤害而获得的医疗费、残疾人生活补助费等费用；遗嘱或赠与合同中确定只归夫或妻一方的财产，一方专用的生活用品。但这些列举性财产无法涵盖现实生活中夫妻财产的全部，因此，《婚姻法》第17条、第18条对于夫妻共同财产和个人财产均作出"其他应当归共同所有"及"其他应当归一方"财产的概括性规定。如何理解这些概括性规定？在法学理论和司法实践中遵循的原则就是民法理论中关于人身权和财产权的基本原理。在夫妻关系存续期间，虽然夫妻组成了一个共同体，但在该共同体内，夫妻双方仍是各自独立的平等的民事主体。在婚姻关系解除时，对于约定不明或法律尚未明确规定为共同财产或个人财产的，一般本着具有特定人身权性质的财产认定为夫或妻的个人财产，其他则认定为夫妻共同财产的原则。本案中所涉及的原告因参加围棋比赛而得到的奖金，并非通常意义上的一切国家机关、社会团体、企事业单位和他人从事劳务活动所获取的定期或不定期的奖励，而是因参加围棋比赛而得到的奖励。奖金的多少取决于运动员成绩的高低，具有很强的荣誉性质，它是对运动员个人努力拼搏、积极进取精神的奖励。所以认定参赛获得的奖金为原告的个人财产是符合法律基本精神的，因为这种奖金的性质主要不在于其财产属性，更重要的是在于其中所包含的荣誉属性。"在体育比赛中所获得的奖金，主要是社会对取得优异成绩的运动员个人的一种评价，对获奖运动员来说，即为一种荣誉，而荣誉权属于人身权的范围，是与特定的人身分不开的。人身权只能由特定的人独立享有，不能与他人分享；人身权也不能转让。正是人身权的这种属性，决定了运动员所获奖金的个人所有的属性。"〔1〕

审理结果：人民法院经审理后认为：原告陈某茜、被告荫某武虽结婚多年，婚后生有一女儿荫某，但双方性格不合，经常吵架。被告多次对原告参加社会活动进行阻拦，并因此打伤原告，导致双方自2000年5月分居至起诉之时。双方现住房屋为被告婚前个人财产；双方婚后共有存款10万元；期间原告参加比赛获得金奖牌一个，奖金5万元。现双方均同意离婚；婚生子女荫某9岁，一直由原告抚养，现原告要求继续抚养孩子，其要求合理。

人民法院就共同财产问题调解无效后，依法判决：第一，准予双方离婚；第二，婚生子女由原告抚养；第三，被告每月支付抚养费500元；第四，婚生子女荫某由原告抚养；住房属于被告婚前个人财产，归被告所有。第五，原告所得奖牌奖金5万元归原告所有；第六，共同存款10万元，双方各分得5万元。判决后被告荫某武不服判决而上诉，认为奖牌可以归原告所有，5万元奖金应属共同财产，理由是军功章里有夫妻各一半。二审法院驳回了上诉，维持原判。〔2〕

---

〔1〕　祝铭山主编：《离婚中的财产分割纠纷》，中国法制出版社2003年版，第5页。

〔2〕　类似的判决在我国也早有先例，如1995年《最高人民法院公报》第2期刊登的"刘某坤诉郑某秋离婚及分割一方所获竞赛奖牌、奖金案"中的判决就是认定刘某坤在竞赛中所获得奖牌、奖金为其个人财产。

主要参考文献

1. ［德］恩格斯：《家庭、私有制和国家的起源》，人民出版社 1972 年版。

2. ［美］摩尔根：《古代社会》，杨东花等译，商务印书馆 1983 年版。

3. ［英］梅因：《古代法》，沈景一译，商务印书馆 1984 年版。

4. ［美］W. 古德：《家庭》，魏章玲译，社会科学文献出版社 1986 年版。

5. ［美］加里·斯坦利·贝克尔：《家庭论》，王献生、王宇译，商务印书馆 1998 年版。

6. ［奥地利］赖因哈德·西德尔：《家庭的社会演变》，王志东译，商务印书馆 1996 年版。

7. 杨立新：《家事法》，法律出版社 2013 年版。

8. 巫昌祯、杨大文主编：《走向 21 世纪的中国婚姻家庭》，吉林人民出版社 1995 年版。

9. 余延满：《亲属法原论》，法律出版社 2007 年版。

10. 张作华：《亲属身份行为基本理论研究》，法律出版社 2011 年版。

11. 李银河、马忆南主编：《婚姻法修改论争》，光明日报出版社 1999 年版。

12. 李志敏主编：《比较家庭法》，北京大学出版社 1988 年版。

13. 巫昌祯主编：《婚姻家庭法新论——比较研究与展望》，中国政法大学出版社 2002 年版。

14. 杨大文主编：《亲属法》（第 3 版），法律出版社 2003 年版。

15. 陈苇：《中国婚姻家庭法立法研究》，群众出版社 2000 年版。

16. 程维荣、袁奇钧：《婚姻家庭法律制度比较研究》，法律出版社 2011 年版。

17. 卢文捷：《夫妻忠实义务制度研究》，中国政法大学出版社 2015 年版。

18. 国家法官学院编：《全国专家型法官司法意见精粹（婚姻家庭与继承卷）》，中国法制出版社 2013 年版。

19. 吴国平、张影主编：《婚姻家庭法原理与实务》，中国政法大学出版社 2010 年版。

20. 景春兰：《婚姻家庭法理论与案例研究》，中国政法大学出版社 2017 年版。

21. 华倩：《夫妻财产关系法律适用研究》，法律出版社 2015 年版。

22. 王洪：《婚姻家庭法热点问题研究》，重庆大学出版社 2000 年版。

23. 陈苇主编：《婚姻家庭继承法学》，法律出版社 2002 年版。

24. 王洪:《婚姻家庭法》,法律出版社 2003 年版。

25. 陈苇主编:《婚姻家庭继承学》,群众出版社 2005 年版。

27. 杨遂全:《新婚姻家庭法总论》,法律出版社 2001 年版。

28. 胡康生主编:《中华人民共和国婚姻法释义》,法律出版社 2001 年版。

29. 史尚宽:《亲属法论》,中国政法大学出版社 2000 年版。

30. 陈苇主编:《外国婚姻家庭法比较研究》,群众出版社 2006 年版。

31. 贾明军主编:《婚姻家庭纠纷案件律师业务》,法律出版社 2008 年版。

32. 陈明侠:"亲子法基本问题研究",载梁慧星主编:《民商法论丛》第 6 卷,法律出版社 1997 年版。

33. 曹诗权主编:《婚姻家庭继承学》,中国法制出版社 1999 年版。

34. 费孝通:《乡土中国 生育制度》,北京大学出版社 1998 年版。

35. 徐安琪主编:《世纪之交中国人的爱情和婚姻》,中国社会科学出版社 1997 年版。

36. 刘引玲:《配偶权问题研究》,中国检察出版社 2001 年版。

37. 夏吟兰等:《21 世纪婚姻家庭关系新规制》,中国检察出版社 2001 年版。

38. 李银河:《性·婚姻——东方与西方》,陕西师范大学出版社 1999 年版。

39. 夏吟兰:《美国现代婚姻家庭制度》,中国政法大学出版社 1999 年版。

40. 蒋新苗:《国际收养法律制度研究》,法律出版社 1999 年版。

41. 宋豫、陈苇主编:《中国大陆与港、澳、台婚姻家庭法比较研究》,重庆出版社 2002 年版。

42. 刘伯红主编:《女性权利——聚焦〈婚姻法〉》,当代中国出版社 2002 年版。

43. 杨立新:《民法判解研究与适用》,中国检察出版社 1994 年版。

44. 〔日〕利谷信义等编:《离婚法社会学》,陈明侠、许继华译,北京大学出版社 1991 年版。

45. 张文显:《二十世纪西方法哲学思潮研究》,法律出版社 1996 年版。

46. 信春鹰、李湘如编著:《台湾亲属和继承法》,中国对外经济贸易出版社 1991 年版。

47. 米也天:《澳门民商法》,中国政法大学出版社 1996 年版。

48. 王泽鉴:《民法学说与判例研究》(1~8 册),中国政法大学出版社 1998 年版。

49. 徐朝阳:《中国亲属法溯源》,商务印书馆 1933 年版。

50. 陈顾远:《中国婚姻史》,商务印书馆 1937 年版。

51. 戴东雄:《亲属法论文集》,三民书局 1993 年版。

52. 林秀雄:《婚姻家庭法之研究》,中国政法大学出版社 2001 年版。

53. 林秀雄:《夫妻财产制之研究》,中国政法大学出版社 2001 年版。

54. 戴炎辉、戴东雄:《中国亲属法》,三文印书馆有限公司 1998 年版。

55. 林菊枝:《亲属法专题研究》(第 2 版),五南图书出版公司 1997 年版。

56. 陈惠馨：《亲属法诸问题研究》，月旦出版公司 1993 年版。

57. 《中华人民共和国婚姻法诠释》编写委员会：《中华人民共和国婚姻法诠释》，人民法院出版社 1995 年版。

58. 张贤钰主编：《外国婚姻家庭法资料选编》，复旦大学出版社 1991 年版。

59. 中国法学会婚姻法学研究会编：《外国婚姻家庭法汇编》，群众出版社 2000 年版。

60. 王胜明、孙礼海主编：《〈中华人民共和国婚姻法〉修改立法资料选》，法律出版社 2001 年版。

61. 陈棋炎等：《民法亲属新论》，三民书局 1995 年版。

62. 陈苇主编：《家事法研究》（2005 年卷），群众出版社 2006 年版。

63. 陈苇主编：《家事法研究》（2006 年卷），群众出版社 2007 年版。

64. 本书编写组编著：《婚姻法适用要点与实例》，法律出版社 2010 年版。

65. 最高人民法院民事审判第一庭编著：《最高人民法院婚姻法司法解释（三）理解与适用》，人民法院出版社 2015 年版。

66. 吴晓芳主编：《婚姻家庭 继承案件裁判要点与观点》，法律出版社 2016 年版。

67. 张海峰、王喜萍："协议离婚后能否以乘人之危为由要求重新分割财产"，载《人民法院报》2010 年 7 月 12 日。

68. 朱凡："我国夫妻债务制度的缺陷与完善"，陈苇主编：《家事法研究》（2007 年卷），群众出版社 2008 年版。

69. 王春辉、王礼仁："离婚案件房屋纠纷适用物权法若干问题研究"，载最高人民法院民事审判第一庭编：《民事审判指导与参考》（总第 43 集），法律出版社 2011 年版。

70. 夏吟兰、薛宁兰主编：《民法典之婚姻家庭编立法研究》，北京大学出版社 2016 年版。